人行桥人致横向振动

贾布裕　余晓琳　杨　勇　等　著

人民交通出版社股份有限公司

北　京

内 容 提 要

本书系统地总结和阐述了人行桥人致横向振动领域的研究现状及已取得的主要研究成果。第1章是案例介绍及研究现状简述;第2章是关于人致横向振动的室内实验和实桥实验;第3、4章是早期阶段的相关人致横向振动模型介绍;第5、6章是目前较具说服力的自激力模型介绍;第7章是自激力模型和同步模型相结合的新型综合模型介绍。

本书适用于桥梁设计、建设、养护、管理人员,也可作为大专院校桥梁工程专业的教学科研参考书。

图书在版编目(CIP)数据

人行桥人致横向振动 / 贾布裕,余晓琳,杨勇等著. — 北京:人民交通出版社股份有限公司, 2023.6

ISBN 978-7-114-18836-7

Ⅰ.①人… Ⅱ.①贾…②余…③杨… Ⅲ.①人行桥—振动控制—研究 Ⅳ.①U448.11

中国国家版本馆 CIP 数据核字(2023)第107115号

Renxingqiao Renzhi Hengxiang Zhendong

书　　名:人行桥人致横向振动

著 作 者:贾布裕　余晓琳　杨　勇　等

责任编辑:岑　瑜　刘紫娟

责任校对:赵媛媛

责任印制:张　凯

出版发行:人民交通出版社股份有限公司

地　　址:(100011)北京市朝阳区安定门外外馆斜街3号

网　　址:http://www.ccpcl.com.cn

销售电话:(010)59757973

总 经 销:人民交通出版社股份有限公司发行部

经　　销:各地新华书店

印　　刷:北京虎彩文化传播有限公司

开　　本:787×1092　1/16

印　　张:11

字　　数:261千

版　　次:2023年6月　第1版

印　　次:2023年6月　第1次印刷

书　　号:ISBN 978-7-114-18836-7

定　　价:88.00元

前言

自从巴黎索尔费里诺桥及伦敦千禧桥等一系列人行桥大幅横向振动事件发生后，人们开始认识到人行桥人致横向振动的不可忽视性和复杂性，随后进行了相关研究，且重点研究行人荷载和人-桥相互作用，试图揭示人行桥横向大幅振动的机理。尽管这几十年间取得了一系列丰硕的研究成果，但目前关于人行桥横向大幅振动的机理仍没有比较权威的解释，人们对其背后复杂机理的了解还十分有限。鉴于此，作者基于近十年的研究工作和心得，从实验测试、理论假设、模型验证、方法比较等角度，详细、系统地介绍了人行桥人致横向振动研究领域的主要研究成果，并对各种观点和各种模型进行了分析和比较，同时基于目前业界认可度较高的模型提出了一些具有明朗前景的新观点和模型。本书旨在揭示人行桥人致横向振动的内在复杂机理，也为人行桥的设计、建设、养护和管理以及相关规范的完善和修订提供理论基础和科学依据。

本书分为五大部分，第一部分（第1章和第2章）介绍了人行桥人致大幅横向振动事故发生的背景和后续致力于揭示其背后机理的理论模型的发展历程以及多种实验测试工作。第二部分（第3章）主要介绍了早期具有影响力的多种模型，虽然建立这些模型的基础理论和出发角度各有不同，但这些模型都属于基于实桥测试数据反演的宏观模型。这些模型虽然没能完全地揭示人行桥人致大幅横向振动背后潜藏的机理，但为后续研究的发展提供了宝贵的经验和理论基础。第三部分（第4章）介绍了考虑行人激励随机性的人致横向振动模型。该模型采用窄带随机过程考虑行人荷载实际存在的且不可忽视的随机性，同时利用非线性随机振动理论，分析了人行桥人致横向振动的稳定性问题。第四部分（第5章和第6章）重点介绍了目前人行桥人致大幅横向振动研究领域占主导地位的自激力模型。该模型认为行人在振动桥梁上行走时，会产生和桥梁振动频率一致的自激力，可有效解释多种情况下的人行桥人致大幅横向振动现象。但该模型源于室内单人实验（属于细观模型），无法考虑桥梁实际状况和实际环境，还需进行进一步的有效性验证和性能改进。第五部分（第7章）详细介绍了基于kuramoto理论的新型人致横向振动模型。该模型主要针对倒摆模型（自激力模型中的代表）预测结果和实测结果存在较大出入这一缺陷，引入Kuramoto生物同步模型，使得倒摆模型能考虑行人-桥梁同步和人-人同步效应，得到的预测结果更为合理。

本书在广东省自然科学基金项目（项目批准号：2019A1515011941，2022A1515011703）支持下，由贾布裕、余晓琳、杨勇、乐小刚、颜全胜、崔剑奇共同编撰完成。在本书撰写过程中，广州市市政工程设计研究总院有限公司对本著作提出了众多宝贵意见，安徽省城建设计研究总院股份有限公司华南分公司为本著作提供了部分图片素材，特此对其大力支持表示感谢。同时还感谢华南理工大学的杨铮、陈宇轩、罗宇蕃、陈扬文、邓雯、金丽、黄楚鹏、陈兆喆、罗卫平、夏泽健等人对本书文字校正所做出的努力。

限于著者水平有限，书中难免有不妥之处，敬请批评、指正。

贾布裕　等

2022 年 6 月

目录

第1章 绪论

1.1 引　言

桥梁建设是交通基础建设的重要组成部分,目前我国的桥梁建设水平已经大幅提高,但已建桥梁多为各类车行桥。随着城市化的发展,大跨径人行桥的需求也日益增加,它不再仅仅只是满足人群过街的需求,还需具备互联互通的功能,是城市慢行交通体系的重要一环。随着人们对城市景观要求的提高、对桥梁美学追求的提高,以及新型轻质高强材料的推广运用,人行桥结构变得越来越复杂,人行桥的跨径也越来越大(已有不少人行桥的跨径超过200m)。由于桥梁的基频不断降低,其振动及人行走的舒适性问题也日益突出。部分人行桥在行人动荷载作用下会表现出结构的非线性特性,出现多种人致非线性振动现象,这将影响桥上行人的行走舒适性甚至使他们产生恐慌,而振动事故导致的减振维修费用将是非常高昂的[1]。

1999年,巴黎索尔费里诺桥(Paris Solferino Bridge,PSB)建成,在开放日当天,大批行人来到桥上,不久桥梁开始出现大幅横向振动,不得不暂时关闭[2]。2000年,著名的伦敦千禧桥(London Millennium Bridge,LMB)同样在开放当日因为发生大幅横向振动而不得不紧急关闭[1],在历经8个月关闭并采取减振措施后,伦敦千禧桥得以重新开放。这些人行桥大幅横向振动事件揭示了在人行桥的人致振动中,存在着振动发散不稳定现象:人群数目的小额增加会导致有限振幅的桥梁振动突变为大幅桥梁振动。

自从巴黎索尔费里诺桥及伦敦千禧桥等一系列人行桥大幅横向振动事件发生后,工程师们开始认识到人行桥人致横向振动的不可忽视性。而在科学界,一个崭新的研究领域也随之出现,重点是研究行人荷载、桥梁反应以及人-桥相互作用。虽然人们已经开始广泛关注并研究人行桥的振动安全问题,但事实上目前人行桥横向大幅振动的机理仍未得到明确的解释,人们对其了解还十分有限,工程设计人员对人行桥横向振动更是认识不足。目前,只有少数国家和国际规范的设计指南可供工程师参考,其中大多数是基于以下假设:人致横向力可以被模拟为与速度成比例的荷载(类似于"负阻尼力"),而该作用力被认为是由行人和桥梁同步运动产生的。这种人致横向力机制通常被称为人桥同步锁定[1,3-4]。英国规范[EN 1991-2:2003][5]、HIVOSS指南[6]和FIB(2005)准则[7]大部分都是基于这一假设。虽然现行的规范和指南有助于提高设计者对人行桥大幅横向振动的预测能力,但这些规范和指南都只是基于对部分现象的很有限的理解。此外，它们的模型非常容易受到预设参数的影响，这导致其适用性受到广泛质疑。

国内对人行桥横向振动问题的重视程度远远不够，无论是研究还是规范都严重匮缺，且现有的相关规范内容已不适应人行桥轻型大跨径的发展趋势。对于大跨径人行桥而言，仅仅靠传统的提高刚度来满足人们的舒适性要求的方式不仅不经济，而且无法更好地发展未来轻质高强等新型材料在人行桥上的应用。

鉴于目前科研人员对人行桥横向振动的机理的了解还十分有限，存在对桥梁振动环境下的行人横向作用特性及人群效应的含糊不清，以及相关模型较难推向应用等制约人行桥发展的“卡脖子”问题，迫切需要对此展开更加系统和深入的基础研究，以揭示人行桥人致横向振动机理，为人行桥的设计、施工、养护和管理提供理论基础和科学依据，同时也为规范的完善和修订提供基础。

1.2 人行桥人致大幅横向振动案例

1.2.1 早期案例

在巴黎索尔费里诺桥及伦敦千禧桥这两件著名的大幅横向振动事故发生前，人行桥的振动问题并没有引起人们的关注。人们往往认为，相比汽车等机械设备产生的荷载，行人荷载较小，不会使桥产生振动失稳或者破坏问题。这种想法忽视了行人荷载的一些重要特征：行人运动是一个两腿交替的周期摆动过程，不但在竖向具有周期作用力，而且在横向也具有周期作用力；同时行人的竖向摆动频率一般在 2.0Hz 左右，而横向摆动频率一般在 1.0Hz 左右（为竖向的一半），刚好处于大多数柔性人行桥的振动基频内。所以对那些基频在 3Hz 以下的柔性人行桥而言，行人在桥上行走时较易引起桥梁的振动，这也是一般只允许行军部队散步通过人行桥的原因。事实上，早在伦敦千禧桥事故发生前，就已经出现过多座桥梁由于行人导致大幅振动及失稳破坏事故。最早的关于人行天桥大幅振动现象的记录可能是 Stevenson 在 1821 年所写的报告[8]。除此之外，Stevenson 还报道了行军部队过桥时产生大幅振动的事件。而在 Stevenson报道的 10 年后，英国布劳顿的一座桥就发生了由行军部队过桥引发的坍塌事件。

近代关于桥梁人致横向振动的事件则要追溯到 20 世纪 50 年代末的武汉长江大桥（公铁两用桥）振动事件，以及发生在 1957 年的基辅人行悬索桥[9]振动事件。事实上，世界各地的一些大型公路桥在特殊的人群活动中都遇到了这个问题，如开幕日活动[10]、公共示威或节日活动[1,11]。即使是有 140 年历史的纽约布鲁克林大桥，在一次停电期间，当成群的行人穿过大桥时，也发生了明显的摇晃，引起了一些市民的投诉[12]。Petersen 在德国 Erlach 埃拉赫的一座跨径为 110m 的钢拱桥上观察到了强烈的横向振动[13]，当时桥上大约有 300 ~ 400 名行人。该桥发生振动的横向频率在 1.1Hz 左右，和行人步频基本一致，因此当时用共振来解释该桥的大幅横向振动，并安装调谐质量阻尼器（Tuned Mass Damper，TMD）解决了振动问题。

1.2.2 著名案例

20 世纪最常被引用的桥梁大幅横向振动事件为日本户田市的户田桥（Toda Park Bridge，

T-Bridge)横向振动[3,14-15]。该桥为斜拉桥,主跨为134m(图1.2.1),固有振动频率在0.9～1.0Hz。某次划船比赛后,大批观众在回程的时候涌上该桥(据估计,高峰的时候有2000人同时在桥上),导致桥梁发生大幅横向振动。在这次事件中,实测的桥梁横向加速度比预测结果大一个数量级。视频分析显示,20%的行人的头部运动与桥的运动同步。这一观察结果被用于描述人-桥同步锁定现象[3]:首先,行人的随机横向行走力引起一个小的横向运动,部分行人的行走与桥的运动同步;然后,共振力作用在桥上,从而使桥的横向振动增加;最后,引发更多的行人同步,进一步增加桥的横向振动。从这个意义上说,这种振动具有自我激励的性质。当然,由于人类的自我调整特性,振动幅值不会趋于无穷大,而是会达到稳定状态。

a)户田桥　b)事发现场　c)记录的人群头部运动

图1.2.1　日本户田桥[16]

横跨巴黎塞纳河的索尔费里诺人行桥(现称利奥波德·塞达·桑戈尔行人桥)在1999年12月15日向公众开放(图1.2.2)[2]。在开放的那天,桥梁发生了大幅横向振动。随后索尔费里诺人行桥对公众关闭,并进行了全面的实验测试,包括结构模态测试、行人人群测试。不久后又在桥上安装了14个TMD,并进行了振动测试和振动监测。2000年11月,这座桥在关闭近一年后重新开放。

伦敦千禧桥(图1.2.3)是自1894年伦敦塔桥建成以来伦敦第一座横跨泰晤士河的全新桥梁。2000年6月10日,在大桥开放的当天,有8万～10万人聚集在一起准备通过大桥,桥上人员最多达2000人[1,11]。现场观测到了四种不同振动模式下的大幅横向振动:南边跨发生频率为0.8Hz的横向振动;中跨发生频率分别为0.48Hz和0.95Hz的横向振动;北边跨发生频率约为1Hz的横向振动。由观测结果可知这座桥表现出了振动发散失稳:当有大量人群拥挤时,桥梁将大幅振动,但如果行人数量减少或行人停止行走,桥的振动会明显减少。2000年6月12日,当地政府决定关闭这座桥,同时决定在桥上安装减振装置。此后,一共在桥上安装37个横向黏性阻尼器和29对竖向TMD,主要用于抑制桥梁大幅横向振动。安装阻尼器后,桥梁横向振动阻尼比从0.5%增加到20%,最大加速度响应值减少了约40%。

图 1.2.2　巴黎索尔费里诺桥

图 1.2.3　伦敦千禧桥

1.3　人行桥人致横向振动研究现状

伦敦千禧桥的人致大幅横向振动事件引发了人们对桥梁人致振动问题的广泛讨论[17]，研究者们通过实验测试(实桥测试、室内实验测试)和理论模型分析等手段，对大跨径人行桥中一些复杂的深层次问题，如行人作用力、人-桥相互作用机理、行人作用力随机性、人群效应等开展了一系列研究。

1.3.1　实验测试

在实桥测试方面，为了揭示千禧桥大幅横向振动机理，Arup 公司组织了 275 名员工对千禧桥进行了实桥实验[图 1.3.1a)]，共进行了 14 次人群上桥实验，每次人数逐量增加。实验重现了千禧桥开放当天发生的横向振动现象，即在桥上有一定行人数量的基础上，小幅增加行人数，桥梁开始在横向大幅振动，发生发散失稳现象。受到千禧桥事故影响，Brownjohn 在主跨 140m 的樟宜机场人行桥(Changi Mezzanine Bridge, CMB)开展了人群作用下的实桥测试[图 1.3.1b)][18-19]，最多有 150 个行人在桥上进行无终点绕行。实验发现 100 ~ 150 的人群数量便会引起桥梁大幅横向振动。2002 年，Nakamura 对日本跨径为 320m 的枫叶谷桥(Nasu Shiobara Bridge, M-Bridge)进行了人群作用测试[20]，着重观测和分析了人群的同步现象，Nakamura观测到当振幅超过 45mm 后同步会被打乱。2006 年，人群作用测试在巴黎索尔费里诺桥上进行，120 个志愿者被逐批安排上桥。测试表明，在同一节拍器控制下，只要 60 个行人就可以使桥梁发生大幅振动[21]。以上为实桥测试中经典桥梁案例的简单介绍，还有多座其他人行桥的实桥测试，如科英布拉人行桥的实桥测试[图 1.3.1c)]，帕萨雷勒 · 西蒙娜 · 波伏娃桥的实桥测试[图 1.3.1d)]，等等，详见后续 2.3 节。

在室内单人实验方面，早期实验往往在振动台上开展，对揭示人-结构相互作用提供了一定帮助，但由于受到振动台构造的限制，这种类型的实验无法获得连续的行人作用力时程数据。较早开展此类实验的有 Okamoto[23]、Arup[1]、Butz[24]、Nakamura[25]等人。Okamoto 等人[23]采用振动台实验证实了行人运动会与振动台发生同步现象。Arup 的研究人员在南安普顿大学和伦敦皇家学院分别进行了振动台实验[图 1.3.2a)][1]。实验表明，横向力幅值随振幅增大而增大。实验的不足之处是，由于平台长度的限制，行人仅能步行 7 ~ 8 步。Butz 等人[24]采用一个带横向驱动的振动平台[图 1.3.2b)]来测试行人的横向作用力以及行人随平台振动产生的同步现象,同时还给出了振幅相关的一阶动载因子(作用力幅值除以行人重量的正则化因子)表达式。Nakamura 等人[25]采用一个宽 1.5m、长 1.0m 的振动台对行走的行人施加横向振动[图 1.3.2c)],并考虑了更大范围的频率和振幅,提出了行人横向力与结构振动频率、振动幅值的关系。

a)伦敦千禧桥实桥实验

b)樟宜机场人行桥实桥实验

c)科英布拉人行桥实桥测试

d)帕萨雷勒·西蒙娜·波伏娃桥实桥测试

图 1.3.1 实桥测试现场[2, 18, 19, 21-22]

后来,学者们发掘了跑步机在测试行人作用力方面的潜力,纷纷采用改造后的跑步机(或者部分结合振动台)进行室内实验测试。袁旭斌[26]利用跑步机结合振动台的实验装置[图 1.3.2d)]进行了行人步行力测试,实验测试了同步行人的自激作用以及未同步行人的强迫振动作用,同时还测试分析了同步行人作用力与结构振动之间的相位差。Ingólfsson 等[27-28]和 Ricciardelli 等[29-30]利用改进的带有横向驱动的跑步机装置[图 1.3.2e)],对行人在跑步机变频和变幅作用下的行走步伐进行了系统测试。实验发现,行人作用力与行人步频、跑步机频率(横向驱动频率)以及跑步机振幅有关。Bocian 等人[31]为了进一步还原行人周围的真实环境,在跑步机上引入了虚拟现实(VR)技术和速度反馈控制机制[图 1.3.2f)],对倒摆模型进行了进一步验证和说明。他们基于实验结果认为倒摆模型能充分捕捉人-结构相互作用产生的自激力。

在室内实验中,测试者以单人为主,其主要目的是测试单人横向作用力及揭示人-结构相互作用机理。关于这方面研究的具体介绍详见本书第 2 章、第 4 章及第 5 章。

a)Arup平台测试

b)Butz等人的横向驱动平台测试

c)Nakamura等人的振动台测试

d)袁旭斌振动台测试

e)Ingólfsson等人的改进跑步机

f)Bocian等人采用的VR技术[2,24,26-28,31]

图 1.3.2　室内行人实验测试装置

上述实验是近年来研究人致横向作用力的初步尝试,为揭示振动对步行力的影响及人与振动同步机理奠定了基础,得出的初步结论对当前指导人行桥设计具有参考价值。但这些实验研究也存在许多不足之处,如:实验中的行人步行状况与实际情况差别较大;行人在跑步机上对结构振动的感知和在实际振动桥梁上的感知存在很大的差别;在跑步机实验中,需要通过外加横向驱动马达而非行人自然驱动方式来模拟结构横向振动。为克服上述不足,将来的研究中需引入新的实验思路和平台,对已有的实验技术取长补短,设计出能真实地模拟实际振动环境和行人运动的实验装置和实验技术。

1.3.2　理论模型的发展历程

在理论模型分析方面,研究者们通过实验或数值分析提出了多种理论和模型。伦敦千禧桥事件后的人行桥人致横向振动的理论研究可分为三大阶段。

在第一阶段,学者普遍认为人-桥同步锁定是柔性人行桥发生横向大幅振动的主要原因,提出了不少以人群的同步效应为前提的模型,这里不妨称之为同步模型(Synchronization-based Model,SBM)。具有代表性的模型有线性直接共振模型[3,16]、Dallard 模型[1]、Nakamura 模型[32]、Newland 模型[33]、相位同步模型[34-36]。线性直接共振模型由日本学者 Fujino 等人提出,其原理为:一般假设行人激励与桥梁响应无关,将桥梁大幅横向振动视为由部分行人的横向步频与桥梁某阶频率一致引起共振而造成,单人横向荷载可采用简谐函数表示。Fujino 利用这类方法对日本 T-Bridge 进行了系统研究。Dallard 模型基于千禧桥测试实验得到,并认为人-桥频率同步锁定是导致千禧桥大幅横向振动的主因。Dallard 模型认为人均横向激振力与速度呈线性关系,因此其模型的横向激励项中包含了速度相关项:$k\dot{y}(t)$,其中 $k=300$,一般被称为附加阻尼系数(后期多用符号c_p或 ΔC 来表示)。Dallard 模型中的横向激励荷载相当于对结构施加负阻尼,当该项虚拟负阻尼超过结构自身阻尼时,振动将发散。该方法可以动力失稳为界限计算临界桥上人数,但不能计算振动幅值,而且 k 值对其他桥梁的适用性有待证实[37]。Dallard模型设定的横向力和桥梁横向振动呈线性关系。但这种关系并不能完全反映实际的人-桥相互作用关系,如果激振力随着模态速度线性增长,那么人行桥的振幅也会随之越来越大,这与已知的观测事实不符。Nakamura 模型则是 Dallard 模型的加强改进版,它将 Dallard 模型中的线性系数替换为分数函数,以保证振动被限制在一定范围内。Nakamura 模型原理简单、清晰,但其模型中的较多参数设定还有待验证,因为部分参数是通过对 T-Bridge 和 M-Bridge两种不同桥型在不同人群条件下的实测响应进行反算推导得到的。Newland 模型源于帝国理工学院的室内实验结果。该模型认为行人横向力与结构位移幅值(而不是速度)成正比,同时建议将行人传递到结构上的荷载分为两个惯性力项:第一项来源于行人在固定结构上行走时身体质心的自然位移,第二项来源于结构振动产生的额外位移,其中与结构振动相关的第二个惯性力项大小取决于行人运动与足下结构运动同步的比例(即同步系数)。相位同步模型由 Strogatz 等人提出,其背景理论为生物学中的振子同步耦合理论,核心思想是生物学中的“摆动将和同步相随”,如夜晚中萤火虫群体同步闪烁现象。Strogatz 巧妙地将这一理论应用到了人行桥横向振动中,建立了桥梁振动和人群个体相位变化耦合的方程组,并通过模型方程的稳定条件解释了桥梁发散失稳现象,同时求出了临界人数。Strogatz 模型的一个重要问题在于其所需的方程数与人数相关,当人数较多时,其计算量将变得相当大,之后 Abdulrehem 等人通过降维有效地解决了这个问题。上述这些模型的核心假设是行人行走行为(尤其是步频)会受桥梁振动影响发生变化。当桥梁振动影响行人行走舒适性的时候,行人的步频将发生变化,趋向于和桥梁振动同步,导致桥梁振动进一步增强;当桥梁振动增强时,又会进一步刺激更多的人群参与桥梁振动同步中,继而使桥梁振动更加明显,形成恶性循环。

第一阶段还出现了其他一些能解释千禧桥大幅横向振动部分现象的重要模型,如基于参数非线性共振理论的模型,其中 Piccardo 模型[38]和 Blekherman 模型[9,39]为其中的典型代表。Piccardo 模型引入了参数共振机理,提出了与桥梁横向振动位移线性相关的行人横向力模型。利用该横向力模型,可将动力方程转换为经典的马修参激方程,并依据稳定条件求出振动发散对应的临界人数,但其与桥梁横向振动位移线性相关的假设并未得到实验的证实。Blekherman 模型属于内共振模型,认为人行桥的竖向频率和横向频率存在倍频关系时,竖向和横向模态将发生耦合,竖向激励能量将转移至横向,从而引起横向参数共振。虽然有多座桥梁的竖向频率和横向频率都存在倍频关系,如伦敦千禧桥和 T-Bridge,但在实际中并未观测到大幅的竖向振动,因此 Blekherman 模型的有效性尚需进一步观察和验证。

在第二阶段,学者们开始基于室内单人实验,提出了多种基于数据分析的模型,如 Ingólfsson 模型、倒摆模型(Inverted Pendulum Model,IPM)。Ingólfsson 模型主要由 Ingólfsson 和 Ricciardelli 等人提出,他们利用改进的跑步机,对在足下结构变频和变幅作用下的行人行走特性进行了多工况测试,并基于实验结果认为行人横向力应由在静态结构上行走产生的强迫力和振动相关的自激力组成,而自激力频率和结构振动频率一致,因此自激力又可以由与速度同相的分量和与加速度同相的分量组成(这两个分量与人-桥频率比以及桥梁振幅相关)。速度分量可视为附加阻尼力,而加速度分量则视为附加质量惯性力,因此可将结构自身阻尼被附加阻尼力抵消时作为发散失稳条件来求得临界人数。倒摆模型由 Macdonald 提出,并在后期通过 Bocian[31,40-43]、Carroll[44-45]等人的研究得到广泛关注和重视。倒摆模型认为行人是依靠调节步伐位置而不是步频来维持本身的平衡和舒适感,而这个平衡控制策略来源于 Hof[46]等人提出的保持人体平衡的行人脚触地位置规则,即:人体质心不会超过足压中心,并保有一定的稳定裕度。值得注意的是,倒摆模型与同步模型的不同之处在于,倒摆模型认为人-桥相互作用产生的自激力同样足够引起桥梁振动失稳,而行人同步锁定并不是桥梁振动失稳的前提条件。Ingólfsson 模型和倒摆模型都属于自激力模型(Self-excitation Model,SEM),两者最大的不同之处在于,前者采用数据拟合的形式给出各个自激力分量的显式表达式,而倒摆模型的各个自激力分量则依赖于人体平衡控制策略以及行人脚触地位置控制规则,没有显式表达式。整体而言,自激力模型认为行人在振动结构上行走时,会产生频率和桥梁振动频率一致的自激力;只要满足一定的条件(如足够多的人数或者行人步频位于某些区间),即使没有同步效应,这些自激力也足以使桥梁发生大幅横向振动。

在第三阶段,人们开始考虑同步模型和自激力模型孰优孰劣的问题。同步模型大部分是基于现场实验数据反推的宏观模型,而自激力模型则属于基于室内实验的微观模型。宏观模型支持者认为微观模型的实验环境和现场不一致(如人群效应,桥梁环境对行人行为的影响),其得到的结果数据并不一定能反映实际情况。而微观模型支持者认为宏观模型过于粗糙,本质上是一种基于数据反推的模型,无法正确描述横向大幅振动机理;从目前已有的研究现状来看[31,40-45],自激力模型中的倒摆模型的认可度较高,更具普适性,主要因为基于人体生物力学的倒摆模型具有能捕捉行人荷载特性的优势。但倒摆模型存在着一个被质疑的问题:采用倒摆模型得到的对应于正常步频的速度同相自激力分量系数c_p(附加阻尼系数)远小于实测值(这导致其计算得出的振动失稳临界人数远大于实测人数),如图 1.3.3 所示。产生这个问题的根源在于倒摆模型基于室内实验环境:只能考虑单人在特定振动平台(一般采用改装跑步机)上的行走特性,不能考虑人群在实际桥梁中的行走特性,尤其忽视了真实存在的人群同步效应[47]。因此,有必要考虑兼容同步模型和倒摆模型的可能性。事实上,McRobie 等人的研究工作[47]已表明:如果在倒摆模型中考虑同步效应将会使其结果更合理些。遗憾的是,McRobie 等人虽然认识到了这点,但他们并没有给出在倒摆模型中考虑同步效应的方法[47-48]。贾布裕等人提出了一种新型的人行桥人致横向振动模型:IP-K(Inverted Pendulum-Kuramoto)模型[49]。其主要原理为:以倒摆模型为核心框架,将 Kuramoto 生物同步模型引入其中,使其能考虑人群和桥梁振动之间的同步效应,以此使倒摆模型更合理、更接近实际。之后,贾布裕等人进一步提出了基于二元耦合 Kuramoto 模型的人行桥人致横向振动模型[50]。在其模型中,以桥梁振动和周围人群分布为二元刺激源,建立二元耦合 Kuramoto 模型,获得能同时考虑人-桥同步和人-人同步效应的改进倒摆模型。

1.3.3 行人激励随机性的考虑

前文所述理论模型大部分属于确定性分析方法,并未考虑人群荷载的随机性,事实上人群激励中存在着行人自身内部(步伐)差异性和不同行人之间(步伐)差异性。行人自身内部差异性表示同一个行人在每一步的行为存在着变化，换言之，行人荷载并不是理想的周期作用力。不同行人之间差异性指的是不同行人个体之间的步伐参数，如步频、步长、作用力幅值等，都会因人而异。

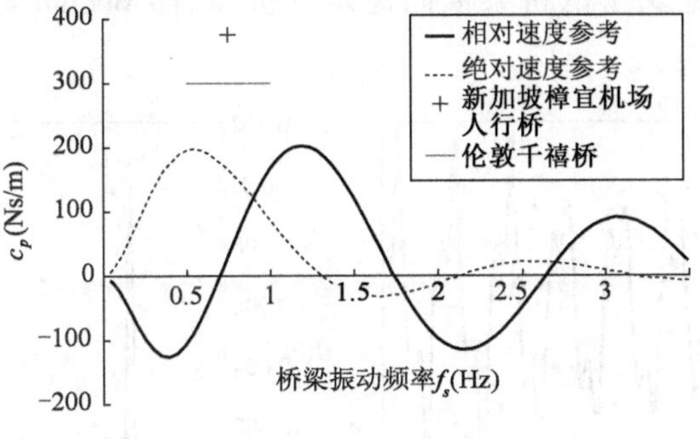

图 1.3.3 IPM 的c_p和实桥测试所得c_p

在确定性方法范畴，往往将行人荷载假设为周期作用力，目的在于可通过傅立叶级数将荷载转换为多阶谐波荷载，便于计算和分析。实际观测得到的连续行人荷载如图 1.3.4a）所示，可以看出其并非理想的周期作用力。如果转换到谱域［图 1.3.4b），图中谱线值为幅值与行人体重之比，一般称之为动载因子］，实际的谱线并没有分布在按理想周期作用力得到的离散频点上，而是带有一定宽度地分布在步频以及倍频附近，分布形状类似于高斯曲线，这好比理想周期作用力在各阶谐频上向附近频率泄漏了能量，是一个典型的窄带激励过程。这种在步频以及倍频附近带有一定宽度离散分布的频谱意味着实际行人荷载产生的结构响应将明显不同于按理想周期作用力考虑的结构响应。这种由于行人自身内部差异性导致的非理想荷载使得傅立叶级数转换变得不可能，一般可采用在频域内分析的方法，如将行人荷载转为荷载激励谱或在此基础上转为功率谱。Brownjohn 等人[51]采用频域中的激励谱指出实际行人竖向荷载中存在能量泄漏问题，利用高斯分布拟合了行人竖向步频以及倍频附近的幅频分布。Brownjohn 等人还通过行人步频分布的随机性进一步考虑了不同行人之间差异性，并通过定义多点激励的相干函数，分析了多个行人作用下的结构竖向随机响应，其只考虑了完全不相干和完全相干两种极端情况。Živanović等人[52]同样利用傅立叶荷载谱来表征行人自身内部差异性产生的行人竖向荷载频率离散分布问题，相比 Brownjohn 模型，Živanović模型所需的拟合参数较多，每阶傅立叶荷载谱的拟合参数需要 6 个。Živanović模型并没有将频域内傅立叶荷载谱转换为功率谱进行随机分析，而是将拟合好的傅立叶荷载谱重新转换离散荷载，在时域内进行桥梁结构分析。

目前对行人激励随机性的讨论分析基本上以竖向为主[51-55]，而关于行人横向激励随机性的模型很少。Pizzimenti 等人[56]测试了行人在跑步机上连续行走产生的横向力，针对行人自身内部随机性导致行人横向激励为一窄带过程问题，同样采用傅立叶谱转换功率谱方法，并采用高斯曲线拟合了行人横向荷载的前 5 阶功率谱。Ingólfsson 等人[28]基于 Pizzimenti 模型，将自激力中的速度同相分量和加速度同相分量的系数设为随机时间序列，并同时考虑行人之间的随机性（如行人间的步频、体重等参数随机性），采用蒙特卡罗模拟，对千禧桥的随机横向振动进行了仿真数值分析。Racic 等人[57-58]对行人横向激励窄带过程进行了进一步的细化测试研究，采用多项高斯曲线拟合行人横向功率谱，同时还原了实际行人横向激励的幅值以及相位变化过程。Bocian 等人[40]利用英国人口的真实统计数据，得到了倒摆模型[37]中的行人参数统计分布值（如步长、步频、体重），估计出了每个行人的等效附加阻尼和等效附加质量的统计分布值，实现了概率统计意义上的桥梁横向稳定分析，然而 Bocian 等人并没有真正按随机过程来考虑行人激励随机性。

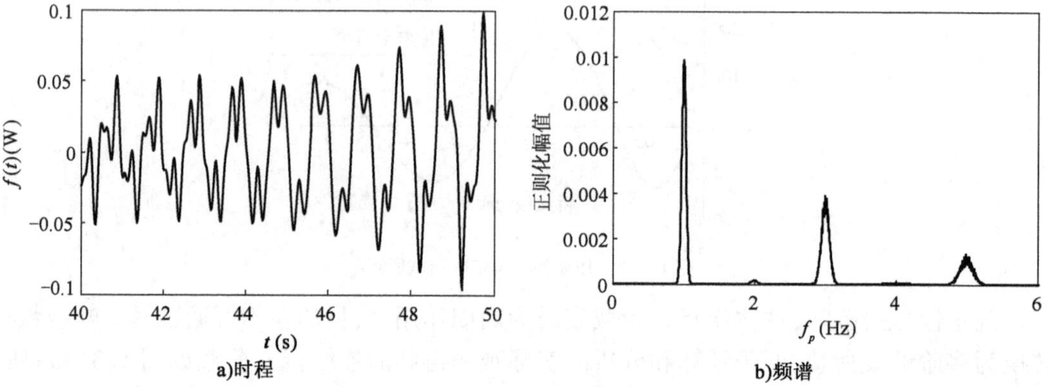

图 1.3.4　行人典型横向激励示意图

频域内的功率谱除了可以表达出行人激励过程的窄带性，还可以方便地用于计算一般线性随机振动系统的响应随机统计量，如楼板或者人行桥的人致竖向振动，这类竖向振动一般不涉及人与结构的振动相关性，可按线性强迫振动系统考虑。线性随机振动系统的结构响应的计算方法较为简便：首先得到激励功率谱，接着基于功率谱利用相应的频响函数求出结构的随机响应量，如振动加速度的均值、均方值等[59]，这些随机响应量可有助于人行桥的振动舒适性以及可靠度的计算。Brownjohn[51]、李泉[60]、李红利[61]、Caprani[62]等人均采用此类方法分析了人行桥的竖向随机振动。

如前文所述，人行桥的人致横向振动实质上是一个非线性随机振动问题，此时传统的线性体系随机振动理论将不再适用。关于非线性随机振动问题的求解，除了小部分能在特定条件下得到解析解，现实中的大部分非线性随机振动问题一般只能采用大量蒙特卡罗数值模拟的离散数值计算方法[28]，考虑到精度的划分要求以及非线性动力方程的复杂性，这种方法的计算量将是巨大且不可承受的。目前，贾布裕等人在有关人行桥人致横向非线性随机振动的非数值理论分析方法方面展开了系统研究[63-66]：①考虑单个行人不同步伐间的差异性造成的激励过程窄带随机性，提出了人行桥横向振动非线性参激随机模型。通过分析基于非线性随机平均法推导得到的 Itô 方程的稳定问题，得到人行桥横向振动发散失稳对应的桥上临界人数的解析解。②采用速度非线性相关的行人横向荷载模型，来描述人-桥的相互作用，同时考虑了行人激励的窄带随机性，提出了一种新的人行桥横向振动非线性随机模型。利用多尺度法，分离了动力模型中的快变量，得到了慢变量的 Itô 随机方程，并基于线性化的 Itô 方程得到最大 Lyapunov 指数，分析了 D-分叉稳定问题，得到了人行桥横向振动发散失稳临界条件表达式。③采用关于振幅的二次多项式及关于频率比的五次多项式对自激力的两个分量进行拟合，在此基础上，考虑了行人激励随机性，同时建立了人行桥横向振动的随机非线性系统。采用了随机平均法对人行桥横向振动的随机非线性系统进行求解，并利用矩方法分析了相关慢变量的稳态解以及稳定条件。

1.3.4　人群作用模型的尝试

将人群效应的模拟方法归纳起来有以下几种：

①基于宏观模型表示的人群模型[67-68]：宏观模型与流体力学原理类似，是指在守恒方程和材料模型的基础上，推导出质量密度和线性动量的演化方程。宏观模型假设人群作为一个整体以理性的方式行动，所有的单个行人都有相同的特征和共同的目标。②基于微观模型表示的人群模型[69-70]：微观模型描述了每一个行人在周围行人作用下的动力学，其系统状态由每个行人的位置(时间函数)和速度(时间函数)描述。③基于介观模型表示的人群模型[71]：介于宏观模型和微观模型之间，系统的状态由个体微观状态的概率分布函数描述，人群运动过程为行人速度和位置的概率分布函数的演化过程。④其他针对交通领域的人群模型，如接触单元模型、基于行走法则的模型等，此处不再详述。

虽然有多种人群模型，但其中具有实用价值的却很少，主要原因有以下几点：①大部分模型设计过于复杂，尤其是微观模型，涉及的参数较多，许多参数主观设定性强，缺乏实际数据验证和支撑。②普适性差，受多种条件约束，如由 Venuti 等人[68]提出的基于连续流体力学的宏观尺度模型，必须假定流动的连续性，但对于低密度和中等密度人群流动，这一假设可能无法得到满足，因此连续流动模型对于那些只承载日常人流量的桥梁来说，并不严格适用，很可能导致模型准确度下降。③目前已有的人群模型大部分是由交通领域发展而来，并未考虑外界环境(如结构振动)对人群的影响，更无法考虑人群的同步效应。Venuti 等人[68]提出的模型虽然考虑了人-桥相互作用，但其在考虑同步效应时，主观设置了同步率，没有考虑行人的同步演化过程。④大部分模型只能采用数值模拟技术进行分析，无法进行解析分析，将其应用于实际工程中的难度很大。

1.4　小　　结

2000 年伦敦千禧桥大幅横向振动事件的发生，揭示了在人行桥的人致横向振动中，存在着振动发散不稳定现象：人群数目的小额增加会导致有限振幅的桥梁振动突变为大幅桥梁振动。这个现象已被证实是由人-桥的相互作用引起的，但其中机理仍未得到明确的解释。

在早期，人们普遍认为人行桥人致横向振动，是由于同步激励，即行人运动和桥梁运动的同步。更准确地说，同步行人运动与桥梁振动频率和相位一致，从而放大了桥梁振动幅度。早期的实验测试侧重于量化从随机步行到同步步行的转变，并确定发生这种转变的频率幅度范围。许多研究表明，当自由选择的初始步频接近运动平台的频率时，人与结构同步可以发生。然而，从现有桥梁的实际测量中得到的一些重要的观察结果对这种同步诱使大幅横向振动的必要性提出了质疑。在许多场合，当桥梁结构固有频率远低于行人平均步频时，桥梁结构仍能表现出较大的振动。比如，克利夫顿桥在两种模式下同时振动[1,72]。事实上，Ingólfsson 等人[2,27]和 Bocian 等人[31]的结果表明，即使行人步频和结构振动频率不同，人-结构相互作用将导致产生一个结构振动频率一致的作用力成分，从而可能引发“二次共振”现象。

一个人的步频是否会受到桥梁横向振动的影响，以及它是如何受桥梁运动的频率和振幅的影响仍然存在争议，而且并没有得到很好的解释。根据从实桥测试和室内实验获得的现有数据，人与结构的相互作用似乎是由若干共存的复杂机理而不是单一的机理所支配。行人在很大的频率范围内会产生自激力，其相位和幅值严重依赖结构的振动特性和行人的行走模式。行人与结构的同步也可能发生在行人步频接近结构模态频率的情况下，但这种同步的确切性质及其对总体人群荷载的影响仍不清楚。诸如非线性模态耦合、参数激励或通过竖向荷载传递的横向模态激励等机理导致桥梁大幅横向振动的可能性仍有待讨论。此外，行人自身内部差异性和不同行人之间的差异性（即行人激励的随机性），以及人群密度对相关参数的可能影响，会进一步使人-结构相互作用过程复杂化。

就室内实验而言，大多数已公布的测试结果只调查了单个行人的影响，即在不受限制（或半限制）的情况下以自由选择的速度行走，而忽视了周围人群可能产生的影响。此外，大多数测试是在理想的振动条件下进行的，比如单频和恒幅正弦振动，或者是在只能记录有限连续步伐的平台上进行的。因此，振动振幅的连续变化和多个模态同时响应的现象仍然没有被很好地解释。

目前关于人行桥横向大幅振动的研究已经进入第三阶段，学者们开始考虑同步模型和自激力模型（以倒摆模型为典型）孰优孰劣的问题。实际上，这两个模型都有各自的利弊，都有各自合理的理论基础。尽管从目前已有的研究现状来看，似乎自激力模型中的倒摆模型的认可度较高，更具普适性，但如前文所述，采用倒摆模型得到的对应于正常步频的速度同相自激力分量系数c_p与实测值相差较大，这极有可能是因为忽略了现实中真实存在的同步效应，倒摆模型产生于室内实验环境，不能考虑人群在实际桥梁中的行走特性。人行桥横向振动机理的复杂性充分说明了其机理并非单一因素主导而是若干复杂机理共同作用，因此考虑兼容多种模型的可能性是最为合理的思路。

第 2 章

致力于揭示人行桥横向振动机理的实验测试

2.1 在静态结构上的单人横向作用力

最早开展行人步行作用力测试的是 Harper 等人[73]，他们首次测量了行人作用力(虽然其初始目的是研究地板表面的摩擦性)。在实验中，Harper 等人用一块测力板测量了行人单个脚在横向和竖向产生的作用力[74]，并记录了具有双峰和槽状的竖向力时程。这种形状的人致作用力时程已被其他研究人员证实，如 Galbraith 和 Barton[75]，Kerr 等[76]。在生物力学领域也开展了很多关于行人作用力的研究，通常是为了研究健康人员和异常患者在步行模式方面的差异。其中，Andriacchi 等人[77]的研究与 Harper 相似，通过测力板测量了三个方向上的单步作用力，典型的时程形状如图 2.1.1 所示。

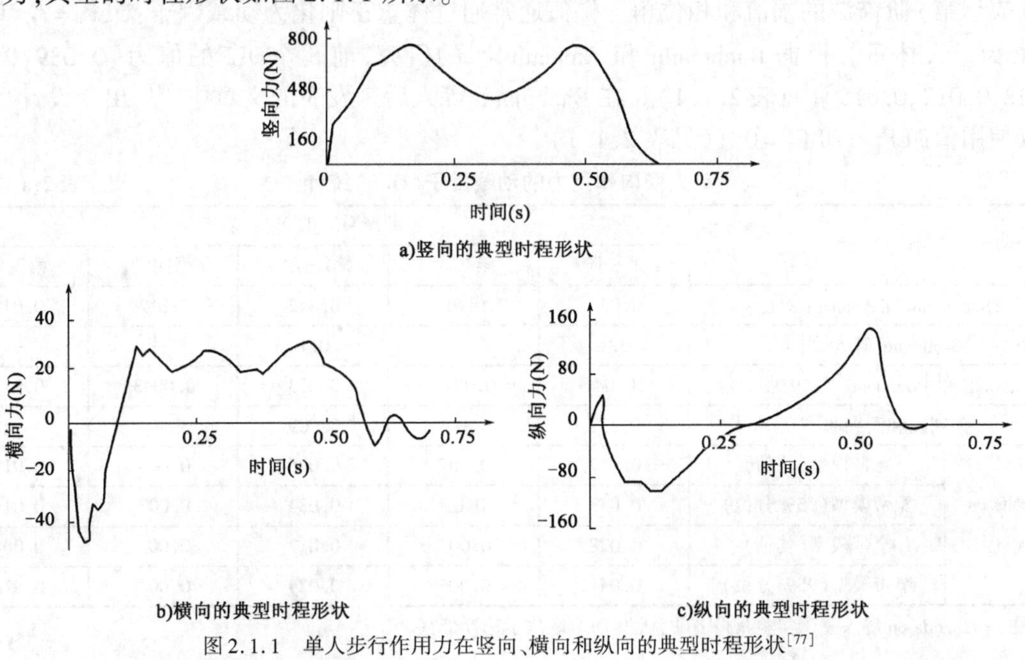

图 2.1.1　单人步行作用力在竖向、横向和纵向的典型时程形状[77]

行人在行走过程中对桥梁产生的作用力是由于行人身体质心的加速(或减速)运动而产生的,是一个随时间和空间变化的三维矢量。Harper 的早期研究表明[73],行人作用力的水平横向分量由行走时保持身体平衡引起,一般很小。Andriacchi 等人的研究表明[77],行人作用力幅值(竖向和横向)随着行走速度的增加而增加,而横向人致作用力峰值(图 2.1.2a)中的 F_1 到 F_3)对男性而言占体重的 4% ~5%,女性略低,个体之间存在较大差异。

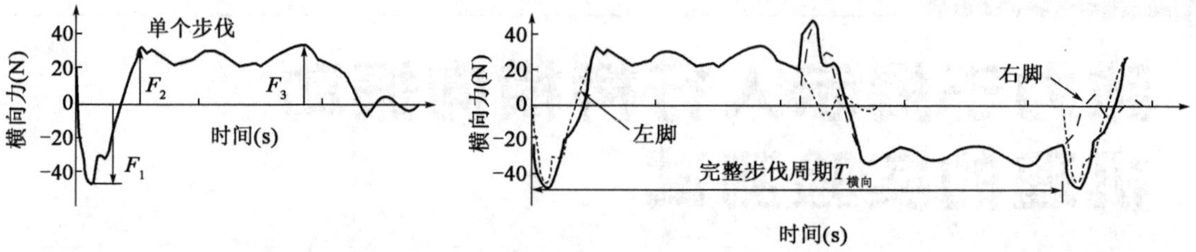

图 2.1.2　行人横向作用力的典型时程形状[8]

行人作用力时程形状取决于部分关键参数,而这些参数主要由行人自身步伐差异性和不同行人之间步伐的差异性所决定[8]。如前文所述,行人自身步伐差异性指的是同一个人的步伐在两个不同周期之间作用力的差异性,而不同行人之间步伐差异性指的是不同行人个体步伐之间的差异性。连续行走过程中步态参数的变化是一种行人自身内部步伐差异性的表现形式,它会导致每一步行人作用力时程形状的随机波动。然而,我们经常假定行人行走具有理想周期性,这意味着一系列连续步骤的作用力时间历程可以被模拟为傅立叶级数谐波形式。在大多数情况下,竖向行人作用力和横向行人作用力是分开处理的。这里只讨论横向行人作用力。对于横向行人作用力,其谐波的表达形式为:

$$F_L(t) = \sum_{j=1}^{n} G_j \sin(2\pi j f_w t - \phi_j) = \sum_{j=1}^{n} W \times \mathrm{DLF}_j \sin(2\pi j f_w t - \phi_j) \tag{2.1.1}$$

傅立叶级数的基频 f_w 等于横向步频率(为行人单步前进频率 f_p 的一半,$f_w = 0.5f_p$),G_j 和 ϕ_j 分别表示第 j 阶谐波的幅值和相位角。幅值通常通过体重正则化为动载因子:$\mathrm{DLF}_j = G_j/W$,其中 W 为行人体重。根据 Bachmann 和 Ammann[13] 的研究,前 5 个DLF的值为[0.039,0.01,0.042,0.012,0.015](见表 2.1.1)。在 Bachmann 等人后来发表的文章中[78],出于设计目的,建议使用值 $\mathrm{DLF}_1 = \mathrm{DLF}_3 = 0.1$(见表 2.1.1)。

单人横向作用力的动载因子(DLF)统计　　表 2.1.1

作者		谐波对应的 $\mathrm{DLF}_{1\sim5}$				
		第一阶	第二阶	第三阶	第四阶	第五阶
Bachmann 和 Ammann[13]		0.039	0.01	0.042	0.012	0.015
Bachmann 等人[78]		0.1	—	0.1	—	—
Ricciardelli 和 Pizzimenti[30](95%分位)		0.04	0.0077	0.023	0.0043	0.011
孙利民和闫兴非[79]		0.033	—	0.009	—	—
Ingólfsson 等人[27]*	宽带模型(均值)	0.047	0.007	0.025	0.005	0.011
	宽带模型(95%分位)	0.073	0.01	0.034	0.007	0.016
	窄带模型(均值)	0.028	0.003	0.017	0.002	0.008
	窄带模型(95%分位)	0.041	0.006	0.024	0.002	0.012

注:* Ingólfsson 等人基于实验获得 DLF,认为 DLF 取决于选择带宽。

谐波幅值在偶数阶下非零,意味着行走是不完全理想的(即不对称)。Brownjohn 等人[51]用改装的跑步机测量了连续的竖向荷载,随后提出可以将行人激励视为窄带随机过程。之后,Ricciardelli 和 Pizzimenti[30]通过实验,将平均步伐内(假定为理想周期)的 DLF 定义为围绕各自谐波频率的窄带内的测量力在傅立叶谱中的贡献之和(图 2.1.3)。Ricciardelli 和 Pizzimenti 给出的前 5 个 DLF 的值(95%分位)为[0.04,0.0077,0.023,0.0043,0.011]。在他们的模型中,带宽取$\Delta f_j=\pi\zeta_j jf_w$($jf_w$为第 j 阶谐波频率,ζ_j为结构阻尼,一般假设为 1%)。

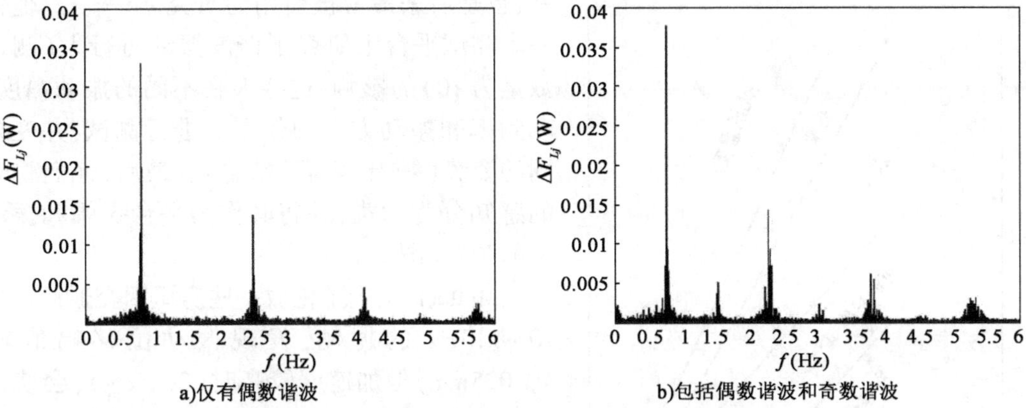

图 2.1.3　两测试者横向力的傅立叶振幅谱(无量纲)[30]

Ingólfsson 等人[27]进一步证实了这些观测结果,同时他们还表明,DLF 依赖于选择的带宽(通过结构阻尼比定义)。由于结构阻尼比在设计时通常是未知的,因此,将采用各个谐波之间的傅立叶谱所有贡献都包括在内的宽带模型可能是更合适的。由于激励的不确定性,Pizzimenti 和 Ricciardelli 等人[30,56]给出了前五阶谐波的特征功率谱密度(Power Spectral Density,PSD)表达式:

$$\frac{S_{F_{Lj}}(f)f}{\widehat{F}_{Lj}^2}=\frac{2A_j}{\sqrt{2\pi}B_j}\exp\left[-2\left(\frac{\dfrac{f}{jf_w}-1}{B_j}\right)^2\right] \tag{2.1.2}$$

式中,A_j,B_j为拟合参数;$\widehat{F}_{Lj}^2$为第 j 阶谐波附近带宽内功率谱密度面积。Ingólfsson 和 Georgakis[28]根据式(2.1.2)的谱密度,采用合成法,给出了行人横向力的离散随机样本。该方法可以再现横向力的频谱特性,但不能再现横向力的时间特征(确切形状和时间相关性)。Racic 和 Brownjohn[57]基于 85 名测试者在跑步机上的连续行走实验,测试了行人作用力在三个方向(竖向、纵向和横向)的分力,并提出了一种随机时域模型,该模型可用于生成行人作用力横向分量的真实时程,包括频谱特性和时间特征,如个体步态周期的变化。

Ohlsson[80]指出,在刚性表面上测量的力谱与在柔性木地板上测量的力谱不同。在运动幅度最大的地方,频谱值在结构的固有频率附近下降。这可能是人-结构相互作用的结果,相比刚性结构表面,在振动的人行桥上测到的 DLF 更低。Ohlsson 还声称,移动的行人增加了结构的质量和阻尼。然而,需要强调的是,他只研究了轻木地板,无法完全代表人行桥的情况,因为对于单人和地板结构这种大质量比例情况,人-结构相互作用是非常有可能的。目前已证实,即使在人-桥这种小质量情况,人-结构相互作用也是存在的。因为不同于交通荷载,人对足下结构的振动(即使是微小的振动)是有感知的,而这种感知将对人-结构的相互作用产生影响。

2.2 在振动结构上的单人横向作用力

2.2.1 行人对结构振动的感知

Reiher 和 Meister 在 1931 年所做的实验可能是关于行人对结构振动感知的最早研究之一,也是后来最常被引用的研究之一[81]。他们在一个测试平台上研究了谐波振动对行人(测试者数量为 10)的影响,这些人在不同的振动幅度、振动频率和振动方向的作用下进行测试,并变换不同的姿势(躺着、坐着、站着)。最后,他们将人类的感知分为六类,并将其作为平台振幅和振动频率的函数(图 2.2.1)。

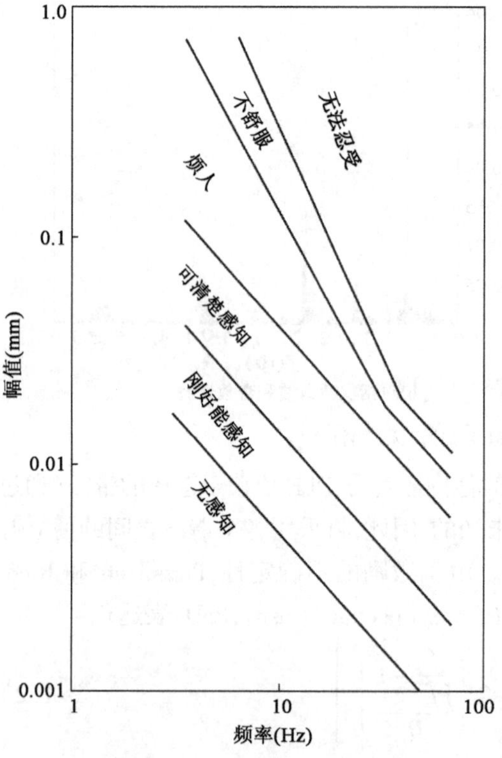

图 2.2.1 行人感知分类[82]

Mallock 调查了伦敦一些房屋因交通而产生的 10 ~ 15Hz 的振动,发现振动位移幅值较低(0.025mm)但加速度较高时(2.3% g),会使人感觉不舒服。因此,他分别提出了振动加速度 1% g 和 5% g 作为振动对人体有害的临界值[8]。Goldman 在不考虑振动方向、振动类型和人体姿势的情况下,定义了人类对振动的三种反应:感知、不适和最大可容忍水平[8]。根据这项研究,最低不适水平振动加速度约为 4.6% g,而感知水平振动加速度仅为 0.25% g。Dieckmann[83] 还分别对水平方向和竖直方向的振动灵敏度进行了研究,发现当振动频率在 4Hz 以下时,人体对水平方向振动的灵敏度更高。虽然这些早期发现的少数例子与人行桥没有直接关系,但它们完成了人类对结构振动感知研究的第一步,并为后续研究打下了基础。

2.2.1.1 对桥梁竖向振动的感知

尽管行人对结构横向和竖向振动上的感知不尽相同,但由于前人在行人对结构竖向振动感知方面做了大量工作,具有重要的参考价值,因此这里先介绍关于行人对竖向振动感知方面的研究成果。

Wright 和 Green[81] 研究了人类对公路桥梁振动的感知,他们注意到桥梁上的真实振动比过去人类感知研究中通常使用的谐波振动要复杂得多。在随后的一项测试调查中,Wright 和 Green[84] 整理了 52 条高速公路上的桥梁振动感知情况,发现在正常交通条件下的桥梁振动是令人不愉快的,哪怕振动只有正常情况的 25% 都是令人反感的;他们同时认为,基于长时间振动的评判尺度可能不适用于桥的振动,因为桥的峰值振动通常只持续很短的时间。Smith[85] 通过在柔性铝合金板梁上的行人测试实验指出,即使桥梁在持续正弦振动情况下,行人也只能在跨中附近感受到最大振幅。基于26名测试者的感知结果，Smith还定义了振动感知可接受和振动感知不可接受的振动区域。

考虑到桥梁振动的持续时间在一定程度上取决于桥梁阻尼，Lenzen[86]认为桥梁阻尼是影响人类振动感知的最重要因素。Leonard[87]在一个10.7m长的横梁上进行了一项行走实验，该横梁由不同振幅和不同频率的正弦波激励驱动。共有40人（含行走和站立）参加了测试，测试结果用于定义振动感知可接受和振动感知不可接受的界限。结果表明：站立的人比行走的人对振动更敏感，基于站立行人得到的振动感知曲线更适用于振动水平持续时间较长而行人较多的情况。Kobori和Kajikawa[88]进行了与Leonard类似的实验，让11名受试者在正弦波激励驱动下（频率范围为1～10Hz）的竖向振动平台上行走。研究发现，振动速度是影响人体感知的主要参数。Kobori和Kajikawa分析了振动感知和振动速度之间的关系，并给出了正弦波激励、双谐波正弦激励和随机激励下的结构响应比较。他们的结论是，如果三种激励的有效值相同，那么人对振动的敏感度是相同的。然而，目前还不清楚这一说法的确切含义。

在人行桥的设计中，Blanchard等人[89]使用了Leonard和Smith实验结果的平均值来定义行人可接受的振动加速度极限值a_{limit}：

$$a_{\text{limit}} = 0.5\sqrt{f} \tag{2.2.1}$$

式中，f为人行桥固有基频。Irwin等人[90]在室内实验和实桥测试的基础上收集了人类对不同来源振动的响应数据，建立了不同类型结构和不同类型振动下人类感知及感知忍受程度曲线，并给出了振动感知可接受的桥梁均方根（RMS）加速度的极限临界值，其适用条件分日常使用条件和暴风雨条件（图2.2.2）。日常使用条件下人体对竖向振动最灵敏的频率区域位于1～2Hz之间，对应的等效加速度峰值为0.07m/s²。暴风雨条件下的感知曲线采用基准曲线乘系数6的方式获得。其中，水平方向振动在日常使用条件中不做考虑，而只在暴风雨条件下考虑。Irwin等人的方法实质上为通过基准曲线乘某个因子得到不同情况的曲线。与以往很多基于峰值加速度的研究相反，Irwin等人的所有感知曲线都是通过均方根加速度来表示的，具体形式为[91]：

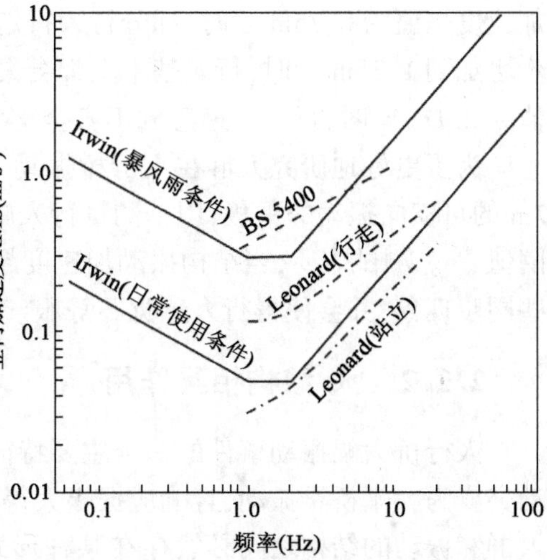

图2.2.2　人行桥中行人在不同尺度下的振动感知忍受程度（图中还包含了英国桥梁规范BS 500及Leonard给出的行人对振动感知忍受程度曲线）[89]

$$\text{RMS} = \sqrt{\frac{\int_{t_1}^{t_2} \ddot{x}(t)^2 \mathrm{d}t}{t_2 - t_1}} \tag{2.2.2}$$

式中，$\ddot{x}(t)$为加速度时程；t_1和t_2为起始时刻和结束时刻。选择RMS加速度作为振动感知判定标准主要是因为RMS值的获取相对容易，因此这种方式被许多与人类振动感知相关的规范准则采用。

2.2.1.2 对桥梁水平方向振动的感知

关于行人对桥梁水平振动的感知的研究非常少。然而,行人对建筑物水平振动的感知的相关研究有不少。Chen 和 Robertson[92]研究了人类对结构水平正弦振动的感知阈值,其中振动频率在0.067 ~0.20Hz 之间(为高层建筑在风荷载作用下的典型振动频率区间)。虽然这个频率范围不太可能与人行桥相关,但这项工作很有价值,因为它确定了振动感知中的最重要因素:振动频率、身体运动、运动预期和身体姿势。他们发现,在这个低频区域,行走中的振动感知阈值高于静止情况,而当人有目的的运动时,感知阈值更低。Nakata 等人开展了另一项关于水平振动感知的实验[93]。实验中,40 名测试者置身于频率为 1.0 ~6.0Hz 的水平正弦振动中,振动幅值逐渐增大,并记录测试者的感知值。结果表明,在 1.0 ~3.0Hz 范围内,行人身体前后侧的感知阈值高于身体左右侧的感知阈值,而在 3.0 ~6.0Hz 范围内则相反。不过在这次实验中,只考虑了行人坐姿的情况。

在行人对人行桥水平方向振动感知方面,Wheeler[94]的研究表明,人行桥上人群对振动的感知与一个孤立的人的感知是不同的。Nakamura[20]研究了在桥梁大幅横向振动时的行人主观振动感知情况。研究发现,当人行桥横向振动加速度幅值约为 0.3m/s^{2}时,行人可以感觉到振动,同时有些人会认为振动让其不舒服,但并没有影响他们正常的行走方式;而当横向振动加速度幅值为 0.75m/s^{2}时,部分行人行走困难,偶尔会触碰扶手;当横向振动加速度幅值进一步增加到 1.35m/s^{2}时,行人基本上都会失去平衡,有些人甚至停止行走;当横向振动加速度幅值为 2.1m/s^{2}时,行人普遍感到不安全,会停止前进的脚步。

为了更好地研究人群在人行桥振动下的行为和感知,法国的 Sétra 搭建了一个长 7m、宽 2m 的可横向振动的平板,用于测量行人施加的横向作用力,并估计触发同步锁定的振动感知阈值[95]。测试表明,当结构振动加速度超过一定阈值时(大约 0.1 ~0.15m/s^2),就会出现一些同步现象,并会使得行人感觉不舒服。

2.2.2 人-结构相互作用

人行桥大幅振动事件的一个主要特征是,人群数目的小额增加会导致有限振幅的桥梁振动突变为大幅桥梁振动,且响应振幅大得不合常理。因此,一个合乎逻辑的推断是:在行走的人群和振动的结构之间必然存在某种形式的正反馈作用,换言之,人行桥横向振动中存在着人-结构相互作用(Human-Structure Interaction,HSI)。

关于人-结构相互作用的最初假设是行人和振动桥梁之间的同步机制。当行人在横向振动结构上行走时,他们倾向于将步伐分开,并改变他们行走的频率和相位,以适应足下结构的振动。这种由足下结构振动导致的步态改变在土木工程领域称为人-结构同步。Fujino 等人[3]在早期阐述了人-结构同步的概念。他们实施的行人在横向振动平台上行走的实验表明,在 10 ~20mm 范围内,行人步频会倾向与平台振动频率同步(但他们并没有提供有关平台实验的详细信息)。这个实验结果被用来解释日本户田桥在被大量人群堵塞时的大幅横向振动。Okamoto 等人[96]采用振动台实验研究了横向振动对步行的影响,证实了人的运动会与结构振动发生同步现象:当振幅较小时,不同实验者的步频较离散;当振幅较大时,行人步频会集中到结构振动频率附近。Charles 和 Bui[97]通过对巴黎索尔费里诺桥的实测结果反算,得到了等效的同步行人数量,而 Danbon 和 Grillaud[98]基于他们的结果提出了一个荷载模型,在其模型中,同步行人的数量将随桥梁的位移振幅线性增加。Mcrobie 等人[4]通过一个安装有跑步机且能横向振动的平台,再现了同步现象的发生过程,并指出,相比速度,振幅才是行人步行模式发生变化的主要原因。Dallard 等人[1,11],Nakamura 等人[25]和袁旭斌[99]的振动台实验表明,行人横向力幅值随振幅增大而增大,但足下结构振动频率对其影响不太明显。Strogatz 等人[100]基于耦合振子理论框架,提出了一个数学框架来模拟人-结构的相互作用,假设每个行人都会对来自桥梁的弱刺激(通过桥梁横向振动位移[34]或者横向振动加速度[35])作出反应。如果刺激足够强,当桥梁固有频率接近行人步频时,行人就会与桥梁振动同步锁定。而 Nakamura 等人[25]的结果表明,行人同步的易感性取决于行人步频和足下结构横向振动频率之间的频率比,而这与当前设计规范所基于的基本假设相矛盾。

在同步机制提出后,人们对人-结构相互作用有了进一步的认识,并且认识到人-结构相互作用可能是一个更为微妙的机制:有可能在不需要人-结构同步的前提下,通过人-结构相互作用,行人步行也会产生共振分量(即在桥梁振动频率处产生分量力),由此导致桥梁振动发散失稳。Ricciardelli 和 Pizzimenti[30]及 Ingólfsson[27-28]利用改进的跑步装置,对行人在足下结构振动变频和变幅下的行走特性进行了系统研究,认为行人横向力应由静止桥面上的行人激振力和振动相关的自激力组成,其中振动相关(人-桥之间频率比以及桥梁振幅)的自激力频率与桥梁振动频率相同,且由与速度同相的分量和与加速度同相的分量组成。Barker[101]则采用了另一种思路,提出了一个简化的人体质心力学模型,并指出行人同步并不是大幅发散横向振动发生的必要条件。Barker 的单一行人模型核心为一个支撑在无质量刚性腿上的质量体,其沿着桥面直线移动。在该模型中,作用在桥上的横向力通过计算沿斜腿的重量分量而得到,并以固定的频率从左到右连续切换。尽管这个模型非常简单,但它提供了一个关于桥梁在行人作用下横向不稳定的独特见解。在小振幅正弦波桥梁振动的情况下,该模型显示,即使桥梁振动频率与行人步频不同,行人在桥梁振动频率处也将对桥梁产生一个净横向力(即自激力)。产生这种自激力的原因为:当桥梁横向运动时,假设行人质量在横向是静止的,但腿部的倾斜角度会发生变化,从而导致作用在桥梁上的横向力在桥梁振动的方向发生变化。然而,由于 Barker 忽略了行人质量对横向力的影响,并且预先定义了脚的放置位置,因此该模型缺乏科学依据。Macdonald[37]在 Barker 的框架基础上建立了一个经过改进的和更接近实际的行人横向作用力模型。他借鉴了大量生物力学领域的成就,基于 Hof 等人[102]提出的控制横向平衡的行人脚触地位置控制规则,提出了倒摆模型,其潜在的核心思想是:行人控制平衡的关键在于脚放置的位置,而不是步频(或步伐周期)。

2.2.3　在振动结构上的单人横向作用力测试

前文提到结构振动会对行人行走方式产生影响,因为行人能感知到结构振动,但关于这种影响的具体方式的研究还很少,尤其是结构横向振动对行人的影响。接下来将重点介绍结构横向振动对行人行走特性的影响及在横向振动结构上行人横向力的作用特征。

Kay 和 Warren[103]使用视觉刺激来研究横向正弦波激励与行人颈部横向运动之间的时间相关性。在其实验中,视觉刺激被设定为一个横向振动的虚拟狭窄走廊,以较大的振幅(约 0.32m)进行虚拟振动。实验结果显示,行人的步频会锁定在一个较大的频率范围内(0.65 ~

0.925Hz)。Mcandrew 等人[104]进行了行人在跑步机上行走时受视觉刺激和物理扰动下的步伐行为研究。在其实验中,跑步机在四种频率(0.16Hz、0.21Hz、0.24Hz 和 0.49Hz)下进行横向振动,每种频率的振幅不同(分别为 50mm、40mm、70mm 和 25mm)。在实验中观测到,行人在跑步机横向振动影响下,步宽和频率都增加了,而步长减小了。Brady 等人[105]引入了"基地固定"和"空间固定"的术语来区分那些随着基地做横向运动的行人和那些在空间中保持固定位置但允许跑步机在其下方横向运动的行人。在低频(0.2 ~ 0.3Hz)和大振幅(127mm)的横向振动下进行的实验表明,振动通常会增加步宽。对于"空间固定"的行人,当其脚下结构向右移动时,行人左脚步宽越走越宽;当脚下结构向左移动时,行人左脚步宽越走越窄。对于"基地固定"的行人,情况则相反。

Fujino 等人[3]利用视频分析方法,研究了日本户田桥上人群拥挤时的行人头部横向运动。他们发现行人头部横向运动幅度随着桥梁横向运动幅度增加而增加,因此得出一个结论:为了保持身体平衡,人们会扩大步态。在户田桥上,当桥梁稳态振动幅度约 10mm 时,大约有 20% 的行人的头部运动(频率和相位)与桥的运动同步。进一步,Fujino 等人[3]开展了基于横向振动平台的实验测试,结果表明,在结构横向振动幅值 10 ~ 20mm 范围内,行人容易和结构横向振动同步。Yoshida 等人[106]根据人群运动视频记录估计,在结构横向振动幅值为 9mm 时,户田桥上的行人横向力平均幅值约为 3.3N。值得注意的是,这个值远远低于基于千禧桥实测数据的反算结果。Yoshida 等人[107]还指出,大约 60% 的行人横向步频在(0.9 ± 0.1)Hz 区间。然而,他们并没有指出具体有多少人与桥梁振动同步。

在 18 个月的改造期间对伦敦千禧桥进行了一系列实验室测试。实验包括在南安普顿大学的振动台上行走,以及在帝国理工学院的 7.3m 横向驱动测试平台上行走[图 1.3.2a)]。实验表明,横向 DLF 随振动幅值的增大而增大,但与结构振动频率无关。实验还表明,同步锁定概率随着振动幅值的增加而增加,5mm 振幅时为 30% ~ 40%,30mm 振幅时为 80% 左右[108]。主要测试结果如图 2.2.3 所示。

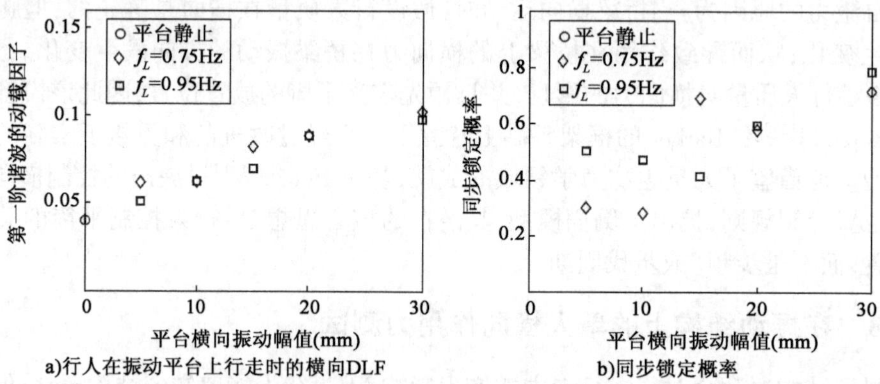

a)行人在振动平台上行走时的横向DLF　　b)同步锁定概率

图 2.2.3　伦敦千禧桥主要测试结果[1]

千禧桥事件发生后不久,McRobie 等人[4]建造了一个悬浮平台(重 1.2 ~ 2.0t),并在其上配备了一台跑步机,其横向振动频率在 0.7 ~ 0.9Hz 范围内可调。实验结果表明,人们倾向于把双脚分开得更远,步频与平台振动频率相同(同时相位恒定)。同时,还观测到,在 100mm 振动幅值下,行人施加的荷载幅值可达 300N,与平台速度同相的分量(相关力)可达 100N。

McRobie[4]认为，千禧桥上观测到的较大整体相关力，可以归因于随着振动振幅的增加，行人步态转换的可能性增加（更多的行人改变了步态），而不是相关力数值的增加。

2.2.3.1　使用振动平台对横向力进行量化

Rönnquist[109]测量了行人通过 4m 长悬挂平台时的横向作用力（也称地面反作用力，Ground Reaction Force，GRF）。该平台横向频率可调（0.75Hz、0.84Hz、0.95Hz 和 1.14Hz）。在每个平台振动频率下，进行了三种不同行人步频的测试，共记录了 1087 个脚步（但只安排了 4 个不同的测试者）。测试结果表明，随着平台横向振动加速度的增加，以及行人步频接近平台固有频率时，行人横向作用力将会增加。Rönnquist 和 Strømmen[110]将 DLF 等效定义为行人步频和桥梁频率之差（$f_\omega - f_n$）和桥梁振动加速度的函数：

$$\mathrm{DLF}_{eq} = 0.145 - 0.1\exp\left\{-\left\{0.45 + 1.5\exp\left[-\frac{1}{2}\left(\frac{f_\omega - f_n}{0.07}\right)^2\right]\right\}\ddot{u}_0^{1.35}\right\} \tag{2.2.3}$$

式中，$\ddot{u}_0$为结构加速度幅值；$f_\omega - f_n$为行人步频和桥梁频率之差。Rönnquist[109]还定义了通过对两个连续步长进行傅立叶分析得到的横向力的前四阶 DLF。第一阶谐波的 DLF 几乎与式（2.2.3）中的 DLF 相同，因此这里不再重复。高次谐波的 DLF 为$\mathrm{DLF}_2 = 0.01 + 0.008\ddot{u}_0$，$\mathrm{DLF}_3 = 0.015$ 和$\mathrm{DLF}_4 = 0.005$。但他们没有提供有关横向力谐波相位的信息。此外，这项研究所用的平台较轻，而且所测得的横向力对应的结构加速度超过一般人行天桥可接受的最大值（最高 $2\mathrm{m/s^2}$）。

Butz 使用一个配有 4 块测力板的长度为 12m 的横向振动平台［图 1.3.2b）］来测量 98 个不同行人的 GRF，并量化了他们与平台的同步程度[6]。该平台在横向进行正弦运动，频率为 0.6～1.5Hz，位移幅值为 340mm。实验测量了缓慢、正常和快速三种行走速度下的横向 GRF。实验记录了三种不同程度的同步：①行走是完全同步的，产生负阻尼效应；②行走不是完全同步的，但经过一段时间后行人改变为同步行走；③行走不同步，增加结构阻尼。研究发现，自然步行频率（即在静止结构上测量的步行频率）与结构横向振动频率相差在 ±0.1Hz 以内的人，可能会与结构运动同步。Butz 进一步指出，测量的 DLF 随着平台横向加速度幅值的增加有轻微增加的趋势，但由于数据较分散，他建议在设计时使用以下值：

$$\mathrm{DLF}_1 = \begin{cases} 0.04 & \text{非同步行或在静止结构上行走} \\ 0.055 & \ddot{u}_0 \leqslant 0.5\mathrm{m/s^2} \\ 0.075 & \ddot{u}_0 > 0.5\mathrm{m/s^2} \end{cases} \tag{2.2.4}$$

Nakamura[25]也进行了基于振动台的行人测试，主要研究在振动台位移幅值为 10～70mm，同时振动台横向频率为 0.75Hz、0.87Hz、1.00Hz 和 1.25Hz 时的行人行走特性。根据 5 个实验对象的结果，发现行人横向力（重量正则化）几乎与振动幅值呈线性增长关系（无关频率大小）：从 10mm 幅值时的 0.10N 左右增加到 70mm 幅值时的 0.16N 左右。在 Nakamura 研究中，同步行人被定义为与振动台频率相同的行人。实验显示，当振动台横向频率为 0.87Hz 和 1.0Hz时，行人倾向于同步，这两种情况下的同步概率分别为 20% 和 40% ～50%，这与 Butz 的观察结果基本一致。

2.2.3.2　在横向振动跑步机上的行走测试

与有限长度的平台相比，使用仪器化的改造跑步机来测定行人横向力有一定优势，因为它可以记录行人横向力连续时程。这里列出一些比较有启发性和影响力的实验(部分实验的具体细节详见后续章节)。

(1)袁旭斌等人的实验

袁旭斌[26]借鉴Okamoto[23],Mcrobie[4]等学者的实验思路,对基于仪器化改造跑步机的单人实验方法进行了改进。为研究结构振动情况下行人步伐调整以及人-结构相互作用的过程,实验首先制作了能够测量行人横向力连续时程的测力台-跑步机系统[图1.3.2d)]。其中测力台包含4个三维力传感器,电动跑步机安装在测力台上,测试者在跑步机上以不同的步速连续步行,产生的人致横向力即可由三维测力台测得。整个实验分为振动台实验和单自由度模型实验两部分。振动台实验是振动台以一定频率和振幅对行人施加横向振动,测试人致横向力时程和振动台的振动时程。单自由度模型实验则是设计一个单自由度体系的模型结构,人在模型结构上步行激起结构的横向振动,同时振动对人的步行产生反作用,分析人的步行与结构振动相互作用的过程。横向振动分为两种激振方式,第一种激振方式采用10mm和20mm两个恒定振幅,同时频率由0.65Hz逐级增加到1.2Hz,每个振幅和频率下的振动持续30s,目的是研究相同振幅下不同频率的振动对人步行状态及步行力的影响。第二种激振方式是在0.9Hz和1.0Hz两个振动频率下改变振幅,从4mm振幅线性增加到10mm并持续30s,然后逐级增大到50mm,并且考虑了0.83m/s和1.0m/s两种步速,目的是考察振幅对人步行状态及步行力的影响。基于实验结果,袁旭斌提出了一阶荷载谐波DLF作为结构振动幅值u_0的函数的简单方程:

$$\mathrm{DLF}(u_0)=1.18\,u_0+0.05\quad u_0\leqslant 0.05\mathrm{m} \tag{2.2.5}$$

在实验中观测到,当$u_0>0.05$m时,人不能继续稳定地行走,而不得不抓住扶手以保持平衡。袁旭斌[26]指出,对于较小的振动幅值,行人运动与跑步机运动的相对相位是变化的,但随着振幅的增加,相对相位几乎是不变的,且行人横向步频将与跑步机振动频率一致。此外,袁旭斌等人还发现行人荷载平均相位超前于跑步机运动相位的140.8°。与此同时,实验还统计得到了不同振幅下的步行同步概率,表明步行同步概率随振幅的增大而增大,在一定的振幅下,身体横向晃动频率与振动频率较近的行人发生同步现象的概率较大,而频率相差较远的行人往往需要在更大的振动影响下才会调整到与振动同步。由此,他们提出了基于振动幅值(u_0)和振动频率(f_0)的同步概率定性表达式:

$$\rho_s(u_0,f_0)=\frac{u_0}{u_0+c_1}\exp[-c_2(f_0-1)^2] \tag{2.2.6}$$

式中,c_1和c_2为拟合参数。

(2)Pizzimenti和Ingólfsson等人的实验

Pizzimenti等人[30]设计了一个仪器化改造跑步机,它可以在事先设定好的频率和振幅组合下以正弦波激励对跑步机进行横向驱动。

实验中,在跑步机不同振动振幅(15mm、30mm和45mm)和不同振动频率(0.60~0.92Hz)工况下记录了5个测试者的横向作用力。从横向作用力的功率谱密度(PSD)中可以观察到两个不同的力分量,第一个以行人行走频率及其高次谐波为中心,第二个出现在结构振动频率处(自激力)。因此,行人行走产生的横向力可表示为这两个分量的和:

$$F(t)=F_{f_w}(t)+F_{f_{Lw}}(t) \tag{2.2.7}$$

式中，f_w表示行人横向第一阶谐波频率（即主导谐波频率）；f_{Lw}为跑步机横向振动频率。图 2.2.4显示了某个测试者总横向力的 PSD（工况为：振幅保持 15mm，而振动频率有多个变化值）。自激力可进一步细分为位移同相（加速度同相）和位移异相（速度同相）的荷载分量：

$$F_{f_{Lw}}(t) = \mathrm{DLF}_{\mathrm{in}} W\sin(2\pi f_{Lw} t) + \mathrm{DLF}_{\mathrm{out}} W\cos(2\pi f_{Lw} t) \tag{2.2.8}$$

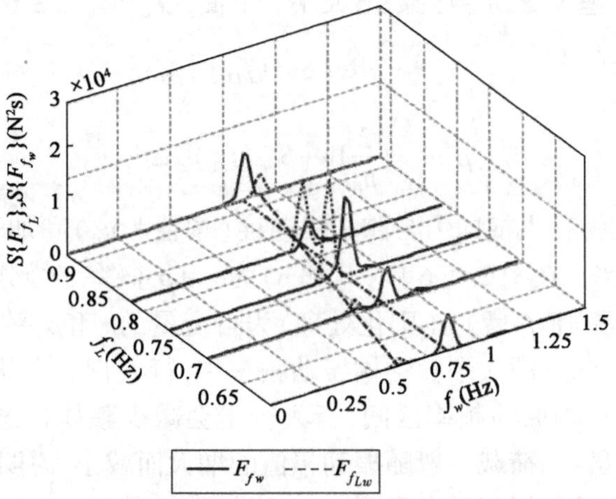

图 2.2.4 行人横向力 PSD（振动幅度为 15mm）[60]

5 个测试者的 DLF 均值如图 2.2.5 所示。根据人致作用力方程的定义［式(2.2.7)和式(2.2.8)］，$\mathrm{DLF}_{\mathrm{in}} > 0$ 意味着行人作用将增加系统质量，而$\mathrm{DLF}_{\mathrm{in}} < 0$ 则可被理解为行人作用增加了系统刚度。另外，$\mathrm{DLF}_{\mathrm{out}} > 0$ 意味着负阻尼的产生。同时，他们还观察到两个有趣的现象：首先，行人似乎在整个频率范围内都会产生结构的负质量（或正刚度）效应；其次，只有在一种频率和振幅组合工况下（0.92Hz 和 45mm），测试者产生了大量的负阻尼。

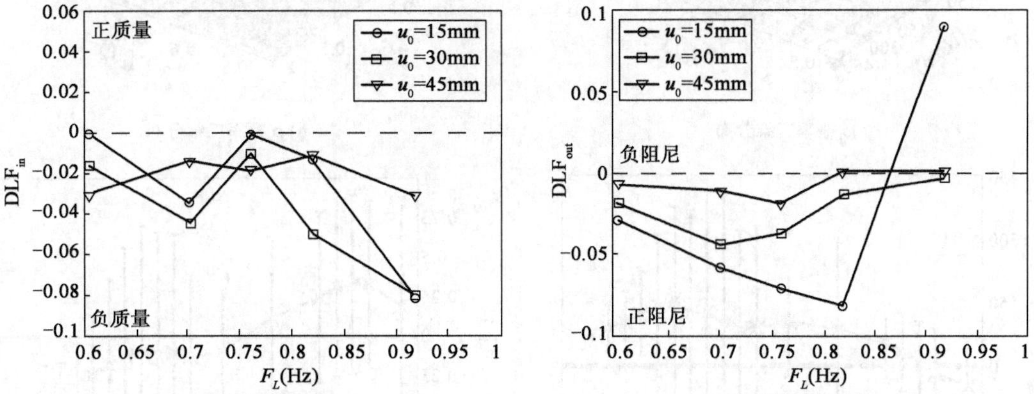

a)位移同相分量　　b)位移异相分量[60]

图 2.2.5 自激力中分量的平均 DLF[60]

出于对行人横向力进行分布统计的考虑，Ingólfsson 等人利用 Pizzimenti 使用的相同仪器化改造跑步机开展了一项更为广泛的实验活动[29]。测量了 71 个人在跑步机不同振动频率（0.33～1.07Hz）和不同振幅（4.5～48mm）组合下的横向力。通过近 5000 个单独测试，产生了在移动平台上累计 55km 行走里程的测试数据。在其研究中，行人实验的结果主要以与速度成比例(即与速度同相)荷载系数c_p(或称之为附加阻尼系数,下文以附加阻尼系数为 c_p 的主要称呼)以及和与加速度成比例(即与加速度同相)荷载系数ρ_p(或称之为质量惯性力系数,下文以附加阻尼系数为 c_p 的主要称呼)来表示。c_p和ρ_p的正值表示行人作用下整个结构系统的模态阻尼和质量的下降。通过行人作用力对跑步机横向位移所做的功等于等效线性黏性阻尼器所做的功,可确定这些荷载系数的数值大小。下面是c_p和ρ_p的表达式[27]:

$$c_p = \frac{2}{\dot{u}_0^2}\mathrm{Re}[S_{F\dot{u}}(f_{L1})]\Delta f \tag{2.2.9}$$

$$\rho_p m_p = \frac{2}{\ddot{u}_0^2}\mathrm{Re}[S_{F\ddot{u}}(f_{L1})]\Delta f \tag{2.2.10}$$

式中,$S_{F\dot{u}}$和$S_{F\ddot{u}}$分别为行人横向力与跑步机速度(幅值为$\dot{u}_0$)和加速度(幅值为$\ddot{u}_0$)的互功率谱密度;Δf为谱分辨率。在图2.2.6中,a)和b)为c_p和ρ_p概率三维分布,c)和d)为以正则化频率(除以测试者步频平均值f_w后的正则化处理)为自变量的c_p和ρ_p平均值及分布区间。研究得出以下主要结论:①在测试的大多数结构振动频率中,行人行走会从结构中提取能量(作为负阻尼器);②在较低的结构振动频率区间,行人行走会减少整体模态质量,但在较高的频率区间将增加整体模态质量;③荷载一般随振动幅值的增大而减小,说明荷载具有一定的自限作用;④数据的散乱导致实验数据不适合采用确定性描述,荷载须通过它们的概率分布来量化。

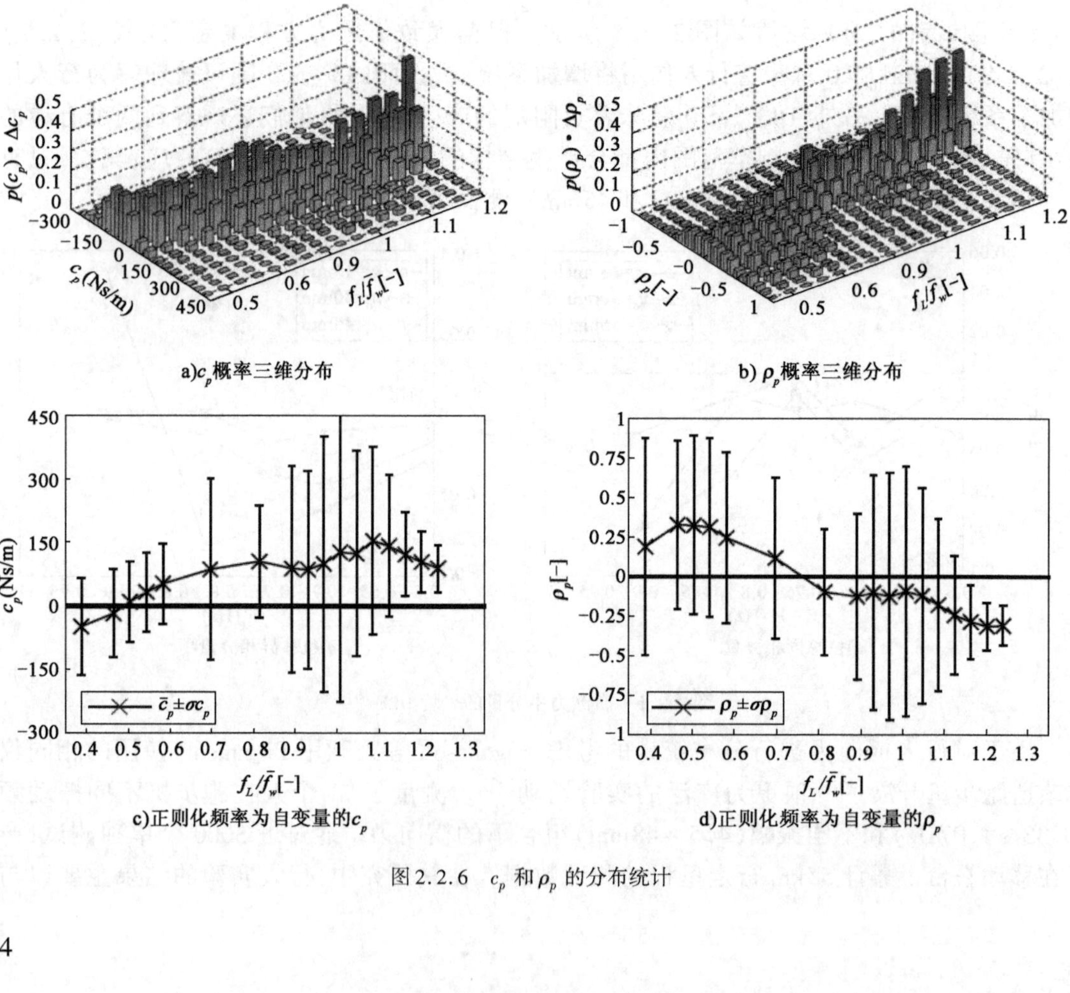

a)c_p概率三维分布

b)ρ_p概率三维分布

c)正则化频率为自变量的c_p

d)正则化频率为自变量的ρ_p

图2.2.6 c_p 和 ρ_p 的分布统计

(3) Bocian 等人的实验

Bocian 等人[31] 提出了一种新颖的实验装置,用于研究行人在横向振动结构上的行走行为,并进一步验证倒摆模型的有效性。为了确保感官信息的一致性和保证行人具有自然行走行为,通过电机速度反馈控制机制,让行走在跑步机上的行人可以自由调节行走速度[图 1.3.2f)];同时通过沉浸式交互式虚拟现实环境,提供行走在真实桥梁上的视觉环境。实验中,采用了严格的信号处理方法,尽量真实还原了行人在横向振动结构上行走时产生的横向作用力。

在倒摆模型中,自激力是引起人行桥横向振动发散失稳的关键,因此在以倒摆模型作为模型基础的实验测试中,一般并不关心静止结构上的行人横向作用力,而人-结构相互作用产生的自激力才是重点测试对象。在 Bocian 的实验测试中,行人引起的自激力被量化为结构的等效附加阻尼系数和质量惯性力系数[分别为 ΔC 和 ΔM,即对应于式(2.2.9)中的c_p和式(2.2.10)中的ρ_p]。在计算自激力时,数据记录的长度尽可能地取行人和桥梁振动周期的较大整数倍,这确保了获得的 ΔC 和 ΔM 能够代表任何给定测试期间的行人平均行为,也使得自激力的计算被简化为以下两个方程式:

$$\Delta C = \mathrm{Im}[H_{\ddot{x}_bF}(f_b) - \widehat{H}_{\ddot{x}_bF}(f_b)]\omega_b \tag{2.2.11}$$

$$\Delta M = -\mathrm{Re}[H_{\ddot{x}_bF}(f_b) - \widehat{H}_{\ddot{x}_bF}(f_b)] \tag{2.2.12}$$

式中,Re[-]和 Im[-]分别表示复数的实部和虚部;ω_b是跑步机的振动角频率;$H_{\ddot{x}_bF}(f_b)$和$\widehat{H}_{\ddot{x}_bF}(f_b)$是跑步机加速度和横向力之间的传递函数(在跑步机振动频率处取值)。$H_{\ddot{x}_bF}(f_b)$和$\widehat{H}_{\ddot{x}_bF}(f_b)$基于对力和加速度信号的快速傅立叶变换的比率获得,两者不同之处在于,前者是在有行人的跑步机上获得的数据,而后者是在空跑步机上获得的数据。式(2.2.11)、式(2.2.12)和式(2.2.9)、式(2.2.10)一一对应,两者表达的都是自激力的两个分量表达式,主要区别在于前者是以倒摆模型理论作为支持,而后者主要基于实验数据获得,缺乏必要的理论支持。

实验数据显示,倒摆模型能较好地定性捕捉行人荷载的本质,能够重现荷载的所有成分,包括位于步频第三倍和第五倍左右的自激力。通过对实验数据的分析,可以确定行人在横向振动的结构上行走时,步宽的调整是行人保持身体稳定的策略。

2.3　人群作用下的桥梁横向振动测试

前文所述实验基本都是以室内实验为主,且测试的时候,结构上的测试者都是限于单人。室内环境和实际环境会有很大不同,包括行人数量、行人对环境的敏感性、周围行人对行人的影响、测试结构的不同(实际尺寸的桥梁结构和室内简单改造的实验装置不同)等。这些因素都会对人行桥人致横向振动机理的揭示造成困扰。因此,除了室内实验测试,开展室外实桥测试是必不可少的,因为室外实桥测试可以从另外一个实际、宏观的角度来分析和研究人行桥人致横向振动。下文介绍了世界范围内多座人行桥人群实桥实验测试。(注:这部分内容大部分来自文献[2],归功于 Ingólfsson 的整理工作。)

2.3.1 巴黎索尔费里诺桥的实桥测试

如前文 1.2.2 所述,巴黎索尔费里诺桥(图 1.2.2)在开放日发生了大幅横向振动,随后被关闭并进行了实桥人群测试。实桥测试确定了三种关键的振动模态:频率为 0.81Hz 的扭转耦合的横向模态,以及频率分别为 1.94Hz 和 2.22Hz 的两种扭转模态。第一振型的模态质量约为 400t。前 6 种振型的特征如表 2.3.1 所示。

巴黎索尔费里诺桥振动特性[22]

表 2.3.1

模态	频率(Hz)	阻尼(空桥)(%)	阻尼(116 人在桥上)(%)	模态质量(t)
对称水平振动模态	0.81(0.70)*	0.38(3.5)*	1.60	400.00
第一反对称竖向振动模态	1.22	—	—	—
第一反对称扭转振动模态	1.59	0.2~0.5	—	—
第一对称竖向振动模态	1.69	0.49	—	—
第一对称扭转振动模态	1.94	0.50	1.36	—
第二对称扭转振动模态	2.22	0.28	1.60	—

注:* 安装 6 个水平 TMD 后的结果。

2000 年 2 月,巴黎索尔费里诺桥进行了第一组人群测试,122 名测试对象参加了步行节奏受控的多种测试。Dziuba 等人[2]报道,较大数量的行人可以激发起第一阶横向模态的明显振动,加速度振幅可达 0.6m/s^2(位移幅值高达 24mm)。测试后,在巴黎索尔费里诺桥上共安装了 14 个 TMD,其中 6 个用于抑制水平横向振动(安装阻尼器后,横向基频下降到 0.7Hz 左右,阻尼增加到 3.5%)。同年,在巴黎索尔费里诺桥上又进行了另一项测试(未激活 TMD),参加测试的志愿者多达 386 名。在主要的人群测试中,桥上的行人数量逐渐增加到 207~229 人之间。根据测量的响应,Charles 和 Bui[97]将引起共振的等效行人数量定义为:

$$N_{eq}=\frac{\pi}{2}\frac{\int_{t}^{t+T}F(\tau)\,\dot{q}(\tau)\,\mathrm{d}\tau}{F_{1p}\sqrt{\int_{t}^{t+T}[\dot{q}(\tau)]^{2}\mathrm{d}\tau}}\tag{2.3.1}$$

式中,T 为模态周期;$F(\tau)$ 为横向模态力(由实测的加速度响应推导得到);F_{1p} 为单个行人在其频率与桥梁模态频率一致时行走产生的第一阶横向力谐波幅值;$\dot{q}(\tau)$ 为桥梁模态位移。N_{eq} 可解释为均匀分布的同步等效行人的数量,其在每个振动周期内向模态输入的能量与实际人群输入的能量相同。在图 2.3.1 中的加速度时程图中给出了所谓的等效同步率,定义为 N_{eq}/N(N 为行人总数)。结果表明,当加速度为 $0.1\sim0.15\text{m/s}^2$ 左右时,行人的运动与桥的运动同步。在此之前,行人的行走被视为随机的,即行人的行走特性不受结构运动的影响。进一步发现,大约 140 名行人上桥时,才能获得超过这个阈值的加速度响应。

2.3.2 伦敦千禧桥的实桥测试

伦敦千禧桥总长约 324m,跨径组成为南边跨 108m + 中跨 144m + 北边跨 81m(见图 2.3.2),桥面板由轻质的铝制材料(单位长度的质量约 2t)组成。伦敦千禧桥在开放日出现大幅振动后进行了关闭和改造。采用的改造方案包括安装 37 个横向黏性阻尼器和 29 对竖向 TMD。

在安装前,对结构进行模态识别,以验证理论模型,并测试安装了3个原型阻尼器的效果。基于桥上无行人的测试结果,识别出四种横向和四种竖向振动模式(表2.3.2)[111]。2000年12月19日,275名Arup员工参与该桥梁的人群测试[见图1.3.1a)]。总共进行了14次不同工况的行人人群测试,在大部分工况中,桥上的行人数量逐步增加。图2.3.3显示了北边跨模态NL1和中跨CL1模态的横向加速度响应时程。

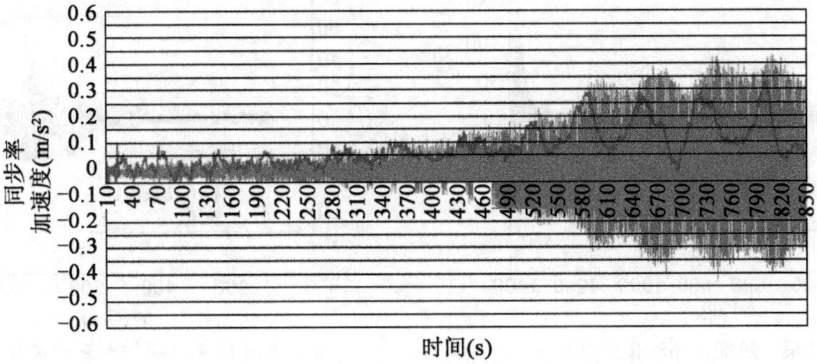

图2.3.1　在行人随机慢速行走下的桥梁横向振动加速度和行人同步率(行人数量逐步增加)[97]

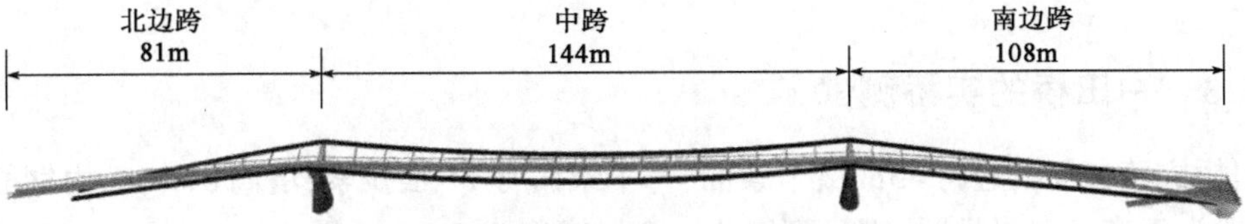

图2.3.2　伦敦千禧桥跨径组成

未安装阻尼器时千禧桥的模态特性(来源于文献[2])　　表2.3.2

模态	频率(Hz)	阻尼比(%)	模态质量(t)
中跨第一阶横向振动模态(CL1)	0.48~0.49	0.75~0.77	128~130
南边跨第一阶横向振动模态(SL1)	0.80~0.81	0.6~0.7	172
中跨第二阶横向振动模态(CL2)	0.95~0.99	1.3	145~148
北边跨第一阶横向振动模态(NL1)	1.04	0.32	113*
中跨第三阶竖向振动模态(CV3)	1.15~1.16	0.8	155
中跨第四阶竖向振动模态(CV4)	1.54~1.55	0.55	140
中跨第五阶竖向振动模态(CV5)	1.89~1.91	0.58~0.65	135
中跨第六阶竖向振动模态(CV6)	2.32~2.33	0.95	135

注:*由于现场测试数据质量欠佳,采用有限元数值计算获得。

测试表明,对于一定数量的行人,加速度响应是有限的,超过临界人数后,行人数量的小幅增加就会导致振动响应幅值发散。一个重要的发现是,行人作用力F_{corr}的大小与模态速度的振幅几乎是线性相关的,这表明行人相当于一个负黏性阻尼器。Dallard等人[11]解释说,大幅横向振动是由同步的横向荷载作用引起的,这是行人横向步频与桥梁横向振动频率之间同步锁定的结果。Dallard等人还定义了同步横向激励(Synchronous Lateral Excitation,SLE)这个术语,在后来文献中被广泛用于表示行人引起的大幅振动。行人作用力F_{corr}与速度成比例的特征,归因于随着振动幅度的增加,行人之间的同步程度增加,从而产生正的力反馈。然而,有一个重要的(貌似矛盾的)观测结果是,结构的竖向响应在模态频率的两倍处没有明显的大幅振动(这和预期结果不一致,如果按照同步共振原理,竖向也应该会出现大幅振动)。2002 年 1 月,在安装阻尼装置后进行了最后的行人测试,在测试中没有出现大幅振动的情况。

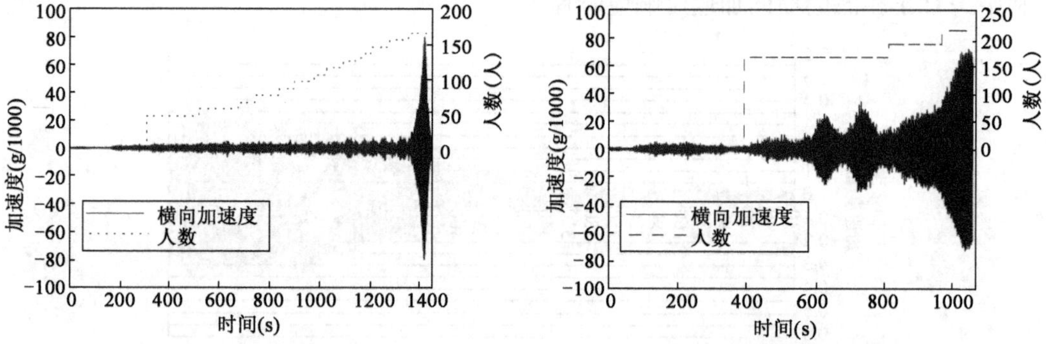

a)北边跨第一阶横向振动模态(NL1)　　b)中跨第一阶横向振动模态(CL1)

图 2.3.3　千禧桥横向加速度响应时程(不同人群测试)[22]

2.3.3　户田桥的实桥测试

户田桥主跨 134m,边跨 45m,2 个索面,每个索面有 11 根拉索;塔高 61.4m,由钢筋混凝土制成,主梁为正交各向异性梁,腹板高度为 1.8m,宽度为 6.05m[图 1.2.1a)]。户田桥是连接摩托艇体育场和公共汽车终点站的唯一通道。在比赛当天,有 1 万多名观众通过这座桥进入体育场[图 1.2.1b)],其中许多观众在比赛结束后立即离开体育场,通过这座桥前往体育场对面的公交车站,途中在桥上形成了拥挤,这种拥挤的情况持续了 5 ~ 15min。由于桥的入口区域比较大,在这种拥挤的情况下,行人仍可以在桥上通行,没有发生堵塞现象,而正是在这段时间,桥梁发生了大幅横向振动。

为了研究桥梁大幅横向振动的机理,研究人员在后续比赛日进行了几次实桥测试[3,15]。测试过程中,主梁和拉索(距桥面约 2m 高的 2 根拉索位置)都安装了加速度计以获得振动信号。当桥面上挤满行人时,观测到有几根拉索首先开始在横向和竖向上振动;几分钟后,主梁开始在横向发生剧烈振动[图 2.3.4a)和图 2.3.4b),为振动发展阶段的主梁横向位移两次测量结果];接着主梁振幅增加到 8 ~ 10mm,并在后续一段时间内保持相对稳定;在 10 ~ 15min 内,行人的数量减少,振动最终减弱。图 2.3.4c)为主梁横向响应的局部放大图,呈现为一个近似正弦波。对应的功率谱有一个峰值,频率为 0.93Hz,如图 2.3.5 所示。通过有限元计算得到第一阶横向模态,如图 2.3.6 所示,固有频率为 0.93Hz,与实测值相等。

2.3.4　枫叶谷桥的实桥测试

这座非常轻($0.4t/m^2$)的悬索桥位于日本那须盐原市枫叶谷(图 2.3.7),主跨 320m。当桥上行人拥挤时,桥梁被观测到发生大幅横向振动。振动主要发生在频率为 0.88Hz(第三阶非对称模态)和 1.02Hz(第四阶对称模态)的振型中(取决于人群在桥上的位置)[112]。2002

年 11 月,在几个实验人员的腰部和桥上安装了加速度计,完成了现场实桥实验[20]。研究人员要求这些行人在正常交通情况下过桥。实验中估计的人群密度在 0.7 ~ 1.3 人/m^{2}之间,但总体上空间分布不均匀。

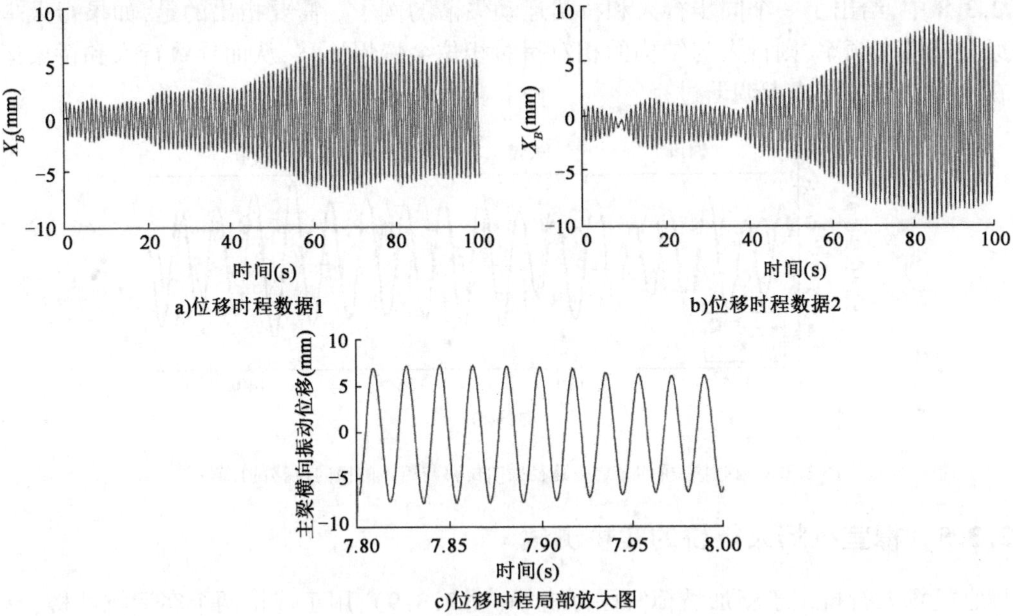

图 2.3.4　主梁横向振动位移时程

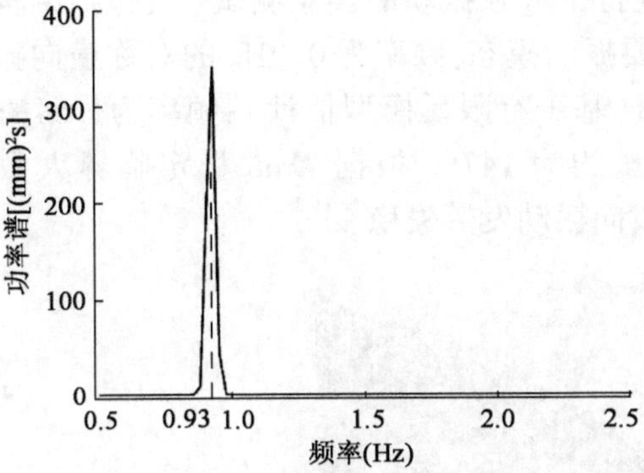

图 2.3.5　主梁横向振动位移的实测功率谱[112]

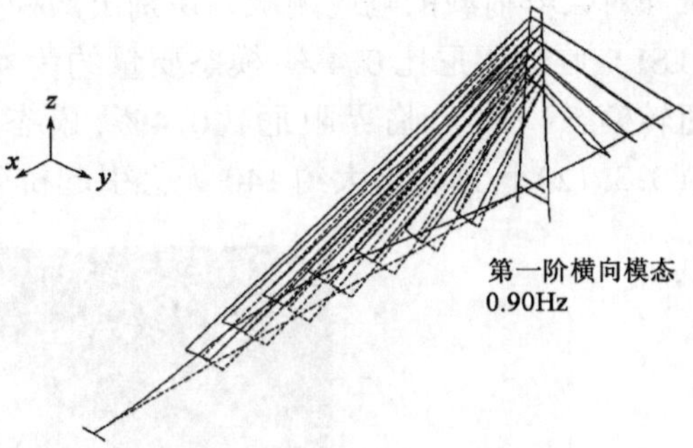

图 2.3.6　数值模态结算结果[112]

图 2.3.7　枫叶谷桥

Nakamura 基于实验结果指出[20]，行人的横向步频一般会倾向于与桥梁振动同步，且行人相位超前桥梁振动相位 120°～160°。Nakamura 进一步解释说，在一些测试中，行人失去平衡并停止行走，导致行人相位的偏离，但当行人重新开始行走时，行人会再次与桥梁运动同步。在图 2.3.8 中，给出了一个同步行人和桥梁运动失谐的例子。需要指出的是，如果行人步频接近桥梁某个模态频率，则行人与结构的相对瞬时相位会慢慢漂移，从而导致行人和桥梁运动之间存在一个交替失谐或者调谐过程。

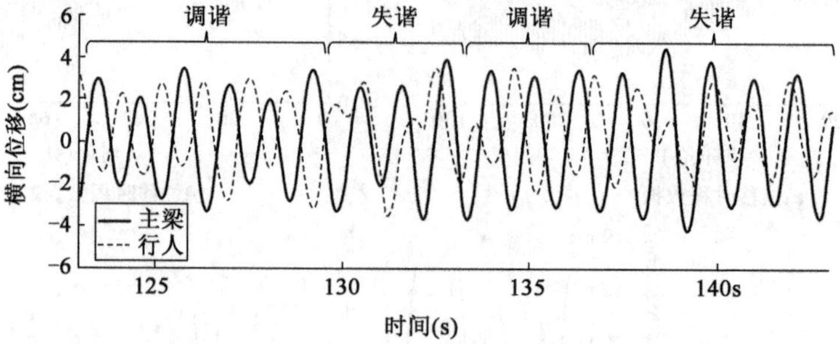

图 2.3.8 枫叶谷桥四分之一跨径横向位移与行人的横向位移的比较[20]

2.3.5 樟宜机场人行桥的实桥测试

樟宜机场人行桥位于新加坡樟宜国际机场（图 2.3.9），用于连接两个客运航站楼，是一座空心圆形和矩形截面焊接而成的钢拱桥，由 140m 主跨和两个 30m 的边跨组成。受伦敦千禧桥大幅横向振动事件的影响，樟宜机场人行桥进行了人致振动的实验测试[18]，包括结构模态测试和对人群荷载的响应测试。识别出两种主要振动模态：频率为 0.9Hz 的对称横向振动模态（LS1），临界阻尼比 0.4%，模态质量约为 453t（基于有限元模型估计）；频率为1.64Hz的对称扭转模态（TS1），临界阻尼比0.4%，模态质量约为 147t。根据 Arup 稳定临界人数公式［式(3.3.12)］，预测出大约 140 人会引起桥梁横向振动发散失稳。

图 2.3.9 樟宜机场人行桥[18]

2002 年 2 月进行了人群测试［图 1.3.1b)］[19]，参加者多达 150 名。在主要测试工况中，行人以一定的数量逐渐增加，且行人都以自身感觉舒适的速度在桥上行走。在测试期间发现，当行人增加到一定数量时，LS1 的振幅会急速增加。在一次折返循环测试中（行人数量 150 名），LS1 横向振动幅值保持持续增长，直到要求行人停下来，而此时横向振动加速度幅值为 0.17m/s^2（对应的位移幅值为 5.5mm）。

在实验中，没有发现类似于横向振动响应急速增加的竖向振动响应，也没有观察到在行人横向步频两倍处的明显峰值。Brownjohn 等人[19]注意到，在一次较小人群规模（100 人）的测试中，有明显的大幅横向振动，而后人群行走被叫停，但人群恢复行走后，类似的振动水平不再出现。在这两种实验条件相同的情况下，触发失稳所需的临界行人数量的这种变化可能归因于行人对桥梁横向运动反应的随机性。此外，行人空间分布的变化或人群中步频（以及相位角）的分布也可能影响引起振动发散的临界行人数。实验表明，100 ~ 150 的人数就足以引发大幅横向振动，这与使用 Arup 公式分析预测的 140 人的情况吻合。

基于动力分析结果和实验观测数据，在樟宜机场人行桥上安装了 2 个横向 TMD（各 500kg），将 LS1 的阻尼提高到 1.65%，此时理论上的临界行人数量可达到 560 人。

2.3.6　拉达尔人行桥的实桥测试

拉达尔人行桥位于挪威的一个休闲区（图 2.3.10）。该桥主跨部分采用钢索加固的胶合木浅拱。拱架之间的距离为 91m。此外，还有两个边跨，每个长 13m。拉达尔人行桥于 2001 年竣工开放，在随后营运的某段时间中，观测到当有一定数量人群经过时，该桥的第一阶横向模态（频率为 0.83Hz）被激发，并产生了大幅横向振动[113]。

图 2.3.10　拉达尔人行桥[109]

随后开展的实桥测试结果表明[109]，第一阶横向模态的阻尼比为 2.5%，模态质量为 18t，模态振型可以近似为波长为 80m 的半正弦；第一阶横向模态具有很强的竖向和扭转分量，旋转中心位于桥面下方，其运动类似于倒摆运动。测试中还观测到，桥梁振动非常敏感，即使是 40 个行人，水平加速度响应也超过 1m/s^2（图 2.3.11）。根据实测的加速度响应结果可知，桥上行人数量N_p与加速度峰值$\ddot{u}_{0,\max}$之间存在某种简单的线性关系：

$$\ddot{u}_{0,\max} = 0.024\,N_p \tag{2.3.2}$$

基于该实验，Rönnquist 等人指出[114]，桥梁横向振动幅度的增大，会导致更多的人倾向于与桥梁振动同步，但没有提供同步行人的数量或相位角分布的量化值。

2.3.7　科英布拉人行桥的实桥测试

科英布拉人行桥横跨葡萄牙科英布拉市的蒙台哥河，于 2005—2006 年期间建成，并于

2006 年 11 月开始营运。该桥为拱桥,全长 274.5m,由主跨(110m)、两侧边跨(64m)和两端较短的引桥组成(图 2.3.12)。桥梁上部结构为梁拱组合体系,箱梁为钢-混凝土组合,拱由钢箱梁构成。这座桥的独特之处在于它是关于一个纵向轴的反对称结构[115]。

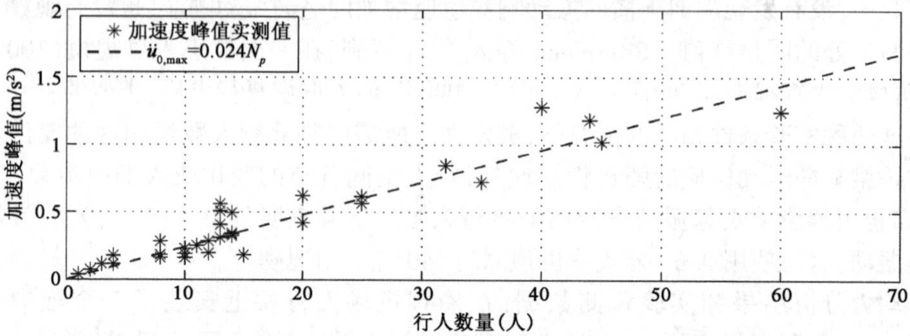

图 2.3.11　拉达尔人行桥上加速度峰值和桥上行人数量的关系[109]

研究人员经过测试发现[116],该桥对人致振动较为敏感,尤其是横向振动,其中有一横向振动模态(频率在 0.70 ~ 0.78Hz 之间)容易被激发形成大幅横向振动。根据 Arup 稳定临界人数公式[式(3.3.12)]对失稳临界行人数(假设模态阻尼比为 1%)进行预测,发现需要 145 名(人群密度为 0.2 人/m²)才能触发大幅横向振动。

2006 年 4 月,在安装扶手和桥面板玻璃之前,进行了模态测试[117]和人群测试。通过模态测试,发现第一阶横向振动模态的频率约为0.91Hz,阻尼比大约为 0.5% ~ 0.6%,模态质量约为205t(由更新的有限元模型确定)。在人群测试实验[图 1.3.1c)]中发现,当73 名行人在桥上时,跨中加速度峰值约为 0.2m/s²;而当 145 名行人在桥上行走时,跨中加速度峰值约为 1.2m/s²(图 2.3.13)[22]。当使用测量的模态特性时,这一观察结果与 Arup 提出的稳定临界公式结果N_{cr} =73相吻合。

图 2.3.12　科英布拉人行桥[22]

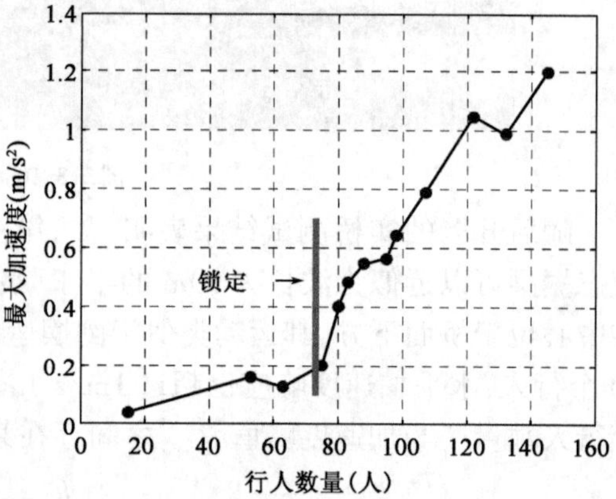

图 2.3.13　行人人群测试结果[22]

在改造前,该桥安装了 8 个 TMD 来控制人致振动,其中一个(质量为 4.92t)用于抑制第一阶横向振动模态,剩下 7 个用于抑制频率范围为 1.55 ~ 3.06Hz 的竖向振动模态。测试后对阻尼装置进行了重新设计,采用了 6 个单独横向 TMD(总质量14.8t),以提供 7.8% 的理论阻尼比(这比改造前的阻尼比要大得多)。随后的长期监测显示[118],前 12 个月的横向振动加速度响应始终小于舒适阈值 $0.1m/s^2$，实测的最大日加速度如图 2.3.14 所示。

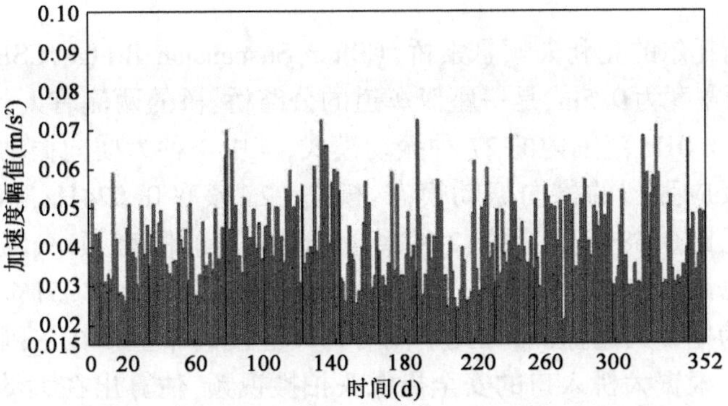

图 2.3.14 第一阶横向振动模态前 12 个月的最大日加速度[119]

2.3.8 帕萨雷勒·西蒙娜·波伏娃桥的实桥测试

帕萨雷勒·西蒙娜·波伏娃桥于 2006 年 7 月 13 日开通，是一座位于巴黎的 304m 长的人行桥（图 2.3.15），其主跨长 190m，为拱和体外预应力组合结构[120]。该桥中的 9 种模态被认为容易受到人致荷载激发，其中 3 种为横向振动模态：模态 1（频率预估值为 0.46Hz）、模态 3（频率预估值为 0.96Hz）、模态 5（频率预估值为 0.96Hz），模态 3 位于引桥处；后经过实桥测试后将模态 1 和模态 5 的频率、阻尼比分别修正为0.56Hz、0.56% 和 1.12Hz、0.53%。

图 2.3.15 帕萨雷勒·西蒙娜·波伏娃桥

为了确保桥梁结构的安全性，进行了一系列实桥实验测试[21]。实桥人群测试中共有 120 名志愿者，按不同行人数量（20～120 人）在桥上进行步行测试［图 1.3.1d)］。在 80～100 人随机行走的人群测试中，发现模态 1 和模态 5 都被激发，其中模态 1 中的最大位移幅值为 30mm（对应加速度最大幅值 $0.37m/s^2$）。Hoorpah 等人在测试报告指出[21]，当使用节拍器控制一组 60 人的行走频率时，桥梁振幅达到了正常水平的两倍。此外，实验中还观测到，模态 1 中阻尼比和振幅具有较大相关性：阻尼比从低振幅（<5mm）时的 1% 增加到高振幅（30mm）时的2.5% 左右。后来，随着时间的推移，研究人员发现结构阻尼比有所增加，因此没有采取进一步的措施，取而代之的是一个长期振动监测系统。

2.3.9 克利夫顿悬索桥的实桥测试

位于英国布里斯托尔的克利夫顿悬索桥(Clifton Suspension Bridge,CSB)建于1864年,该桥的主跨为214m,桥面宽度为9.5m,是一座双车道的公路桥,桥的两侧有人行道(图2.3.16)。实桥测试得到了0.2~3.0Hz范围内的27种振动模式,其中4种为横向振动模态;测试还识别出了2种对人致荷载反应强烈的横向振动模态:模态L2(频率0.524Hz,阻尼比0.58%)和L3(频率0.746Hz,阻尼比0.68%)。另外2种横向振动模态的固有频率、阻尼比分别为模态L1(频率0.240Hz,阻尼比3.68%)和模态L4(频率0.965Hz,阻尼比3.51%)[72]。在2003年夏天对这座桥进行了为期2周的监测,在此期间有每年一度的布里斯托尔国际气球节,桥上通常有大量的行人穿过。根据大桥入口的安全摄像头拍摄视频,估算出在大约2h内,有150~450人上桥,造成模态L2和模态L3的大幅振动,其中模态L2为主导模态。最大加速度测试值在L2模态下为0.13m/s^2(最大位移为11.3mm),在L3模态下为0.11m/s^2(最大位移为4.5mm)。研究表明,该桥的横向振动经历了一种发散失稳型行为。当人数较少时,观测到的是微小的振动;后来在很短的时间内,桥上的人数增加了一倍(行人达到200人),此时发现模态L2的位移幅值增加了一个数量级,随后,模态L3也产生了较大响应,即在一段时间内,同时存在两种被强烈激发的模态,如图2.3.17a)所示。

图2.3.16 克利夫顿悬索桥

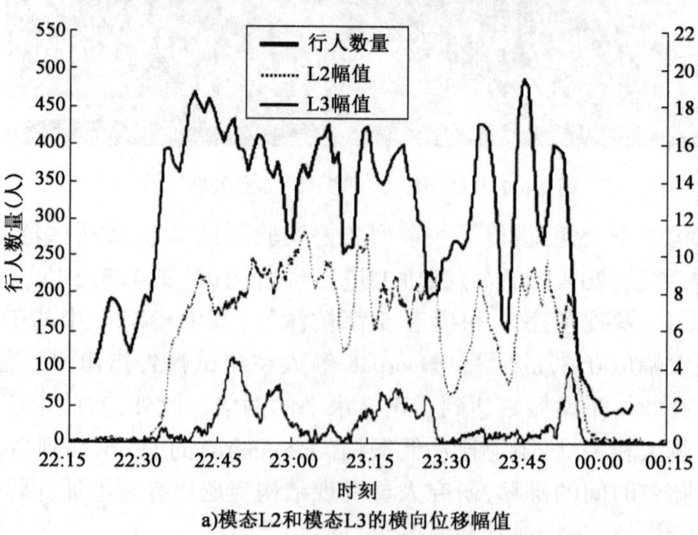

a)模态L2和模态L3的横向位移幅值

图 2.3.17

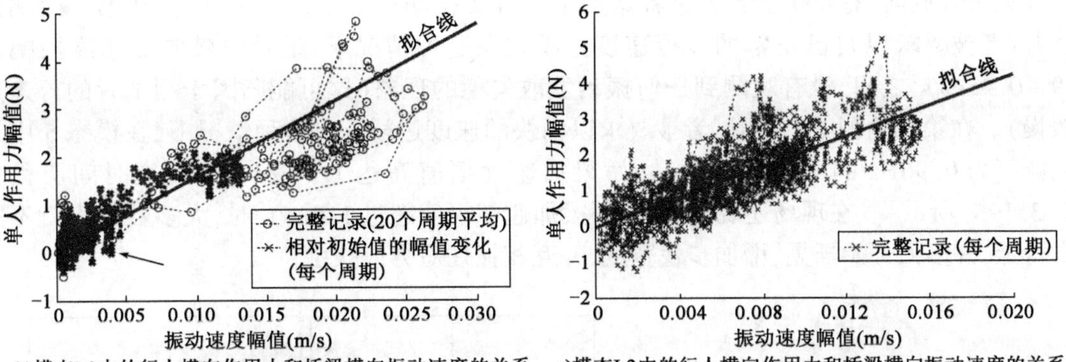

b)模态L2中的行人横向作用力和桥梁横向振动速度的关系　c)模态L3中的行人横向作用力和桥梁横向振动速度的关系[78]

图 2.3.17　克利夫顿悬索桥的实桥测试结果[78]

值得注意的是，模态 L4（频率为 0.965Hz）对人致荷载没有明显的反应，Macdonald 认为这是由其较高阻尼比造成的[72]。Macdonald 采用了与 Dallard 等人[11]相似的方法来确定行人相关力（即与速度同相力），如图 2.3.17b）和图 2.3.17c）所示，力与桥梁横向振动速度之间呈近似线性关系，其中速度比例系数c_p低于 300Ns/m（伦敦千禧桥结果）。在克利夫顿悬索桥上的观察结果表明，尽管该桥的响应特性符合负阻尼的假设，但该机制并不一定涉及横向步频与桥梁固有频率同步的机理。事实上，振动在两种振动模态（L2 和 L3）中同时发生，并在较低的频率模态下启动，其频率远离正常的行人横向步频，这表明造成这些振动的机理和同步振动机理有所差别。此外，桥梁竖向模态（其频率是横向模态频率的 2 倍）响应没有显示任何峰值现象（这和基于同步机理的预测结果不符）。

2.3.10　魏尔人行桥的实桥测试

魏尔人行桥，也被称为三国桥，位于德国、法国以及瑞士三国的边境，于 2007 年夏天建成。魏尔人行桥为一座钢拱桥，带有一个悬吊的走道，其总跨径为 230m（图 2.3.18）。目前识别出了三种易受人致荷载作用影响的振动模式，均以桥面对称弯曲为特征（模态3 ~ 模态 5），这些模态的频率分别为 0.90Hz、0.95Hz 和 1.00Hz（三种模态阻尼比都较低，均 < 1%），其中模态 5 的模态质量约为 105t[121]。

图 2.3.18　魏尔人行桥

在大桥开放前，有800多名志愿者参加了人群实桥测试[图2.3.19a)]。在第一轮测试中，测试者被要求以自己正常的步行速度过桥。在这种情况下，记录的横向加速度振幅在0.19~0.45m/s²之间，没有观测到任何振动发散失稳的现象（这可能归因于测试者的行走速度较慢）。在第二轮测试中，测试者被要求以稍快的速度过桥。在这种情况下，在模态5中观察到频率为0.96Hz的大幅横向振动，桥梁加速度幅值高达1.7m/s²[加速度时间历程如图2.3.19b)所示]。在现场还观测到，当桥梁加速度幅值超过1.0m/s²时，大多数行人就不能正常行走，许多人开始摇晃，增加步伐宽度，并互相抓住对方或扶手。

a)人群测试现场

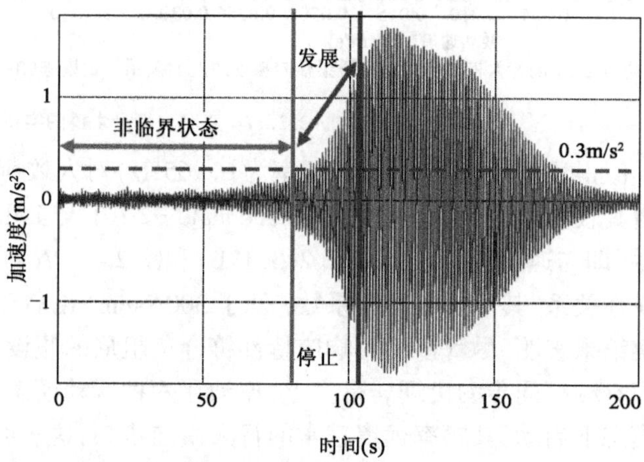

b)人群测试中的跨中加速度时间历程

图2.3.19 魏尔人行桥测试[22]

虽然大桥对行人横向荷载反应敏感，但后来该桥并没有安装阻尼器。其中一个原因是，在正常的行人行走条件下桥梁并不会出现大幅横向振动，只有当人们被指示提高行走速度时，才可能会出现大幅横向振动。此外，桥梁管理者认为，引发大幅横向振动所需的人群规模是罕见的，平时并不会出现这种规模的人群，因此大幅横向振动不会成为桥梁的日常问题。

第3章 早期人行桥人致横向振动模型

3.1 人致横向作用力模型的早期形态

在早期,人们普遍认为行人行走运动产生的人致竖向作用力是引起桥梁振动的主要因素,尽管竖向作用力频率(即行人单脚前进一个周期的频率)可能会由于个体差异和行走的目的不同而略有不同,但基本上公认其主导频率应该为2Hz左右。在横向上,行人运动不是笔直地沿着行走的方向,而是周期性地从一条腿转移到另一条腿,以大约1Hz的主导频率进行横向"之"字形运动。已有研究表明[13],行人行走所产生的横向力比竖向力小一个数量级。同时,在人群荷载方面,人们往往采用"理想行人"叠加的方式来建立人群荷载模型,即假设一组人群的响应可由多个"理想行人"的响应简单叠加得到。换言之,桥上行人实际数量产生的作用力可按一定数量的"理想行人"产生的作用力来等效表示,而"理想行人"指的是假设其产生的一系列连续横向(或竖向)作用力时程可以表示为截断的傅立叶级数,意味着行人每个步伐在时程中都将被完美地复制,行人自身内部步伐的差异性将被忽略。由于其简单性,这种方法在设计规范中特别受欢迎,其人群荷载作用力 $F_p(t)$ 一般形式为:

$$F_p(t) = n_e G_p \sin(\omega_p t) \tag{3.1.1}$$

式中,n_e 为"理想行人"等效数量;G_p 为单个行人的作用力幅值(一般可称为广义动载因子);ω_p 为行人步频。Matsumoto 等人[122]是第一批提出量化桥梁人致作用力模型的人,给出了式(3.1.1)的具体表达形式。在其提出的模型中,假设行人步频相位随机分布,而"理想行人"等效数量 $n_e = \sqrt{N_p}$(N_p 为行人实际数量),而由此得到的人群所施加的单位长度力 $F_p(t)$ 表示为:

$$F_p(t) = \frac{\sqrt{N_p}\,\alpha g\,M_p}{L}\cos(\omega_p t) \tag{3.1.2}$$

式中,M_p 为单个行人的质量;α 是正则化动载因子(DLF),取决于加载方向和谐波阶次;L 为人行桥跨径;g 是重力加速度;ω_p 是行人步频(竖向为2Hz,横向为1Hz)。在式(3.1.2)中的 $\alpha g\,M_p/L$ 对应于式(3.1.1)中的 G_p。当桥上人群拥挤时(如密度为0.6~1人/m²时),行人有可能无法自由移动,他们将会调整自己的步伐和行走速度,以配合他人的运动,此时采用式(3.1.2)来表示行人作用力将是不合理的,因为式(3.1.2)假设行人运动是自由不受约束的。针对这个问题,有些学者提出了一些稍做改动后的模型。如 Roberts[123] 认为"理想行人"等效数量 n_e =

$\sqrt{2N_p}$,并假设:①行人沿桥长 L 均匀分布;②行人运动的相位角在行走过程中保持不变;③行人作用力和桥梁横向振动的最大振幅A_s成正比,由此给出了单位长度的行人横向作用力表达式:

$$F_p(t)=\frac{\sqrt{2N_p}M_pA_s\omega_p^2}{L}\sin(\omega_p t) \tag{3.1.3}$$

对于行人横向振动,行人的等效数量在早期一般是通过行人运动的视频记录或通过能量平衡推导出来的。Sétra 指南[124]中给出了有效行人数量的计算方法:对于稀疏或一般密集的人群,$n_e=10.8\sqrt{N_p\zeta}$(ζ 为桥梁结构模态阻尼比);对于非常密集的人群,$n_e=1.85\sqrt{N_p}$。这些结果是基于人行桥竖向振动的随机响应模拟获得的,且没有考虑人-结构相互作用。Danbon 和 Grillaud[98]考虑了桥梁的运动振幅 u,他们通过双线性同步比例系数 $\phi(u)$ 定义了等效行人数量,并给出了他们认为合理的行人横向作用力公式:

$$F_p(x,t)=Gb\rho\phi(u)\cos(\omega_p t) \tag{3.1.4}$$

式中,$G=23\text{N}$,定义为行人行走在静态结构上所产生的第一阶谐波振幅的平均值;b 是人行桥的宽度;ρ 是人群密度(人/m^2);$\phi(u)$是和桥梁振动同步的人群比例。所涉及的模型参数根据巴黎索尔费里诺桥实测响应进行拟合确定。同步函数 $\phi(u)$ 被假设为一个分段线性函数,在低振幅时为常数($\phi=0.05$,振幅 $u<1\text{mm}$),当振幅 $u>5\text{mm}$ 时,$\phi(u)$ 线性增加到一个最大恒定值($\phi=0.8\sim1.0$)。

Rönnquist[109]通过拟合一组人群(人数为N_p)的测量响应(峰值)与单个行人的模拟响应(共振时产生)之比的数学表达式,定义了等效行人数量:

$$n_e=35-34\exp\left[-\left(\frac{N_p}{60}\right)^{1.6}\right] \tag{3.1.5}$$

图 3.1.1 显示了不同方法定义的等效行人数量。值得注意的是,不同方法之间的等效荷载幅值相差一个数量级。那些假设某一部分行人处在一个共同的步频和相位的模型(如$n_e=N_p$或 Fujino 等人[3]基于 20% 的行人与桥梁横向振动完全同步提出的 $n_e=0.2N_p$)产生的荷载振幅比那些假设行人处在一个共同的步频(或接近)但相互独立相位的模型($n_e=\sqrt{N_p}$ 或 $n_e=1.85\sqrt{N_p}$)大得多。对于中等规模数量的行人(小于 200 人),Rönnquist[109]所提的模型偏离了随机人群假设,其预测结果的有效性值得怀疑。稀疏人群下,Sétra 指南所提方法(即 $n_e=10.8\sqrt{N_p\zeta}$,其中 $\zeta=0.005$,该模型假设步频随机且相位相互独立)预测结果最小。

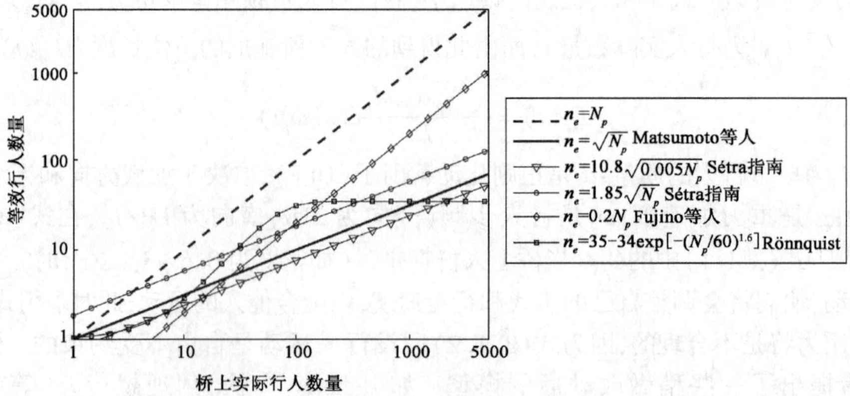

图 3.1.1　不同方法定义的等效行人数量[22]

在早期还有较多类似于式(3.1.1)的简单人致作用力模型,这些模型都具有较强的经验性,没有充分的理论基础和实验数据作为支撑,也没有考虑到人-结构(或人-桥)相互作用的深层机理,但考虑当时的时代环境以及有限的分析数据,这些模型都为后期人行桥人致横向振动的研究发展起到了重要推动作用。

3.2　线性直接共振模型:Fujino 模型

行人横向步频与桥梁横向固有频率直接共振引起振动是桥梁横向振动中最简单的机理。当人群穿越人行桥时,如果他们的步频范围靠近桥梁的某阶横向固有频率,那么这种共振所致的桥梁横向振动是极有可能发生的。这种机理对应的便是线性直接共振模型,其一般假设行人激励与桥梁响应无关,将桥梁大幅横向振动视为由部分行人的横向步频与桥梁某阶频率一致(引发同步)引起共振而造成。

3.2.1　相位完全随机的行人横向简谐力模型

Fujino 等人[3]假设桥梁横向振动为人致横向荷载作用下的线性共振,并假设不同行人横向力的频率和大小相同,但其相位是完全随机的,最后使用了确定性的谐波荷载模型来模拟行人横向作用力$F_p(t)$:

$$F_p(t)=\sum_{i=1}^{N_p}F_0\sin(2\pi f_p t+\phi_i)\tag{3.2.1}$$

式中,N_p为桥上行人数量;F_0为作用力幅值(即广义动载因子);f_p为行人横向步频;ϕ_i为每个行人运动的相位角。假设ϕ_i为相互独立的随机变量,则式(3.2.1)可改写为:

$$F_p(t)=\sqrt{N_p}F_0\sin(2\pi f_p t+\phi)\tag{3.2.2}$$

这意味着数量为N_p的行人所产生的总有效力等于数量为$\sqrt{N_p}$的完全同步的行人所产生的总有效力。

3.2.2　Fujino 模型在户田桥中的应用

Fujino 以日本户田桥[图 1.2.1a)]为研究对象,建立了桥梁横向振动单自由度模态方程:

$$\ddot{Y}+4\pi\xi f_s\dot{Y}+4\pi^2 f_s^2 Y=\frac{1}{2M}\sqrt{N_p}F_0\sin(2\pi f_p t+\phi)\tag{3.2.3}$$

式中,Y为桥梁第一阶横向模态的振动幅值(cm);ξ为阻尼比(这里假设$\xi=0.01$);f_s为第一阶横向模态的频率(户田桥测量值为0.91Hz,见图3.2.1);N_p按2000人考虑;F_0按图3.2.2取值为23N;M为第一阶横向模态的模态质量。实际主梁质量约为200t,但考虑到拉索质量(600t)的贡献(观测到部分拉索振动幅度非常大),因此将M的有效值估计为800t。式(3.2.3)等号右侧乘积因子1/2表示了第一阶横向模态振型的影响。

通过对式(3.2.3)的求解,可得到桥梁振动的稳态解。其稳态振动幅值A为:

①当$f_p=f_s=0.91\text{Hz}$时,$A=0.1\text{cm}$;

②当$f_p=1.0\text{Hz}$时,$A=0.0025-0.005\text{cm}$。

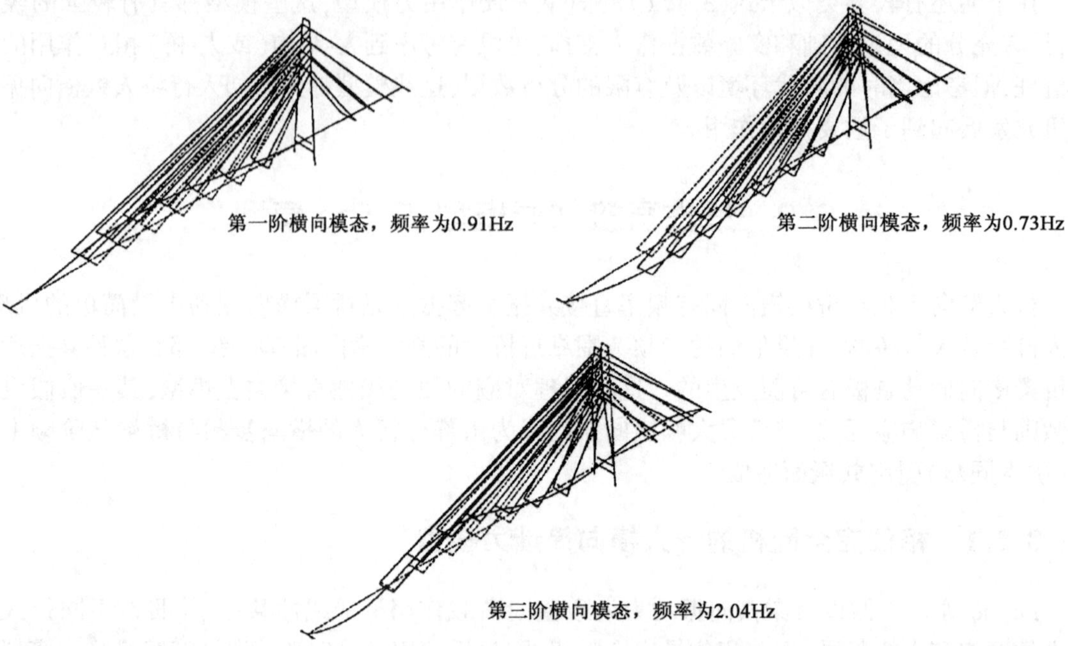

图 3.2.1　户田桥的模态振型[3]

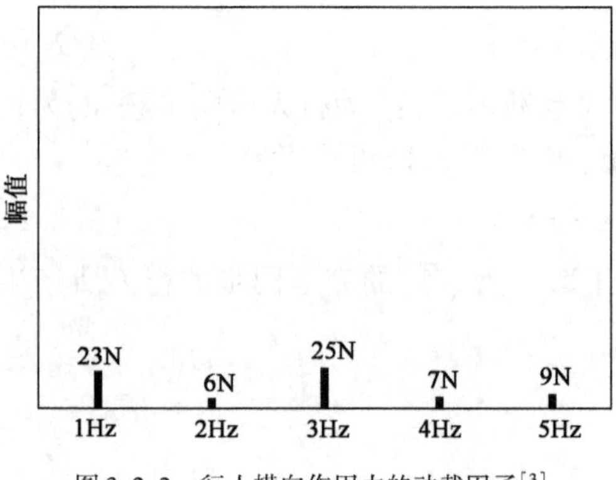

图 3.2.2　行人横向作用力的动载因子[3]

从以上结果可知，即使在假设每个行人的横向步频与梁的固有频率相同的极端情况下，计算得到的振幅为 $A=0.1\text{cm}$，远小于实际观测到的振幅峰值($>1\text{cm}$)。预测振幅和测量振幅之间存在很大差异，说明有必要研究行人行走对主梁横向振动反馈与同步的可能性。

3.2.3　同步效应的考虑

Fujino 根据现场视频记录，并分析行人头部运动和桥梁振动的关系，认为在拥挤的桥梁主跨中 20% 或更多的行人的步行与桥梁横向振动是同步的。因此他假设有 20% 的行人与桥梁横向振动完全同步，而此时与桥梁横向振动频率相同的行人数量不再是 $\sqrt{N_p}$ ($\sqrt{2000}$，约为 45 人)，而是 0.2 N_p(0.2 × 2000 = 400 人)。同时 Fujino 还认为在桥梁横向振动时的F_0应该大于 23N，并将其重新设为F_0 = 35N。利用这些更新值，重新计算式(3.2.3)，得到稳态振动幅值 A 的峰值在 0.1 ~ 1.5cm 之间，这和观测值基本吻合。

3.3　负阻尼等效动力线性模型：Dallard 模型

伦敦千禧桥事件后，在 2000 年 12 月 19 日，Arup 公司组织了 275 名员工对伦敦千禧桥进行了实桥实验[图 1.3.1a)]，实验重现了伦敦千禧桥开放日当天发生的横向振动现象。实验测试结果表明，对于较少数量（临界人数以下）的行人，响应是有限的，但超过临界数量后，行人数量的小幅增加都会导致振动响应幅值发散。测试中一个重要的发现是，单人横向相关作用力（与速度同相）F_{corr}的大小与模态速度的振幅几乎是线性相关的（图 3.3.1），这表明行人相当于一个负黏性阻尼器。

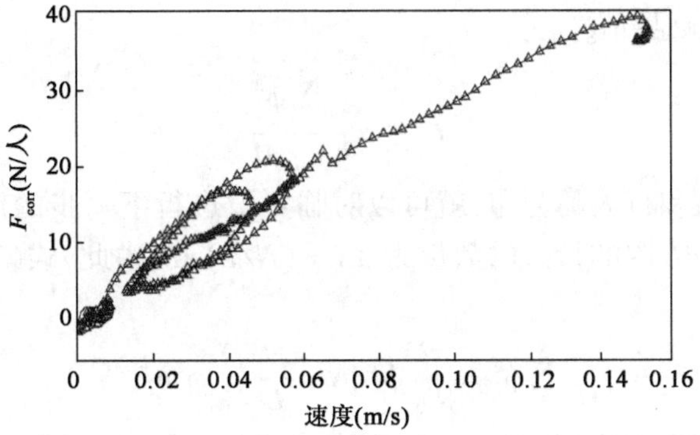

图 3.3.1 人致横向力（平均每人）和桥梁结构局部速度之间的关系[1]

3.3.1 与速度线性相关的行人横向荷载模型[1,11]

Dallard 认为每个人的横向相关作用力都可以用荷载系数c_p与局部速度$\dot{u}_{loc}$表征：

$$F_{corr} = c_p \dot{u}_{loc} \tag{3.3.1}$$

测试表明，在 0.5 ~ 1.0Hz 的频率范围内，c_p的值约为 300Ns/m。第 i 个人对模态力的贡献是$\phi_i F_{corr}$（ϕ_i为第 i 个人施加作用力处对应的模态坐标）。局部速度与模态速度的关系是$\dot{u}_{loc} = \phi_i \dot{u}$。因此，第 i 个人对模态力的贡献为：

$$\phi_i F_{corr} = \phi_i c_p \dot{u}_{loc} = \phi_i^2 c_p \dot{u} \tag{3.3.2}$$

由此，N 个人在桥跨上产生的模态激振力为：

$$F_e = \sum_{i=1}^{N} \phi_i F_{corr} = \sum_{i=1}^{N} \phi_i^2 c_p \dot{u} = c_p \dot{u} \sum_{i=1}^{N} \phi_i^2 \tag{3.3.3}$$

式(3.3.3)表示的荷载模型具有表达简洁和使用方便的优点，被较多的设计人员和规范编制人员采用，对后期的人行桥设计有着重要影响。

3.3.2 Arup 稳定临界公式

假设阻尼 C 是比例线性的，则模态阻尼力为：

$$F_D = C\dot{u} = 2\zeta_s \omega_s M \dot{u} = (4\pi f_s M)\zeta_s \dot{u} \tag{3.3.4}$$

式中，$C = 2\zeta_s \omega_s M$ 为阻尼系数；ζ_s为阻尼比；M 为结构模态质量；$\omega_s = 2\pi f_s$为结构固有频率。前文所提的F_e与振动速度同相，可视为一个附加等效负阻尼力，此时基于式(3.3.3)和式(3.3.4)的形式比较，引入一个等效负阻尼比ζ_e来表示人致横向力的负阻尼效应：

$$\zeta_e = c_p \sum_{i=1}^{N} \phi_i^2 / 4\pi f_s M \tag{3.3.5}$$

则式(3.3.3)的F_e可转换为：

$$F_e = (4\pi f_s M)\zeta_e \dot{u} \tag{3.3.6}$$

显然，当结构固有阻尼被这个附加负阻尼克服($\zeta_s < \zeta_e$)或者说总阻尼变为负值($\zeta_s - \zeta_e < 0$)时，结构振动将发散失稳，由此得到振动稳定的条件：

$$\zeta_s > \zeta_e \rightarrow \zeta_s > \frac{c_p \sum_{i=1}^{N} \phi_i^2}{4\pi f_s M} \tag{3.3.7}$$

继而得到关于ζ_s的临界值$\zeta_{s,\lim}$：

$$\zeta_{s,\lim} = \frac{c_p \sum_{i=1}^{N} \phi_i^2}{4\pi f_s M} \tag{3.3.8}$$

如果知道模态振型和行人的分布，就可以对临界值进行下一步的评估。假设行人在整个跨径上均匀分布，长度 dL 内的行人的数量为 d$N = (N/L)$dL，由此，式(3.3.7)中的累加项可以用连续积分来近似：

$$\sum_{i=1}^{N} \phi_i^2 = \int_0^N \phi^2 \mathrm{d}N = \frac{N}{L} \int_0^N \phi^2 \mathrm{d}L \tag{3.3.9}$$

如果假设模态振型为正弦(并归一化)，则式(3.3.9)进一步写为：

$$\frac{N}{L} \int_0^N \phi^2 \mathrm{d}L = \frac{N}{2} \tag{3.3.10}$$

将式(3.3.10)代入式(3.3.8)，可得：

$$\zeta_{s,\lim} = \frac{N c_p}{8\pi f_s M} \tag{3.3.11}$$

另外，也可以通过假定 ζ 不变，得到关于 N 的临界值$N_{\lim}$。对于一个给定的阻尼水平ζ_s，根据式(3.3.11)，可知避免失稳的极限人数为：

$$N_{\lim} = \frac{8\pi f_s M \zeta_s}{c_p} \tag{3.3.12}$$

式(3.3.12)便是著名的 Arup 稳定临界公式。这个公式成立的前提是假设行人均匀地分布在整跨上，同时模态振型为正弦形式。这种方法保守地预测了在千禧桥实验中大幅横向振动开始时对应的临界行人数量。后面有较多学者将该公式应用到了其他桥梁中，对临界行人数量进行了预测，如樟宜机场人行桥、科英布拉人行桥、克利夫顿悬索桥等。

基于上述公式，也可以得到结构有效阻尼的表达形式。根据式(3.3.5)和式(3.3.12)，并假设行人的分布保持不变，则可知阻尼和行人数量之间有着线性关系：

$$\frac{\zeta_e}{\zeta_s} = \frac{N}{N_{\lim}} \tag{3.3.13}$$

由此可得到行人人数为 N 时结构的有效总阻尼为：

$$\zeta_{ef} = \zeta_s - \zeta_e = \zeta_s \left(1 - \frac{N}{N_{\lim}}\right) \tag{3.3.14}$$

如果与振幅有关的相关力是唯一的外力，结构振动响应将随时间呈指数级变化，于是 n 个周期后的结构振动响应为：

$$A_n = A_0 \exp(-2\pi n \zeta_{ef}) \tag{3.3.15}$$

式中，A_0为初始振幅。如果有效阻尼是正的，结构振动响应就会衰减；如果是负的，结构振动响应就会增长。

3.4 Nakamura 模型

Dallard 模型中的横向激励荷载相当于对结构施加附加负阻尼，当该附加负阻尼超过结构自身阻尼时，振动将发散。该方法可以动力失稳为界限计算临界桥上人数(即 Arup 稳定临界公式)[1]。但需要指出的是，Dallard 模型中设定的横向力和桥的速度呈线性关系并不能完全反映实际的人-桥相互作用关系，因为当横向力随着模态速度线性增长时，人行桥的振幅也就会越来越大(桥梁的振动响应将无限增加)。但这与现实情况并不相符，当桥振动响应足够大时，行人倾向于降低步行速度或停止步行，因此，振动响应不会无限增加。为了解决这个问题，Nakamura 等人[32,112]提出了一种非线性修正模型，具体如下。

3.4.1 模态单自由度动力非线性模型

Nakamura 模型以户田桥的结构数据以及测试数据为基础(户田桥的相关信息可参见第 2.3.3节)。Nakamura 指出，如果桥梁振动模态是非密集、可分的，那么行人引起的横向振动可以通过第一阶横向模态单独形成一个单自由度动力模型[32,112]：

$$M_B\ddot{X}_B(t)+C_B\dot{X}_B(t)+K_BX_B(t)=F_P(t) \tag{3.4.1}$$

$$F_P(t)=k_1k_2H[\dot{X}_B(t)]G(f_B)M_Pg \tag{3.4.2}$$

$$H[\dot{X}_B(t)]=\frac{\dot{X}_B(t)}{k_3+[\dot{X}_B(t)]} \tag{3.4.3}$$

$$G(f_B)=1 \tag{3.4.4}$$

式中，X_B为主梁的位移；$\dot{X}_B$为主梁的速度；$\ddot{X}_B$为主梁的加速度；M_B为模态质量；C_B为阻尼系数；K_B为模态刚度。该模型部分参数采用了户田桥的数据：户田桥第一阶横向模态频率f_B为 0. 93Hz；模态质量M_B为 237000kg；户田桥的质量取决于跨径位置，其平均值为 4180kg/m；测量得到的第一阶横向阻尼比约为 0. 8%，对应于C_B为 22200kg/s；模态刚度K_B为 8092000kg/s^2。

式(3.4.1)中的F_P，是由桥上所有行人引起的模态横向力，Nakamura 将其定义为：模态自重(M_Pg)乘两个系数(k_1和k_2)和两个函数[$H[\dot{x}_B(t)]$和$G(f_B)$]，如式(3.4.2)所示。拥挤情况下的行人密度d_P通过现场观察和在户田桥上拍摄的照片估计得到。在正常比赛日，d_P约为 0.7 ~ 1.0 人/m^2，但在大型比赛日d_P约为 1.3 人/m^2。假设行人的质量为 70kg/人，d_P为 0.8 人/m^2，则 5.25m 宽桥面上的行人质量为 294kg/m。因此，采用第一阶横向正则化模态振型(有限元分析计算)计算得到的行人第一阶横向模态质量M_P为 17400kg。行人模态质量与桥梁质量的比率为 7.3%。

系数k_1是横向力与行人重力的比值(即动载因子 DLF)，根据 Bachmann 和 Ammann 的报告[13]，将其取值为 0.04。系数k_2是和主梁振动同步的行人数量百分比，其值没有在户田桥上测量过，因此参考了 Dallard 等人的实验结果[1]。Dallard 等人在伦敦大学帝国学院实验室进行了测试，分析和预估了行人和结构横向振动同步锁定的概率。这个实验的细节没有公布，但是同步锁定的概率似乎取决于振动平台的振幅和频率(平台振幅大于5mm时,同步概率超过0.2)。虽然这个测试只针对一个行人(没有完全模拟实际桥梁的人群情况),但这个概率为确定系数k_2提供了有用的信息。

$H[\dot{X}_B(t)]$是一个用来描述行人同步性的函数。假设行人在低速时与主梁速度$\dot{X}_B(t)$成比例地的同步。当主梁的速度变大时,行人会感到不舒服或不安全,他们会降低行走速度。因此,主梁的振动响应并不是无限制地增加,而是在一定程度上受到限制。式(3.4.3)中等号右侧的分母表现了这种饱和现象。饱和率取决于系数k_3,如图3.4.1所示。函数$H[\dot{X}_B(t)]$在结构速度较低时线性增加,但在结构速度较高时其增加率变小,并收敛到1.0。k_3(m/s)为修订值,将通过实验和试错决定,以便与测量数据保持一致。

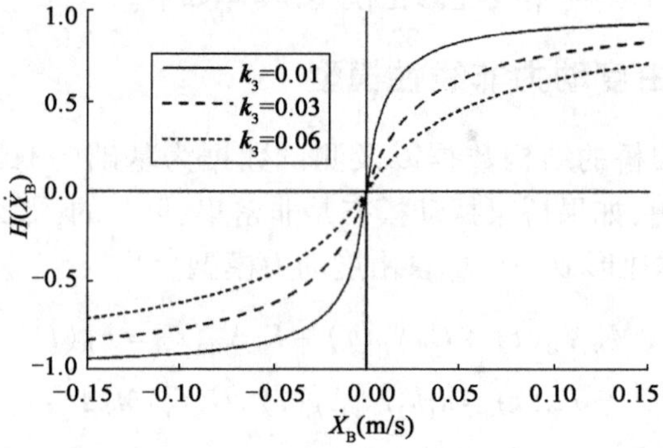

图3.4.1　$H[\dot{X}_B(t)]$函数示意图[32]

$G(f_B)$用于描述桥梁结构固有频率对行人同步的影响。很明显,行人最有可能在1.0Hz左右的频率下同步,但无法确定桥梁频率在1.0Hz左右时对同步性到底有多大影响。户田桥的自然频率0.93Hz接近1.0Hz,因此Nakamura假定$G(f_B)$的值为1.0。

图3.4.2显示了Dallard模型和Nakamura模型[$k_1=0.04$,$k_2=0.2$,$k_3=0.01$(m/s),$G(f_B)=1.0$,$M_P=70$kg]得到的单人横向力F_P。从图中可知,按式(3.4.2)计算得到的横向力在低速度时线性增加,但在高速度时增加率变小。

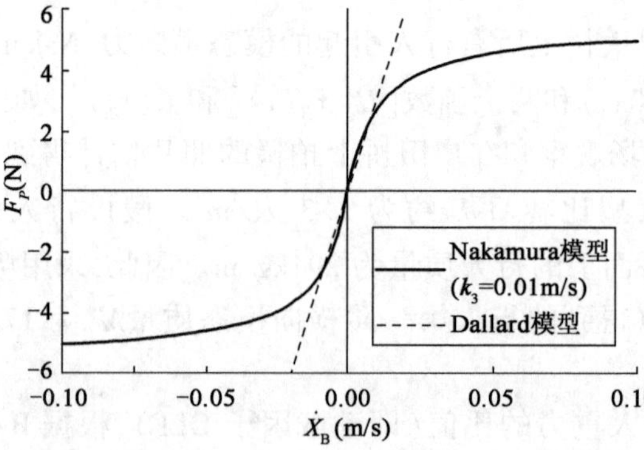

图3.4.2　Dallard模型和Nakamura模型的单个行人横向力[32]

3.4.2 Nakamura 模型在户田桥上的应用

Nakamura 使用自己所创建的模型对户田桥上的梁体横向振动位移和速度进行了模拟[32]。式(3.4.1)~式(3.4.4)采用 Runge-Kutta 方法进行数值解算，计算的时间步长设为 0.05s。在模拟中，假定行人密度d_P为 0.8 人/m²。在户田桥上观察到，即使有少量行人在上面行走，主梁也会振动。响应虽然很小，但这可以成为后续大幅振动的一个触发因素。因此，初始速度设置为 0.001m/s，初始位移设置为 0，以模拟这种低水平的触发振动（模拟分析发现，后期结果对这些初始值并不敏感）。

图 3.4.3 显示了$k_2=0.2$ 和$k_3=0.01$m/s 时的位移结果。位移在第一阶段逐渐增加，然后在 20s 左右急剧发展，并在 120s 左右达到峰值，最大振幅为 10mm。模拟位移的峰值十分接近在户田桥上的测试位移值（图 2.3.4），并且从振动开始到饱和阶段的时间也几乎相同。图 3.4.4显示了$k_2=0.4$ 和$k_3=0.06$m/s 时的位移结果。整体行为与前一种情况相似，最大振幅与测量值一致。然而，达到峰值的时间比图 2.3.4 的实际情况要长得多。因此，对于户田桥振动，$k_2=0.2$，$k_3=0.01$m/s 的系数设定似乎更合理。

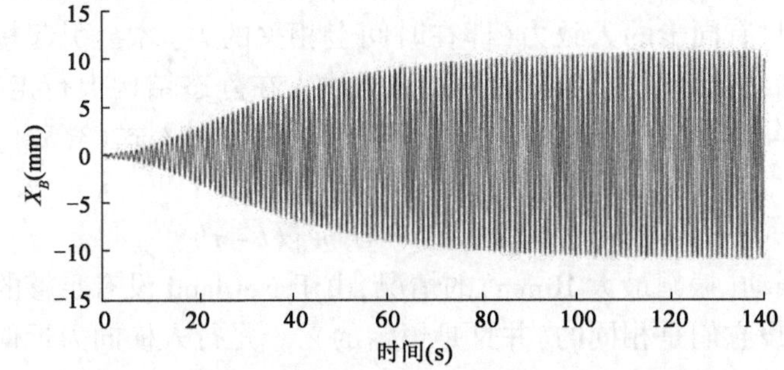

图 3.4.3 主梁的模拟横向位移($k_2=0.2$，$k_3=0.01$m/s)[32]

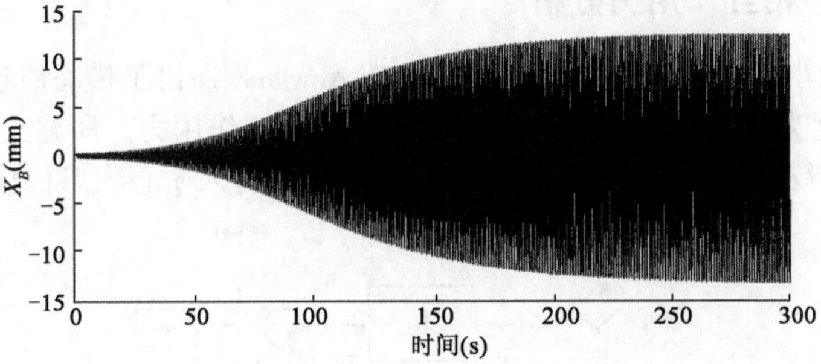

图 3.4.4 主梁的模拟横向位移($k_2=0.4$，$k_3=0.06$m/s)[32]

3.5 Newland 模型

Newland 模型[33]的主要思想是：行人质心运动有两个分量，一是行人在静态结构上行走时的质心运动分量，二是行人在运动结构上行走时的质心运动分量；后者与结构振幅成比例，但具有时间延迟，当时间延迟达到最坏情况时，行人作用可等效为负阻尼作用。

3.5.1 结构小幅振动下的行人横向力模型

Newland 将行人作用力近似地模拟为两个质量力。第一个来源于行人在静态结构上行走时其质心发生了自然位移，第二个来源于足下结构振动而产生的附加位移。设 $x(t)$ 为人体质心在静态结构上的自然运动，$y(t)$ 为足下结构的运动，则质量为 m 的行人对足下结构所施加的作用力 $f_0(t)$ 为：

$$f_0(t) = m\ddot{x}(t) + \alpha m\ddot{y}(t-\tau) \tag{3.5.1}$$

式中，τ 是一个时滞量，表示行人质心运动通常不会与足下结构运动相一致；α 是无量纲振幅因子，表示行人质心运动与足下结构运动的比值。Newland 认为足下结构振幅从 0 到 30mm 的变化会引起行人质心运动幅值从 15mm 到 35mm 的变化，由此得到 $\alpha = (35-15)/30 = 2/3$，该值被认为适用于结构振动频率 0.75 ~ 0.95Hz 区间。考虑模态方程时，式(3.5.1)中单人作用力 $f_0(t)$ 可考虑为模态力 $f(t)$，单人质量 m 可考虑为行人模态质量（即分布式人行桥质量），x 和 y 成为模态位移（可利用位移振型函数将其归一化）。

根据 Arup 在帝国理工学院进行的振动台实验结果[图 1.3.2a)]，Newland 认为行人的脚步并不总是同步的，只有同步的人致力（即在时间上相关的力）才会引起桥梁振动，不相关的人致力相互抵消。因此定义了两个相关系数：β 描述人在静态结构上行走时的行人运动相关性，γ 描述依赖于结构运动的行人运动相关性。将这些参数引入式(3.5.1)中，得到行人横向力为：

$$f(t) = \beta m\ddot{x}(t) + \alpha\gamma m\ddot{y}(t-\tau) \tag{3.5.2}$$

对于结构小幅振动（振幅最大 10mm）的情况，由于 Newland 没有足够的实验数据来确定 β 和 γ 是否不同，便假设它们是相同的（并且是恒定的），于是行人横向力近似改写为：

$$f(t) = \beta m\ddot{x}(t) + \alpha\beta m\ddot{y}(t-\tau) \tag{3.5.3}$$

3.5.2 人-桥相互作用力分析

基于上述结构小幅振动下的行人横向力模型，Newland 探讨了模态质量为 m 的行人在模态质量为 M 且刚度为 K 的桥梁上行走时产生的人-桥相互作用力。所建立的模型如图 3.5.1 所示，f（模态力）为行人传递给桥梁的相互作用力，$z(t)$ 为行人质心模态位移，$y(t)$ 为足下结构的模态位移。

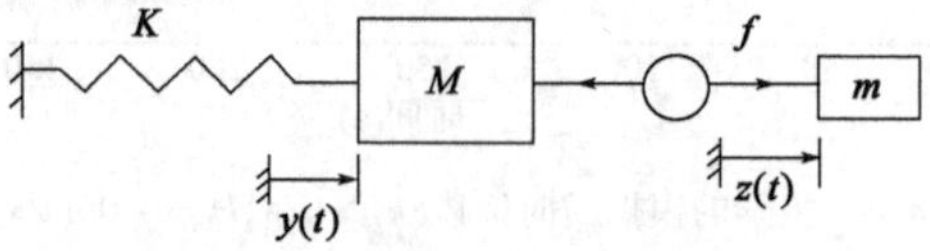

图 3.5.1 人-桥相互作用模型

运动方程为：

$$M\ddot{y}(t) + K\dot{y}(t) = -f(t) \tag{3.5.4}$$

结合式(3.5.3)，得到：

$$M\ddot{y}(t) + K\dot{y}(t) + \alpha\beta m\ddot{y}(t-\tau) = -\beta m\ddot{x}(t) \tag{3.5.5}$$

引入模态固有频率$\omega_n = \sqrt{K/M}$和阻尼比ξ，则式(3.5.5)可进一步改写为：

$$\ddot{y}(t) + \alpha\beta\frac{m}{M}\ddot{y}(t-\tau) + 2\xi\omega_n\dot{y}(t) + \omega_n^2 y(t) = -\beta\frac{m}{M}\ddot{x}(t) \tag{3.5.6}$$

如果已知行人在静态结构上行走的自然运动位移$x(t)$，则由式(3.5.6)可求出模态桥梁位移$y(t)$。这里只考虑结构的小幅振动，可认为行人行走不受桥梁运动影响，步态不会有任何明显的变化。时间差τ允许身体和脚步之间存在的可能延迟，相比竖向运动，这可能是一个更为重要的因素，因为行人身体可以轻微地横向摆动，导致容易出现一个身体与脚步运动相脱节的横向运动。为了简化分析，引入质量比$m_r = \alpha\beta m/M$和行人步频与桥梁固有频率之比$\Omega = \omega/\omega_n$，其中m/M是行人质量与桥梁质量的比值，β为行人运动与桥梁结构运动同步的比例。对式(3.5.6)两边进行傅立叶变换，得到：

$$Y(\mathrm{i}\omega)[-\omega^2 + 2\xi\omega_n\mathrm{i}\omega + \omega_n^2 - m_r\omega^2\exp(-\mathrm{i}\phi)] + X(\mathrm{i}\omega)\frac{m_r}{\alpha}(-\omega^2) = 0 \tag{3.5.7}$$

式中，相位角$\phi = \omega\tau$。关于式(3.5.7)的求解，可分为$X(\mathrm{i}\omega)=0$和$X(\mathrm{i}\omega)\neq 0$两种情况。

对于第一种情况，$X(\mathrm{i}\omega)=0$意味着行人的质心沿着行走方向向前滑动，质心不发生上下或左右移动，桥梁结构不受外力作用(静态重力除外)。将式(3.5.7)中的实部和虚部分开，得到以下阻尼比和相位角ϕ的表达式：

$$4\xi^2 = 2 + \Omega^2(m_r^2 - 1) - \frac{1}{\Omega^2} \tag{3.5.8}$$

$$\phi = \sin^{-1}\left(\frac{-2\xi}{\Omega m_r}\right) \tag{3.5.9}$$

将式(3.5.8)对ω求导，在m_r不变的情况下，发现最大值出现在临界频率ω_c处：

$$\left(\frac{\omega_c}{\omega_n}\right)^4 = \frac{1}{1 - m_r^2} \tag{3.5.10}$$

由此可得到稳定所需的临界阻尼比ξ_c为：

$$\xi_c^2 = \frac{1}{2}\left(1 - \sqrt{1 - m_r^2}\right) \tag{3.5.11}$$

当质量比m_r较小时，式(3.5.11)的右边可由二项式定理展开，得到

$$2\xi_c \approx m_r, \quad m_r \ll 1 \tag{3.5.12}$$

对于第二种情况，$X(\mathrm{i}\omega)\neq 0$代表强迫振动(行人质心发生水平移动，桥梁结构受横向外力作用)。假设质心的控制运动为$x(t) = X\exp(\mathrm{i}\omega t)$，则结构的响应为$y(t) = Y\exp(\mathrm{i}\omega t)$，代入式(3.5.6)，可得：

$$\left|\frac{\alpha Y}{X}\right| = m_r\Omega^2\{[1 - \Omega^2(1 + m_r\cos\phi)]^2 + (2\xi\Omega + \Omega^2 m_r\sin\phi)^2\}^{-1/2} \tag{3.5.13}$$

同时可得到结构响应与行人作用力之间的相对相位角(滞后于行人作用力)为：

$$\theta = \arctan\left[\frac{2\xi\Omega + \Omega^2 m_r\sin\phi}{1 - \Omega^2(1 + m_r\cos\phi)}\right] \tag{3.5.14}$$

相应地，可给出式(3.5.13)的包络线公式：

$$\left|\frac{\alpha Y}{X}\right|_{\max} = m_r\Omega^2\left[(1-\Omega^2)^2 + 4\xi^2\Omega^2 + m_r^2\Omega^4 - 2m_r\Omega^2\sqrt{(1-\Omega^2)^2 + 4\xi^2\Omega^2}\right]^{-1/2} \tag{3.5.15}$$

以及第二种情况对应的有效阻尼比：

$$\xi_{\text{eff}} = \xi - \frac{m_r}{2} = \xi - \xi_c \tag{3.5.16}$$

3.5.3 行人 Scruton 数

McRobie 和 Morgenthal[48]指出了风激励和人激励之间的相似性，用无量纲 Scruton 数S_c来表征涡激引发的结构振动趋势（详见第 5、6 章），S_c是阻尼与质量比（结构质量与流体质量之比）的乘积，其一般定义为：

$$S_c = \frac{4\pi\xi M}{\rho b^2} \tag{3.5.17}$$

式中，ξ 是相关模态的阻尼比；ρ 是空气密度；对于直径为 b 的圆柱形结构，M 是其结构单位长度的质量。S_c越大说明结构抗风性能越好。McRobie 和 Morgenthal 建议[48]，对于行人激发的振动也应采取同样的方法。通过与式(3.5.17)比较，Newland 给出了"行人 Scruton 数"——S_{c_p}的定义：

$$S_{c_p} = \frac{2\xi M}{m} \tag{3.5.18}$$

式中，M 和 m 分别为桥梁模态质量（或者是主梁质量均匀分布的单位长度桥梁质量）和行人模态质量（或者是单位长度桥梁上的行人质量）。根据这一定义和质量比$m_r = \alpha\beta m/M$，如果要超过由式(3.5.12)得出的最小阻尼比，则需要：

$$S_{c_p} > \alpha\beta \tag{3.5.19}$$

根据 Dallard 模型中的临界阻尼条件[式(3.3.11)]并结合式(3.5.18)，Newland 给出 Dallard 模型中的S_{c_p}限制条件为：

$$S_{c_p} > \frac{c_p}{2\pi f_s m_0} \tag{3.5.20}$$

式中，m_0为单个行人的质量。

3.6 Piccardo 模型

Piccardo[38]提出了一种新的人致横向力模型，以解释人群引起的人行桥大幅横向振动。在该模型中，动载因子被设定为与振幅相关。人行桥被视为一个参数激励系统，并确定了一个稳定性极限，该稳定性极限取决于结构固有频率和激励频率之间的比率、结构质量和行人质量的比率以及结构阻尼。与直接共振和内部共振机制不同，当结构固有频率为激励频率的一半时，参数激励机制会产生一种特殊的振动不稳定现象，其临界条件可应用于轻型、低阻尼的人行天桥中。Piccardo 将所提模型应用于伦敦千禧桥，得到了与实验观察一致的结果：当行人数量大于该模型所推导出的某个临界值时，桥梁振幅将急剧增加，该结果与实桥测试结果非常相似。

3.6.1 基于参数共振的荷载模型

人致横向力本质上是由人体质心运动引起的。在足下结构静止的情况下，行人质心的运动几乎是谐波形式的，因此，Piccardo 认为人-结构相互作用力也是谐波形式的。在足下结构横向振动的情况下，质心的运动以及施加在平台上的力，必然取决于足下结构本身的运动。在谐振平台上进行的实验表明[11,125]，当足下平台运动与行走频率几乎共振时，人致横向力具有放大效应。鉴于此，Piccardo 采用简谐力模拟行人对振动人行桥施加的力[38]：

$$f_p(x,t) = \lambda\alpha g\, m_p(x)\cos(\Omega t) \tag{3.6.1}$$

式中，λ 为同步行人的数量百分比（$\lambda = 20\%$ 来自 Fujino 等人在户田桥上进行的实验结果[3]）；α 为动载因子（即 DLF），取决于荷载谐波阶次和荷载方向；g 为重力加速度；Ω 为行人步频；$m_p(x)$ 为行人质量沿桥跨的分布，通常情况下假设其均匀分布。式(3.6.1)中的动载因子考虑了其对桥梁振幅的依赖关系：

$$\alpha = \alpha_0 + \alpha_1 q(t) \tag{3.6.2}$$

式中，α_0 对应于行人在静态结构上行走时的动载因子：$\alpha_0 = 0.04$；α_1 相当于行人在振动结构上行走时的动载因子，可根据 Dallard 的结果[1]（图3.6.1）推导得到（$\alpha_1 \approx 2\ \mathrm{m}^{-1}$）；$q(t)$ 为行人足下结构谐振运动幅值。将式(3.6.2)代入式(3.6.1)中，可得：

$$f_p(x,t) = \lambda[\alpha_0 + \alpha_1 q(x,t)]g m_p(x)\cos(\Omega t) \tag{3.6.3}$$

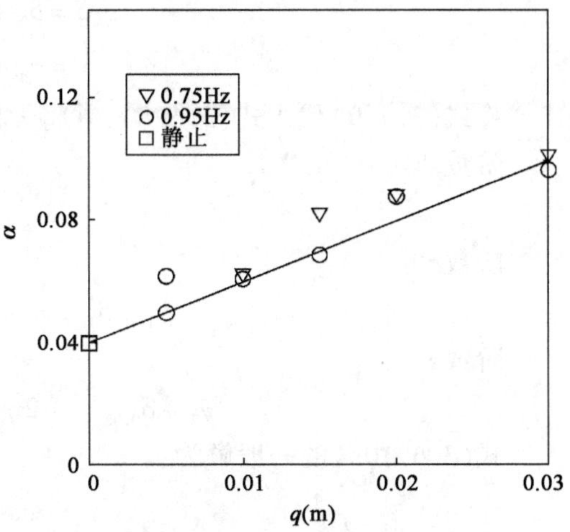

图3.6.1 结构不同谐振频率下的动载因子[1]

考虑以下人行桥的一般运动方程：

$$m_s(x)\frac{\partial^2 q(x,t)}{\partial^2 t} + l\left[\frac{\partial q(x,t)}{\partial t}\right] + L[q(x,t)] = f_p(x,t) \tag{3.6.4}$$

式中，$m_s(x)$ 为结构质量；l 为阻尼算子；L 为刚度算子。式(3.6.4)通常应用主成分变换（模态分解）来求解：

$$q(x,t) = \sum_{k=1}^{N}\varphi_k(x)p_k(t) \tag{3.6.5}$$

式中，$\varphi_k(x)$ 为第 k 阶振型；$p_k(t)$ 为对应的模态坐标；N 为模态数。

联合式(3.6.3)～式(3.6.5)，同时假设系统阻尼为经典比例阻尼以及行人质量分布与桥梁质量分布成比例，则可得到以下运动方程：

$$\ddot{p}_j(t) + 2\omega_j\xi_j\dot{p}_j(t) + \left[\omega_j^2 - g\lambda\alpha_1\frac{M_{p_j}}{M_{s_j}}\cos(\Omega t)\right]p_j(t) = \left[\frac{g\lambda\alpha_0}{M_{s_j}}\int_0^L m_p(x)\,\varphi_j(x)\,\mathrm{d}x\right]\cos(\Omega t) \tag{3.6.6}$$

接下来，引入以下无量纲参数：$y = p_j/L$，$\tau = \Omega t/2$（其中 L 为桥梁长度），则式(3.6.6)可进一步写为：

$$\ddot{y} + 2\eta\dot{y} + (\delta - 2\varepsilon\cos 2\tau)y = \kappa\cos 2\tau \tag{3.6.7}$$

式中，$\eta = \dfrac{2\omega_j\xi_j}{\Omega}$；$\delta = \dfrac{4\omega_j^2}{\Omega^2}$；$\varepsilon = \dfrac{2g\lambda\alpha_1}{\Omega^2}\cdot\dfrac{M_{p_j}}{M_{s_j}}$；$\kappa = \dfrac{4g\lambda\alpha_0}{\Omega^2 M_{s_j}L}\displaystyle\int_0^L m_p(x)\,\varphi_j(x)\,\mathrm{d}x$。由于行人模态质量通常比结构模态质量小很多，因此参数 ε 为微小值，同时假设阻尼参数 η 和 ε 同一量级：$\eta = \varepsilon\tilde{\eta}$，则式(3.6.7)进一步转换为：

$$\ddot{y}+2\varepsilon\tilde{\eta}\dot{y}+(\delta-2\varepsilon\cos2\tau)y=\kappa\cos2\tau \tag{3.6.8}$$

式(3.6.8)描述了单自由度系统的参数激励振动问题,实质上为经典的 Mathieu 方程。式(3.6.8)解的稳定性取决于式中的参数$(\delta,\varepsilon,\eta)$。参数空间$(\delta,\varepsilon,\eta)$中的稳定区域与不稳定区域由临界曲线分开。Piccardo 采用 Seyranian 和 Mailybaev 提出的基于 Floquet 理论方法[125],获得关于 ε 的一阶近似临界曲线。不失一般性,不考虑外力对系统稳定性的影响,将解 δ 和 y 展开成 ε 的幂:

$$\begin{aligned}\delta&=\delta_0+\varepsilon\delta_1+\varepsilon^2\delta_2+\cdots\\ y&=y_0+\varepsilon y_1+\varepsilon^2y_2+\cdots\end{aligned} \tag{3.6.9}$$

将式(3.6.9)代入式(3.6.8),并将 ε 的各次方系数取等,可得到以下扰动方程:

阶数ε^0:

$$\ddot{y}_0+\delta_0y_0=0 \tag{3.6.10a}$$

阶数ε^1:

$$\ddot{y}_1+\delta_0y_1=-2\tilde{\eta}\dot{y}_0-\delta_1y_0+2y_0\cos2\tau \tag{3.6.10b}$$

阶数ε^2:

$$\ddot{y}_2+\delta_0y_2=-2\tilde{\eta}\dot{y}_1-\delta_1y_1-\delta_2y_0-2y_1\cos2\tau \tag{3.6.10c}$$

式(3.6.10a)的一般解为:

$$y_0=a\cos\sqrt{\delta_0}\tau+b\sin\sqrt{\delta_0}\tau \tag{3.6.11}$$

考虑主共振情况,即$\delta_0=1$,将式(3.6.11)代入式(3.6.10b)中,并消除y_1中长期项,得到:

$$\delta_1=\pm\sqrt{1-4\tilde{\eta}^2} \tag{3.6.12}$$

将式(3.6.12)代入式(3.6.9)得到:

$$\delta=1\pm\sqrt{\varepsilon^2-4\eta^2} \tag{3.6.13}$$

通过式(3.6.13)可以求得关于 ε 的一阶近似的临界曲线:

$$\varepsilon_{\lim}=\sqrt{(\delta-1)^2+4\eta^2}=\sqrt{(\delta-1)^2+4\xi_j^2\delta} \tag{3.6.14}$$

进一步,联合式(3.6.11)和式(3.6.10c),可容易求得关于 ε 的二阶近似的临界曲线:

$$\varepsilon_{\lim}=2\sqrt{2}\sqrt{5-\delta-\sqrt{-4\eta^2-8\delta+24}}=2\sqrt{2}\sqrt{5-\delta-\sqrt{-4\xi_j^2\delta-8\delta+24}} \tag{3.6.15}$$

现在考虑次共振情况,即$\delta_0=4$。利用上述相似步骤可得:

$$16\tilde{\eta}^2+\delta_1^2=0 \tag{3.6.16}$$

很明显,式(3.6.16)永远不可能被满足,因此,在次共振条件下不可能有周期性解。

3.6.2 稳定临界条件

考虑参数 ε 与同步行人模态质量和结构模态质量之比成正比,而参数 δ 是人行桥固有频率与行人横向步频之比的函数,因此可以从技术角度来解释临界曲线。特别值得注意的是,ε 参数几乎没有大于0.1的值。因此,只有与 $\varepsilon<0.1$ 相对应的那部分临界曲线具有技术意义:这个区域,对应于 δ 的值在0.9~1.1的区间。因此,这里分析的不稳定机制只对横向频率非常接近主共振条件(对应于$\omega_j=\Omega/2$,桥梁基频是行人横向步频的一半)的人行桥才具有意义。此外,由于临界曲线的一阶近似值和二阶近似值几乎重合,因此可以采用一阶近似值

[式(3.6.14)]的结果。将式(3.6.14)重新整理,临界条件可以写成结构阻尼、质量比(同步行人模态质量和结构模态质量之比)和频率比(人行桥固有频率与行人横向步频之比)的函数不等式,具体如下:

$$\frac{M_{p_j}}{M_{s_j}} < \frac{\Omega^2}{2g\lambda\alpha_1}\sqrt{\left(4\frac{\omega_j^2}{\Omega^2}-1\right)^2+16\frac{\omega_j^2}{\Omega^2}\xi_j^2} \tag{3.6.17}$$

显然,当行人横向步频正好是桥梁基频的两倍,即 $\Omega = 2\omega_j$ 时,临界曲线达到最小值,在这种情况下,动力稳定准则由以下公式给出:

$$\frac{M_{p_j}}{M_{s_j}} < \frac{4\omega_j^2\xi_j}{g\lambda\alpha_1} \tag{3.6.18}$$

假设 $\omega_j = \pi$(即设定横向步频为平均值1Hz),$\alpha_1 = 2$,则式(3.6.18)变成:

$$\frac{M_{p_j}}{M_{s_j}} < \frac{2\pi^2}{g\lambda}\xi_j \tag{3.6.19}$$

其中,同步行人的百分比 λ 通常假设在0.2~0.4范围内[3]。在结构和行人质量均匀分布的情况下,模态行人质量和结构质量之比 M_{p_j}/M_{s_j},可以用桥上行人和人行桥单位长度质量之比 m_p/m_s 代替。

3.6.3 Piccardo模型在伦敦千禧桥上的应用

Piccardo将提出的参数激励机制应用于伦敦千禧桥中。图3.6.2显示了在行人沿跨径均匀分布的情况下的极限人数结果:$N_{\text{lim}} = m_p L/m_{ps}$[式(3.6.17),用 m_p/m_s 代替 M_{p_j}/M_{s_j};m_{ps} 为单个行人质量]。其中设定了 $\omega_j = 2\pi n_1$($n_1 = 0.48$Hz),$\lambda = 0.3$(同步行人百分率的平均值),$m_s = 2000$kg/m,$m_{ps} = 70$kg,$\alpha_1 \approx 2\ \text{m}^{-1}$。分析了三种不同阻尼比的工况:$\xi = 0.5\%$(实线)、$\xi = 0.7\%$(虚线)和 $\xi = 1\%$(点虚线)。最坏的情况(行人的最小极限数量)显然发生在行人以横向频率 $n = 0.96$Hz 行走(正好相当于桥梁基频 n_1 的两倍)的时候。在这种情况下,三种阻尼工况对应的稳定临界极限行人数量 N_{lim} 分别为127、178、254。其中 $\xi = 0.7\%$ 为伦敦千禧桥第一阶模态的实际阻尼比,其对应的 $N_{\text{lim}} = 178$ 和实际观测结果基本一致(根据现场观测,引起伦敦千禧桥中跨大幅振动的人数估计在150~180)。

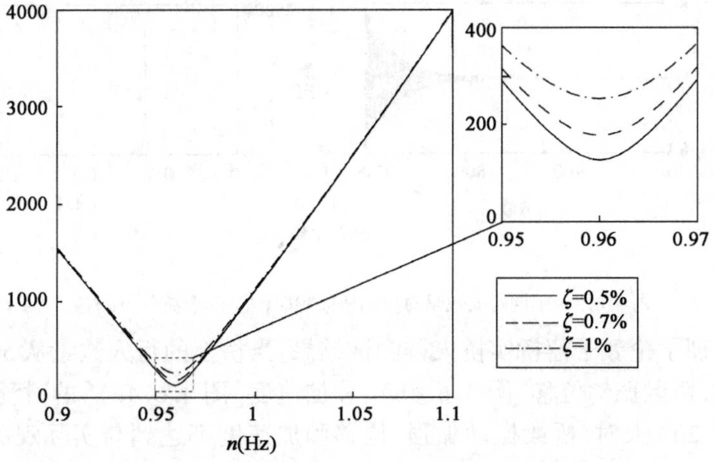

图3.6.2 不同阻尼比情况下,极限人数和横向步频的关系[38]

千禧桥中跨的第二阶横向振动模态为反对称[即$\varphi_2(L/2)=0$]，因此跨中的响应只与第一振动模态相关。为了得到桥梁振动具体响应值，Piccardo 还对第一阶横向振动模式的运动方程[式(3.6.6)]进行了数值求解，其中假设第一阶横向振动模态为正弦谐波[即$\varphi_1(x)=\sin\pi x/L$]，并设定$\alpha_0=0.04$，$\alpha_1=2\ \mathrm{m}^{-1}$，$\lambda=0.3$，$\omega_j=\omega_1=2\pi n_1$，$m_s=2000\mathrm{kg/m}$，$\xi=0.7\%$，横向步频为桥梁第一阶横向模态频率$n_1$的两倍(即$\Omega=2\omega_1$)。图 3.6.3 显示了不同数量行人过桥[图 3.6.3a)~图 3.6.3c)中N_p分别为 50、180、250]时，桥面跨中位移的时程，以及它们的傅立叶变换。当少量行人过桥时，参数激励的影响几乎可以忽略不计，桥梁振动响应频率与行人横向步频一致[图 3.6.3a)的傅立叶变换显示，只在行人横向步频$n=0.97\mathrm{Hz}$处存在一个明显的尖峰]。当行人数量达到相应的极限值时，就会发生参数性激励，桥梁振动响应包含两个谐波成分：响应傅立叶变换有两个差不多大小的尖峰，分别在$n=0.97\mathrm{Hz}$和$n_1=0.48\mathrm{Hz}$[即第一阶横向振动模态的频率，图 3.6.3b)]。当行人数量超过临界极限值时，响应不再是周期性的，变为振荡发散形式，完全受参数激励的支配：只在$n_1=0.48\mathrm{Hz}$有一个主要的尖峰[图 3.6.3c)]。在实际中，当桥梁振动过大时，行人会停止行走，这种现象并不会发生。

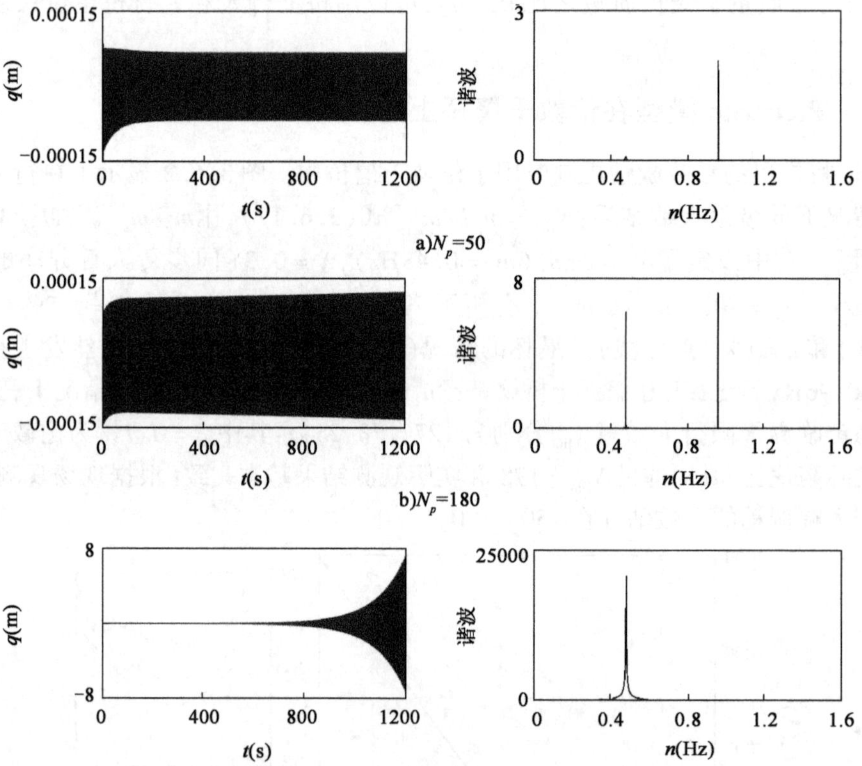

图 3.6.3　不同行人数量对应的桥梁响应(左)和谐波分布(右)[38]

图 3.6.4 重现了伦敦千禧桥实桥人群测试结果：当桥上的行人数量从 50 人增加到 260 人[图 3.6.4a)]时，桥梁振动位移[图 3.6.4b)]和加速度[图 3.6.4c)]的时程曲线。可以看出，当行人数量超过 200 人时，桥梁振动加强，位移和加速度都达到与实际观测相同数量级的数

值。因此,Piccardo 认为第一阶横向振动模态($n_1=0.48\text{Hz}$)的参数激励可以解释伦敦千禧桥中跨的大幅横向振动。

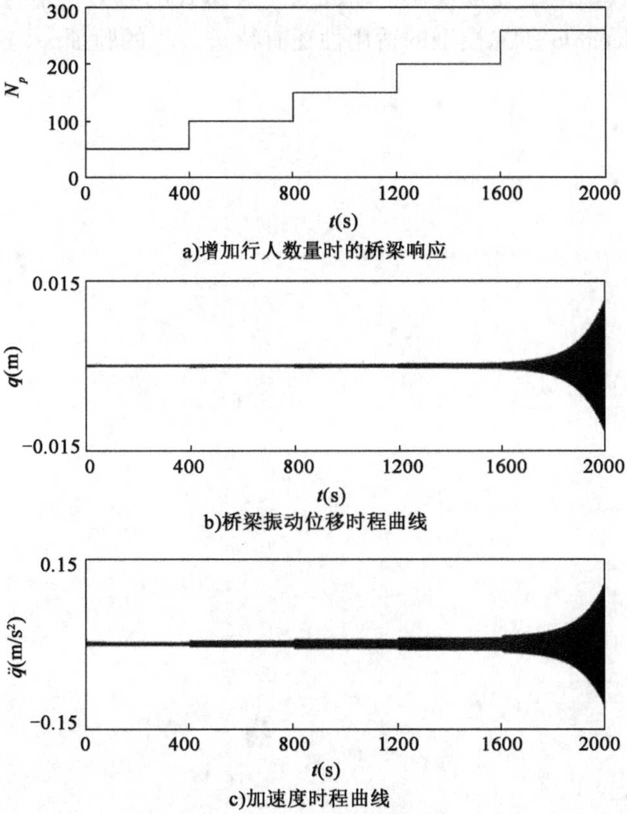

图 3.6.4　伦敦千禧桥人群测试结果[38]

3.6.4　参激模型的适用范围

式(3.6.18)所表达的稳定性准则与文献中的类似公式相当,特别是与 Roberts 模型[式(3.6.20)][123]和 Newland 模型[式(3.6.21)][33]的表达式相当:

$$\frac{M_{p_j}}{M_{s_j}}<\frac{\omega_j^2}{\Omega^2}\cdot\frac{1}{D_j} \tag{3.6.20}$$

$$\frac{M_{p_j}}{M_{s_j}}<\frac{2\xi_j}{\alpha_c\lambda} \tag{3.6.21}$$

式中,D_j为单自由度系统的动态放大系数,$D_j=\sqrt{1/[(1-\Omega^2/\omega_j^2)^2+(2\xi_j\Omega/\omega_j)^2]}$;$\alpha_c$为行人质心运动振幅与足下结构运动振幅之比。

Piccardo 提出的式(3.6.19),Roberts 提出的式(3.6.20)以及 Newland 提出的式(3.6.21)这三个准则适用范围不同。Roberts 和 Newland 提出的模型适用于人行桥横向基频在 1Hz 左右的情况(如户田桥[3]),而在这种情况下,Piccardo 的参激模型则不能适用。相反,如果人行桥较柔(其横向基频约为 0.5Hz,如千禧桥[11]和枫叶谷桥[129]),与其他模型相比,Piccardo 的参激模型变得更为合适。然而，在这些情况下，人行桥很可能也表现出 1Hz 左右的横向频率，导致共振 + 参数激励混合机制，就像伦敦千禧桥那样。

Piccardo 的参激模型的主要疑点在于动载因子表达式的有效可靠性（主要是缺乏实验的有效验证）。因此，Piccardo 所提模型的适用性还有待进一步的验证。

第 4 章

考虑行人激励随机性的人致横向振动模型

众多学者包括目前已有的规范所提出的模型,大部分基于确定性的思路或者单个实验观测结果,并未考虑人群荷载的随机性。如前文所述,事实上实际观测得到的连续行人荷载并非理想的周期力,行人每一步产生的作用力都存在着变化。在谱域内,实际的谱线并没有分布在按理想周期力得到的离散频点上,而是带有一定宽度地分布在步频以及倍频附近,是一个典型的窄带激励过程。这种在步频以及倍频附近带有一定宽度离散分布的频谱意味着实际行人荷载产生的结构响应将明显不同于按理想周期力考虑的结构响应。目前对行人激励的随机过程的讨论分析基本上以竖向为主[51-52,126],横向的随机模型很少,影响较大的有 Ingólfsson 模型[28]和 Racic 模型[57-58]。Ingólfsson 模型的研究对象是行人横向激励,该模型基于 Ricciardelli[30]的行人横向激励模型,并将自激力中的速度同相分量和加速度同相分量的系数设为随机时间序列,属于时域内的非线性分析模型,采用数值模拟方法进行分析。Racic 模型重点在于行人横向激励窄带功率谱的多高斯拟合方法研究,可有效还原实际行人横向激励的幅值以及相位变化过程,但涉及了非常多的拟合参数。

贾布裕等人[127]提出了考虑人-桥相互作用以及行人横向荷载随机性的非线性随机模型,将行人横向荷载划分为两部分:与桥梁振动无关的荷载以及与桥梁振动相关的荷载,并考虑了单个行人不同步伐间的荷载随机性造成的激励过程窄带性。基于随机平均法推导得到的 Itô 方程,进行了随机 P-分叉分析和随机 D-分叉分析,并以此得到人行桥横向振动发散失稳临界状态。最后利用所提方法对伦敦千禧桥北边跨进行了算例分析,验证了所提方法的有效性。

4.1 人行桥横向振动非线性模型

考虑行人作用下的人行桥横向振动(图 4.1.1),忽略转动惯量、轴向力以及剪切变形影响,基于欧拉-伯努利梁的人行桥横向弯曲振动方程可表示为:

$$m_s(x)\frac{\partial^2 y(x,t)}{\partial t^2}+c_s(x)\frac{\partial y(x,t)}{\partial t}+\frac{\partial^2}{\partial x^2}\left[EI(x)\frac{\partial^2 y(x,t)}{\partial x^2}\right]=f_c(x,t) \tag{4.1.1}$$

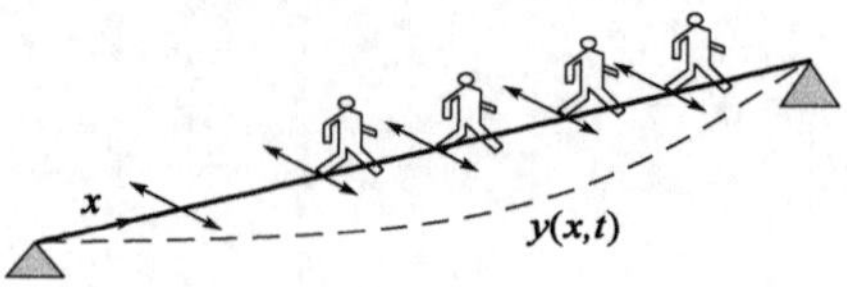

图 4.1.1　人行桥横向振动示意图

式中，$m_s(x)$，$c_s(x)$，$EI(x)$分别为人行桥的单位长度质量，阻尼及横向抗弯刚度；$y(x,t)$为人行桥的横向位移；$f_c(x,t)$为单位长度的人群横向荷载（这里假设行人在桥上均匀分布）。在人行桥横向振动中，确定行人横向作用力模型是关键。首先考虑单个行人横向荷载，一般可定义为：

$$f_p(t) = m_{ps} g \mathrm{DLF} \zeta(t) \tag{4.1.2}$$

式中，m_{ps}为单个行人质量；DLF 为动载因子；$\zeta(t)$为随机激励过程（考虑行人激励随机性）或者简谐荷载（确定性的理想周期荷载）。根据 Ricciardelli[29-30] 的实验结果可知，行人横向荷载可分为与桥梁振动无关的行人荷载以及与桥梁振动相关的自激荷载，而这个划分可以动载因子的定义方式体现出来。根据袁旭斌[26] 的实验结果这里将自激荷载考虑为与桥梁横向振动幅值相关，则式(4.1.2)可写为：

$$f_p(t) = m_{ps} g[\mathrm{DLF}_1 + \mathrm{DLF}_2(A)]\zeta(t) = m_{ps} g \mathrm{DLF}_1 \zeta(t) + m_{ps} g \mathrm{DLF}_2(A)\zeta(t) \tag{4.1.3}$$

式中，DLF_1 为桥梁静止时的行人横向动载因子；DLF_2 为桥梁振动时的行人横向动载因子。根据 Ingólfsson[27] 以及 Brownjohn[51] 的实验结果，$\mathrm{DLF}_1 = d_1 \approx 0.04$，根据袁旭斌[128] 的实验结果，$\mathrm{DLF}_2(A) \approx d_2 A = 1.18A$（$A$ 为桥梁振动位移幅值）。现考虑人群荷载作用，设总人数为 N。按同步与否，桥上的人群可分为两大类：未完全同步人群和同步人群。未完全同步人群则视为与产生振动无关的激励，其人数可采用 Fujino 方法[3] 转换为同频率均匀相位的等效人数；同步人群视为产生振动相关激励，其数量采用与振动相关的同步系数 ρ 表示（这两种处理方式并适用于不同人群，两者的适用假定，并不冲突，可以包络在内）。基于式(4.1.3)，可得到人群的横向作用力：

$$f_c(t) = \sqrt{N(1-\rho)}\, m_{ps} g\, d_1 \zeta(t) + N\rho\, m_{ps} g\, d_2 A \zeta(t) \tag{4.1.4}$$

同步系数 ρ 与振幅 A 以及行人步频-桥梁基频差 $\Delta\omega = |\omega_p - \omega_s|$ 有关[95]（当然也可以用行人步频-桥梁基频比形式，如文献[129]），桥梁振幅越大，行人同步现象可能性也越大，同时，当行人步频处于桥梁基频附近较小范围内时，即 $\Delta\omega$ 小于某个较小值时，才有较大可能发生同步现象。这种相关性可采用高斯曲线进行模拟[128]，ρ 可写为：

$$\rho(A, \Delta\omega) = \frac{A}{A+\rho_1} \exp[\rho_2(\omega_p - \omega_s)^2] \tag{4.1.5}$$

根据袁旭斌实验结果[128]，这里ρ_1取 0.02，ρ_2取 20。将式(4.1.5)代入式(4.1.4)得：

$$f_c(t) = \sqrt{N[1-\rho(A,\Delta\omega)]}\, m_{ps} g\, d_1 \zeta(t) + N\, m_{ps} g\, d_2 \frac{A^2}{A+\rho_1} \exp[\rho_2(\omega_p - \omega_s)^2]\zeta(t) \tag{4.1.6}$$

随着振动的进行，式(4.1.6)右边第一项非同步人群荷载中的 $\rho(A,\Delta\omega)$ 将趋向于常数ρ_0，其只对前期的非同步人群荷载引起的振动产生影响，而对后期以同步人群荷载为主的振动影响很小，且对稳定性无影响。若假设人群在全桥长度 L 上均匀分布，单位长度密度$m_p(x) = N\, m_{ps}/L$，基于式(4.1.6)，单位长度的人群横向荷载为：

$$f_c(x,t) = \sqrt{(1-\rho_0)L/N}\, m_p(x) g d_0 \zeta(t) + \rho m_p(x) g d_1 \frac{A^2}{A+\rho_1} \exp[\rho_2(\omega_p - \omega_s)^2]\zeta(t) \tag{4.1.7}$$

回到式(4.1.1),按比例黏性阻尼考虑,采用 Galerkin 方法将上述人行桥横向弯曲振动方程解耦离散,其第 j 阶模态方程为:

$$\begin{cases}\ddot{q}_j(t)+2\omega_{sj}\xi_j\dot{q}_j(t)+\omega_{sj}^2 q_j(t)=\dfrac{1}{M_{sj}}\displaystyle\int_0^L f_c(x,t)\varphi_j(x)\mathrm{d}x=F_j(t)\\ y(x,t)=\sum_{j=1}^{\infty}\varphi_j(x)q_j(t)\end{cases} \tag{4.1.8}$$

式中,$q_j(t)$,ω_{sj},ξ_j,$\varphi_j(x)$,M_{sj},$F_j(t)$分别为第 j 阶的模态位移,角频率,模态阻尼比,振型函数,模态质量以及模态荷载。由于人行桥横向振动主要是由行人横向激励的一阶成分引起的,同时出于随机非线性动力方程推导简便的考虑,在此仅考虑人行桥横向振动第一阶振型(略去上述各阶模态参数阶数下标),并设定振型函数为 $\varphi(x)=\sin(\pi x/L)$。根据式(4.1.7),模态荷载有如下表达式:

$$\begin{aligned}F(t)=\frac{1}{M_s}\Big[&\int_0^L\sqrt{(1-\rho_0)L/N}\,m_p(x)\varphi(x)g\,d_1\zeta(t)\mathrm{d}x+\\&\int_0^L m_p(x)\varphi(x)g\,d_2\frac{A^2}{A+\rho_1}\cdot\\&\exp[\rho_2(\omega_p-\omega_s)^2]\zeta(t)\mathrm{d}x\Big]\end{aligned} \tag{4.1.9}$$

对$A^2/(A+\rho_1)$进行线性拟合得到 $A^2/(A+\rho_1)\approx c_1A+c_2$,并设定$\mu_0=\sqrt{(1-\rho_0)L/N}g\,d_0/M_s$,$\beta_1=\int_0^L m_p(x)\varphi(x)\mathrm{d}x$,$\mu_1=g\,d_2\,c_2\exp[\rho_2(\omega_p-\omega_s)^2]/M_s$,$\mu_2=g\,d_2\,c_1\exp[\rho_2(\omega_p-\omega_s)^2]/M_s$,$\beta_2=\int_0^L m_p(x)\varphi(x)^2\mathrm{d}x$,式(4.1.9)可整理为:

$$F(t)=(\mu_0+\mu_1)\beta_1\zeta(t)+\mu_2\beta_2\sqrt{q^2+\dot{q}^2/\omega_s^2}\,\zeta(t) \tag{4.1.10}$$

现考虑行人横向荷载的随机性。Ricciardelli[30] 和 Ingólfsson[27-28] 等人在此方面展开了细致研究,但他们实验得到的行人横向激励窄带过程的功率谱需要通过拟合以高斯曲线呈现,基于 Pizzimenti 根据实验结果得到的行人横向激励功率谱 $S_F(f)$ 为:

$$\frac{S_F(f)}{\sigma_F^2}=\frac{1}{f}\frac{a_s}{\sqrt{2\pi}b_s}\exp\left\{\left[-2\left(\frac{f/f_p-1}{b_s}\right)\right]^2\right\} \tag{4.1.11}$$

式中,σ_F^2 为每阶谐振峰值附近的功率谱双倍面积,a_s 和 b_s 为一阶拟合参数,f_p 为行人横向步频。这种形状的功率谱可采用谱展开方法[130]进行离散进而用于数值模拟,但无法用于理论推导分析。为了便于后续的非线性随机方程推导,在此将其等效转换为可由具有随机频率与相位的谐和函数产生的有理谱窄带随机过程。因此利用贾布裕等人[64]提出的一种行人横向激励功率谱等效转换方法,将其等效转换为有理谱形式。具有随机频率与相位的谐和函数产生的有理谱窄带随机过程为:

$$\zeta(t)=\sigma_\zeta\cos[\omega_p t+\delta B(t)+\Phi] \tag{4.1.12}$$

式中,σ_ζ为激励强度;ω_p为行人横向激励中心频率;δ 表示频率随机扰动强度;$B(t)$为标准维纳过程;Φ 为随机相位,服从$(0,2\pi)$区间上的均匀分布。采用等效转换方法,行人横向随机激励过程 $\xi(t)$ 可最终表示为:

$$\begin{cases}\zeta(t)=\sigma_\zeta\bar{\zeta}(t)=\sigma_F h\,\bar{\zeta}(t)=\sigma_F h\cos(\omega_p t+\delta B(t)+\Phi)\\ h=\sqrt{2\pi\ \sqrt{2\pi}a_s/\sqrt{2-b_s^2}},\delta=\sqrt{2\,\omega_p b_s/\sqrt{2-b_s^2}}\end{cases}\tag{4.1.13}$$

式中，此时σ_F对应着式(4.1.12)中$\zeta(t)$前面的乘积系数；h为等效转换产生的附加强度乘积因子；$\bar{\zeta}(t)$表示单位强度激励的行人横向窄带随机过程；$a_s=0.9$，$b_s=0.043$（基于Ricciardelli[30]实验得到）。将式(4.1.13)代入式(4.1.10)，得到：

$$F(t)=g_1\bar{\zeta}(t)+g_2\sqrt{q^2+\dot{q}^2/\omega_s^2}\,\bar{\zeta}(t)\tag{4.1.14}$$

式中，$g_1=(\mu_0+\mu_1)\beta_1 h$，$g_2=\mu_2\beta_2 h$。将式(4.1.14)代入式(4.1.8)，得到桥梁振动方程为：

$$\ddot{q}+2\,\omega_s\xi\,\dot{q}+\omega_s^2 q=g_1\bar{\zeta}(t)+g_2\sqrt{q^2+\dot{q}^2/\omega_s^2}\,\bar{\zeta}(t)\tag{4.1.15}$$

4.2 基于随机平均法的推导

4.2.1 Itô 方程

对式(4.1.15)采用随机平均法进行后续分析。引入变换：$q=A_q(t)\cos\phi$，$\dot{q}=-\omega A_q(t)\sin\phi$，$\phi=\Psi+\theta(\mathrm{d}\Psi/\mathrm{d}t=\omega\approx\omega_s)$分别代入式(4.1.15)，联立方程并整理，可得以下随机平均方程：

$$\begin{cases}\mathrm{d}A_q=H_1(A_q,\phi,\omega_p t+\Lambda)\mathrm{d}t=\dfrac{\sin\phi}{\omega_s}[2\,\omega_s\xi(-A_q\omega_s\sin\phi)-(g_1+g_2A_q)\cos(\omega_p t+\Lambda)]\mathrm{d}t\\ \mathrm{d}\theta=H_2(A_q,\phi,\omega_p t+\Lambda)\mathrm{d}t=\dfrac{\cos\phi}{A_q\omega_s}[2\,\omega_s\xi(-A_q\omega_s\sin\phi)-(g_1+g_2A_q)\cos(\omega_p t+\Lambda)]\mathrm{d}t\end{cases}\tag{4.2.1}$$

式中，$\Lambda=\delta B(t)+\Phi$。这里考虑主共振：$\omega_p/\omega_s=1+\sigma$，$\sigma$为调谐参数。引入新变量$\Delta$，$\Delta=-\theta+\sigma\Psi+\Lambda$，结合前述变换式，此时有：

$$\omega_p t+\Lambda=\phi+\Delta\tag{4.2.2}$$

应用Itô微分方程，可得到以下关于A_q，Δ和ϕ的Itô方程：

$$\begin{cases}\mathrm{d}A_q=H_1(A_q,\phi,\Delta)\mathrm{d}t\\ \mathrm{d}\Delta=\left[\left(\dfrac{\omega_p}{\omega_s}-\dfrac{n}{m}\right)\omega_s-\dfrac{n}{m}H_2(A_q,\phi,\Delta)\right]\mathrm{d}t+\delta\mathrm{d}B(t)\end{cases}\tag{4.2.3}$$

相对A_q和Δ，ϕ为快变量，将式(4.2.3)按ϕ从0到2π进行确定性平均，得到关于慢变量A_q，Δ的方程：

$$\begin{cases}\mathrm{d}A_q=\left[\displaystyle\int_0^{2\pi}H_1(A_q,\phi,\Delta)\mathrm{d}\phi\right]\mathrm{d}t=\left(-A_q\,\omega_s\xi+\dfrac{g_1+g_2A_q}{2\,\omega_s}\sin\Delta\right)\mathrm{d}t\\ \mathrm{d}\Delta=\left\{\displaystyle\int_0^{2\pi}[\omega_p-\omega_s-H_2(A_q,\phi,\Delta)]\mathrm{d}\phi\right\}\mathrm{d}t+\delta\mathrm{d}B(t)\\ \quad\ =\left(\omega_p-\omega_s+\dfrac{g_1+g_2A_q}{2A_q\,\omega_s}\cos\Delta\right)\mathrm{d}t+\delta\mathrm{d}B(t)\end{cases}\tag{4.2.4}$$

4.2.2　FPK(Fokker-Planck-Kolmogorov)方程

对式(4.2.4)的漂移和扩散系数在$A_q=0$处进行线性化,得到

$$\begin{cases}\mathrm{d}A_q=\left(-\omega_s\xi+\dfrac{g_2\sin\Delta}{2\omega_s}\right)A_q\mathrm{d}t\\ \mathrm{d}\Delta=\left(\omega_p-\omega_s+\dfrac{g_2\cos\Delta}{2\omega_s}\right)\mathrm{d}t+\delta\mathrm{d}B(t)\end{cases}\tag{4.2.5}$$

与式(4.2.5)对应的稳态 FPK 方程为:

$$\frac{\delta^2}{2}\frac{\partial^2 P}{\partial\Delta^2}-\frac{\partial}{\partial A_q}\left[\left(-A_q\omega_s\xi+\frac{g_2A_q}{4\omega_s}\sin\Delta\right)P\right]-\frac{\partial}{\partial\Delta}\left[\left(\omega_p-2\omega_s+\frac{g_2}{2\omega_s}\cos\Delta\right)P\right]=0\tag{4.2.6}$$

式中,$P=P(A_q,\Delta)$,为A_q和Δ的联合概率密度。可知式(4.2.6)的边界条件为:

$$\begin{cases}P(A_q,\Delta+2n\pi\,|\,A_{q0},\Delta_0)=P(A_q,\Delta\,|\,A_{q0},\Delta_0)\quad n=1,2,\cdots\\ P(A_q,\Delta)=finite,A_q=0\\ P(A_q,\Delta),\partial P(A_q,\Delta)/\partial A_q\rightarrow 0,A_q\rightarrow\infty\end{cases}\tag{4.2.7}$$

$P(A_q,\Delta)$的解析解形式不易得到,本书将采用有限四阶中心差分法求解式(4.2.6)的偏微分方程。基于求解得到的$P(A_q,\Delta)$,可采用简单的雅克比转换得到位移和速度的联合概率密度。在后文中,基于得到的联合概率密度结果,我们将通过随机 P-分叉分析(联合概率密度峰个数、位置及形状随参数值改变而变化),得到引起振动发散的某些关键参数(如行人数、频率比)的临界区间。

4.2.3　最大 Lyapunov 指数

引入新变量$\Upsilon=\ln A_q$,则式(4.2.5)的 Itô 方程转为:

$$\begin{cases}\mathrm{d}\Upsilon=\left(-\omega_s\xi+\dfrac{g_2\sin\Delta}{2\omega_s}\right)\mathrm{d}t\\ \mathrm{d}\Delta=\left(\omega_p-\omega_s+\dfrac{g_2\cos\Delta}{2\omega_s}\right)\mathrm{d}t+\delta\mathrm{d}B(t)\end{cases}\tag{4.2.8}$$

由于$\Delta(t)$是$[0,2\pi]$上遍历的马尔可夫过程,其不变测度[即稳态概率密度函数$p(\Delta)$]满足如下的平稳 FPK 方程:

$$\frac{\mathrm{d}^2p}{\mathrm{d}\Delta^2}-\frac{2}{\delta^2}\frac{\mathrm{d}}{\mathrm{d}\Delta}\left[\left(\omega_p-\omega_s+\frac{g_2\cos\Delta}{2\omega_s}\right)p\right]=0\tag{4.2.9}$$

$p(\Delta)$满足周期性条件$p(\Delta)=p(\Delta+2\pi)$和概率归一化条件$\int_0^{2\pi}p(\Delta)\mathrm{d}\Delta=1$,其解为:

$$p(\Delta)=C\exp(\bar{\sigma}\Delta+\bar{g}\sin\Delta)\int_{\Delta}^{\Delta+2\pi}\exp(-\bar{\sigma}\tau-\bar{g}\sin\tau)\mathrm{d}\tau\tag{4.2.10}$$

式中,$C=\dfrac{1}{[4\pi^2\exp(-\bar{\sigma}\pi)I_{i\bar{\sigma}}(-\bar{g})I_{-i\bar{\sigma}}(-\bar{g})]}$为概率归一化常数;$I_n(x)$为修正第一类贝塞尔$I$函数;$\bar{\sigma}=2(\omega_p-\omega_s)/\delta^2$;$\bar{g}=g_2/(\omega_s\delta^2)$。按照 Oseledec 乘性遍历定理,对于式(4.2.8),任何非零初始值对应的解的 Lyapunov 指数λ可定义为:

$$\lambda(A_{q0},\Delta_0)=\lim_{t\to\infty}\frac{1}{t}\ln|A_q(t;A_{q0},\Delta_0)|,w.p.1 \tag{4.2.11}$$

式中,$w.p.1$ 表示概率为 1 成立;A_{q0},Δ_0为初始值。由式(4.2.10)、式(4.2.11)及$\Delta(t)$的遍历性[134],可求得最大 Lyapunov 指数λ_{max}为:

$$\begin{aligned}\lambda_{max}&=\lim_{t\to\infty}\frac{1}{t}\ln\left|\frac{A_q(t)}{A_q(0)}\right|=\lim_{t\to\infty}\frac{1}{t}[\Upsilon(t)-\Upsilon(0)]\\&=-\omega_s\xi+\frac{g_2}{2\omega_s}\lim_{t\to\infty}\frac{1}{t}\int_0^t\sin[\Delta(\tau)]\mathrm{d}\tau=-\omega_s\xi+\frac{g_2}{2\omega_s}E(\sin\Delta)\\&=-\omega_s\xi+\frac{g_2}{2\omega_s}\int_0^{2\pi}p(\Delta)\sin\Delta\mathrm{d}\Delta\\&=-\omega_s\xi+\frac{g_2}{2\omega_s}\left[\frac{I_{1-i\bar{\sigma}}(\bar{g})}{I_{-i\bar{\sigma}}(\bar{g})}+\frac{I_{1+i\bar{\sigma}}(\bar{g})}{I_{i\bar{\sigma}}(\bar{g})}\right]\end{aligned} \tag{4.2.12}$$

可知式(4.2.8)平凡解的稳定性由最大 Lyapunov 指数λ_{max}决定,若$\lambda_{max}<0$,则式(4.2.8)的平凡解以概率 1 渐进稳定;若$\lambda_{max}>0$,则该解以概率 1 不稳定,因此系统的稳定与不稳定的界限可由λ_{max}来近似表示。这种以最大 Lyapunov 指数随参数的符号变化给出的稳定定义又称为随机 D-分叉。在后文中,我们将通过随机 D-分叉分析,进一步给出关键参数的具体临界值,并做比较。

4.3 实桥验证和分析

由于伦敦千禧桥只有北边跨有较为完整的关于临界人数的记录,因此将北边跨作为分析对象。在现场振动测试中,发现当桥上行人数达到 166 时,北边跨的横向振幅达到 20mm。根据测试结果[1],可知北边跨基频约为 1.03Hz,对应的模态质量约为 113×10^3kg,模态刚度约为 4730×10^3kg/s^2,阻尼比在 0.6% ~ 0.8% 之间。其他模型参数均按已有实测或理论取值[26,27,30,51]:横向桥梁静态动载因子d_1取 0.04,桥梁振动相关行人横向动载因子d_2取 1.18,功率谱拟合参数$a_s=0.9$,$b_s=0.043$。现采用随机平均法对伦敦千禧桥北边跨横向振动进行分析,假定每个行人质量为 70kg。

根据式(4.2.6),图 4.3.1 给出了共振时(频率比$f_r=f_p/f_s=1$),不同行人数下的位移和速度的联合概率密度分布图。由图可知,当人数较小时(即 $N=100$),联合概率密度在幅值较小的区域内有一个尖峰,说明小幅振动的概率大。随着人数增加,中心区域内的尖峰逐渐消退并向周围转移。而当人数增长到 $N=180$ 时,在尖峰附近开始出现较为明显的环形峰,说明此时响应有两种较大可能性的运动状态:一种是具有小幅值的随机振动对应于尖峰,另一种是具有较大幅值的随机振动对应于环形峰,有可能从一种运动状态过渡到另一种状态,即发生跳跃。当人数增加到 $N=190$ 时,尖峰接近消失,而环形峰则非常明显,意味着发生大幅振动的可能性非常大。

根据λ_{max},基于式(4.2.12)可得到对应的桥梁振动稳定临界人数N_{lim}。考虑发生共振情况(行人步频与桥梁基频一致),计算得到的千禧桥北边跨最小临界人数为$N_{lim}=174$[图 4.3.2a)],这与前述基于随机 P-分叉得到的结果吻合,同时也与实测结果(人数为 166)相一致,验证了随机平均法的有效性。图 4.3.2 给出了λ_{max}-f_r-N 三者参数关系图。从图中可知:行人步频与桥梁基频之间的分布对振动稳定性有着显著影响,当行人步频接近或等于桥梁基频时$f_r \approx 1$,$\lambda_{\max}$达到顶峰[图4.3.2b)],此时稳定性最弱,需要引起振动发散的临界人数最少[图4.3.2a)],而当行人步频偏离两倍桥梁基频时,$\lambda_{\max}$迅速减少,即稳定性增大,需要引起振动发散的临界人数增加;$\lambda_{\max}$随着N的增加而增加[图4.3.2c)],此时人行桥横向振动稳定性随着人数增加而减弱;$\lambda_{\max}$对f_r的敏感度取决于N,并随着N的增大而急剧增大。当N较少时,如$N=100$和$N=150$,无论行人步频如何变化,$\lambda_{\max}$都将不会大于零,桥梁横向振动都将处于稳定状态[图4.3.2b)]。当N较大时,如$N=200$和$N=250$,在靠近$f_r=1$附件部分区域内,$\lambda_{\max}$开始大于零,桥梁横向振动将失稳发散。

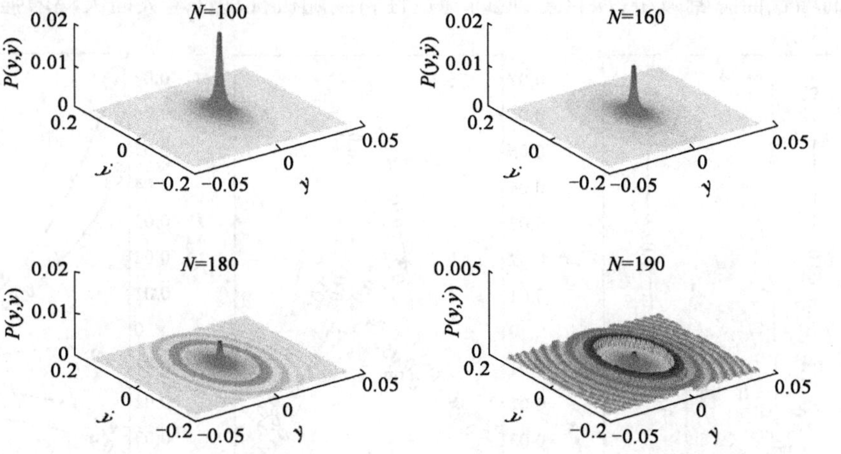

图4.3.1　不同人数的联合概率密度$P(y,\dot{y})$

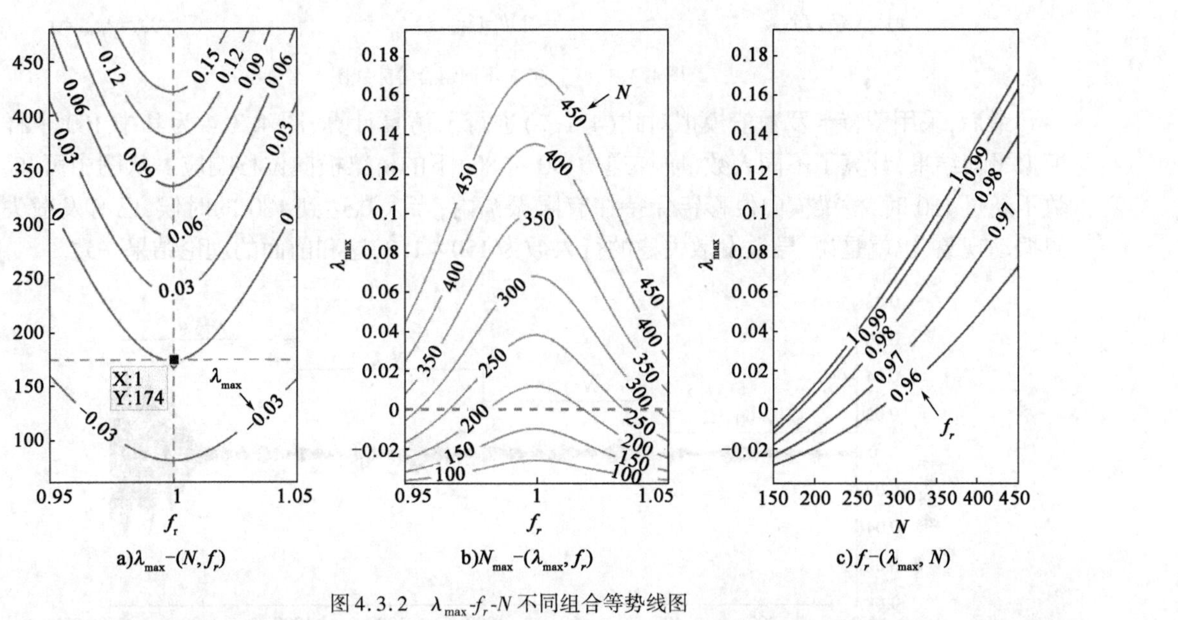

图4.3.2　$\lambda_{\max}$-f_r-N不同组合等势线图

现考虑行人激励随机性对人行桥横向振动的影响。行人激励随机性强弱可通过随机扰动因子δ的大小来表示。根据式(4.1.13)可知,δ又由参数b_s控制,两者为正比例关系,因此可通过b_s的变化来体现随机性强弱的变化。图4.3.3给出了$N=174$时，$\lambda_{\max}$-f_r-b_s三者参数关系图。首先从图4.3.3a)中可知，b_s和f_r组成的非稳定区域比较狭窄(灰色区域)，仅当$0.985<f_r<1.018$以及$b_s<0.043$时，桥梁横向振动才会进入非稳定状态；其次，$\lambda_{\max}$对f_r的敏感度受b_s影响，将随着b_s的增大而减小[图4.3.3b)]，当b_s较大时，即随机扰动性较强时，如$b_s=0.06$，步频的变化将不改变$\lambda_{\max}$的符号($\lambda_{\max}$总是小于零)，桥梁横向振动将一直处于稳定状态。当b_s较小时，如$b_s=0.023$，在$f_r=1$附近区域内，$\lambda_{\max}$已大于零，桥梁横向振动处于非稳定状态；$\lambda_{\max}$对b_s的敏感度同样受频率比f_r影响[图4.3.3c)]。当行人步频离桥梁基频较远时，如$f_r=0.96$，b_s的变化对$\lambda_{\max}$的影响较小，$\lambda_{\max}$随着b_s的增长而缓慢增长，而当行人步频接近或等于桥梁基频时，这种影响变得不可忽视：$\lambda_{\max}$随着b_s的增长而急剧减小，换言之，此时稳定性将随随机扰动性增大而大幅增强。

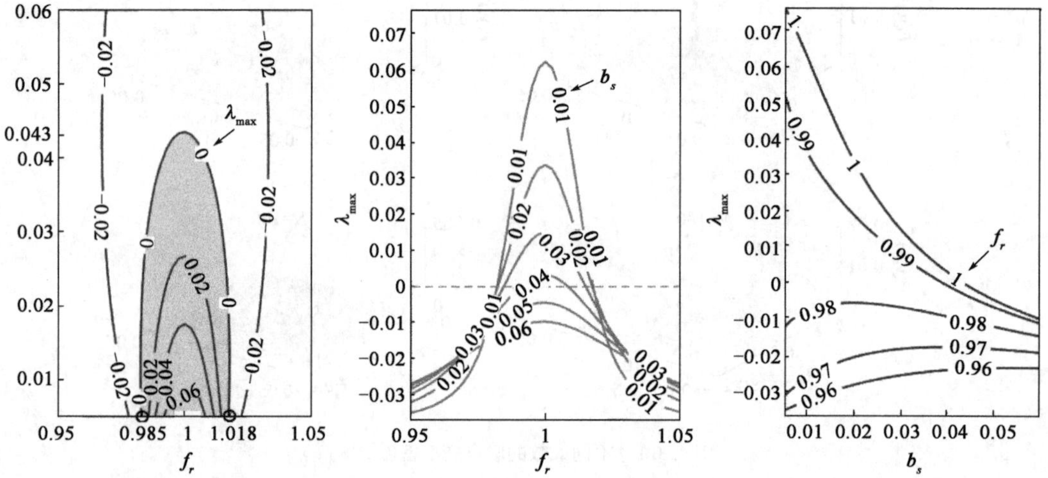

a) $\lambda_{\max}$-(b_s, f_r)　　b) b_s-($\lambda_{\max}$, f_r)　　c) f_r-($\lambda_{\max}$, b_s)

图4.3.3　$\lambda_{\max}$-f_r-b_s不同组合等势线图

最后，采用蒙特卡罗数值模拟对式(4.1.7)进行了仿真计算，图4.3.4为其中100个样本的模拟平均结果，计算了不同人数(阶梯递增，90～180)下的桥梁横向位移响应。从图中可知，当人数不超过150时，桥梁横向位移皆保持在有限振幅内；当人数达到180的时候，已有发散失稳大幅振动现象，也就是说，导致发散失稳的行人数为150～180，这和前面的理论结果一致。

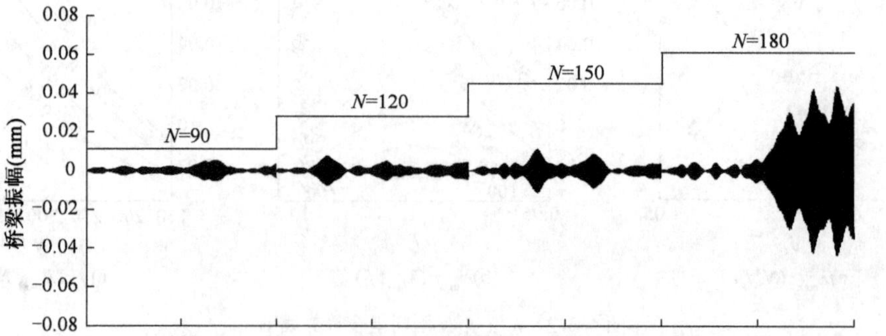

图4.3.4　不同人数作用下的随机横向振动数值模拟结果

4.4 讨　论

贾布裕等人建立了振动幅值相关的人行桥横向非线性振动模型,并采用窄带随机过程考虑行人荷载的随机性,同时采用非线性随机平均法推导得到相应 Itô 方程,由此得到了响应的稳态概率密度及最大 Lyapunov 指数,进而得到人行桥横向振动失稳发散对应的临界参数。通过伦敦千禧桥北边跨的实例分析可知:所提方法计算得到的千禧桥北边跨最小临界人数,符合现场测试结果,同时也与数值模拟计算结果一致。同时参数分析结果表明,行人步频与桥梁频率分布、行人数以及随机扰动强度对桥梁横向振动的稳定性具有重要影响。行人数的增加将使稳定性减少,并增大稳定性对频率分布的敏感度;而随机扰动性强度对于稳定性的影响取决于频率分布,在共振附近区域,稳定性随着随机扰动性强度的增长而大幅增强,但当行人步频与桥梁频率在一定范围外时,随机扰动性强度的增长反而会小幅减弱稳定性。

贾布裕等人所提模型是在随机非线性振动理论框架下建立的,得到了人行桥横向振动稳定/非稳定边界的理论表达式,避免了数值模拟带来的巨大计算量,因此在应用方面具有一定的优势。但需要指出的是,该方法只考虑了行人横向荷载中第一阶成分,并没有考虑其他高阶成分,这有可能是因为该方法的临界人数稍偏高于实测结果。最后,该方法也并没有考虑不同行人的参数随机性,如步频、体重等随机性,还有桥梁结构自身参数的随机性,这些随机性将大大增加模型的复杂度。

第 5 章

横向自激力模型(Ⅰ):Ingólfsson 模型

Pizzimenti、Ricciardelli、Ingólfsson 等人[27,29-30,56]一起对单个行人在跑步机上连续行走时产生的横向力进行了系统实验分析。由于 Ingólfsson 的工作较为全面和较具代表性,同时出于表述方便的目的,这里将 Pizzimenti、Ricciardelli、Ingólfsson 等人提出的基于自激力的人致横向振动模型简称为 Ingólfsson 模型。但不可否认的是,Pizzimenti 和 Ricciardelli 同样做出了非常重要的贡献,正是由于他们的前期铺垫工作,Ingólfsson 才提出了一套较为完整的理论体系。

5.1 行人横向力识别实验

5.1.1 实验装置

Ingólfsson 等人[27]在实验室搭建了一种仪器化改装跑步机,用于测量行人步行时的横向地面反作用力(Ground Reaction Force,GRF),如图 5.1.1 所示。跑步机由三个部分组成。组成 1:跑步机的基础,由固定在实验室地板上的钢梁组成;组成 2:电机驱动部分,是一个通过导轨连接到基座上的钢框架,在电机驱动下能够横向移动,该电机控制跑步机的横向振动频率和振幅;组成 3:由 100 ~ 180cm 的跑带(步行表面)组成,是一个覆盖着胶合板和橡胶带的钢框架系统。从图 5.1.1 可以看出,传送带由电机驱动,传送带电机附着于组成 2,因此会随着平台的运动而移动。组成 2 与组成 3 双向连接,组成 2 由低摩擦铰链竖向悬挂在支撑框架上,并由四个弯曲荷载传感器横向支撑。传送带的运动和跑步机的横向运动均由带齿轮箱的异步电机驱动。两种电机均由变频器控制,可分别调节传送带带速和振动频率。组成 2 和组成 3 之间产生的横向力由四个测力传感元件测量。跑步机的运动通过两个高灵敏度加速度计进行测量。此外,还用高灵敏度的激光技术测量跑步机的位移。行人的行走速度则是通过驱动跑带运行的钢圆筒旋转量换算得到。系统示意图如图 5.1.2 所示。

5.1.2 实验工况

受试者被要求在跑步机上进行两种类型的行走:第一种为在静态跑步机(没有横向运动)

上行走,即进行静态测试;第二种为在不同振动频率和振幅下进行横向正弦运动的跑步机上行走,即进行动态测试。其间,每个受试者只进行一次持续时间为2min的静态测试,以及多次持续时间为30s的动态测试(跑步机横向振动频率在0.33~1.07Hz之间,位移振幅在4.5~48mm之间)。不同测试工况的人数如表5.1.1所示,总共进行了71项静态测试和4883项动态测试,涵盖了大约55km的总步行距离。

a)仪器化改装跑步机设备

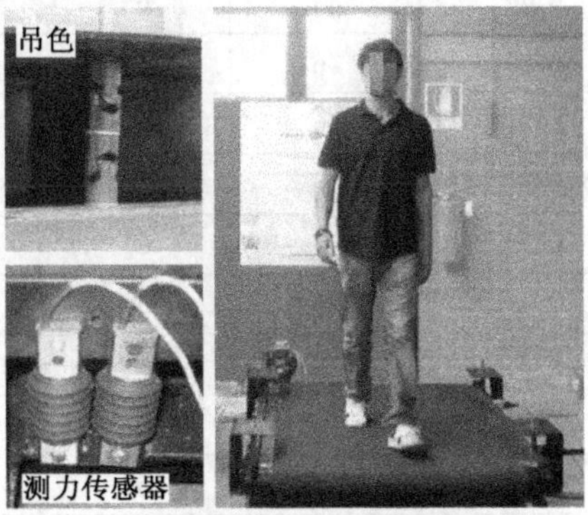

b)步行测试期间的测试对象

图5.1.1　仪器化改装跑步机[27]

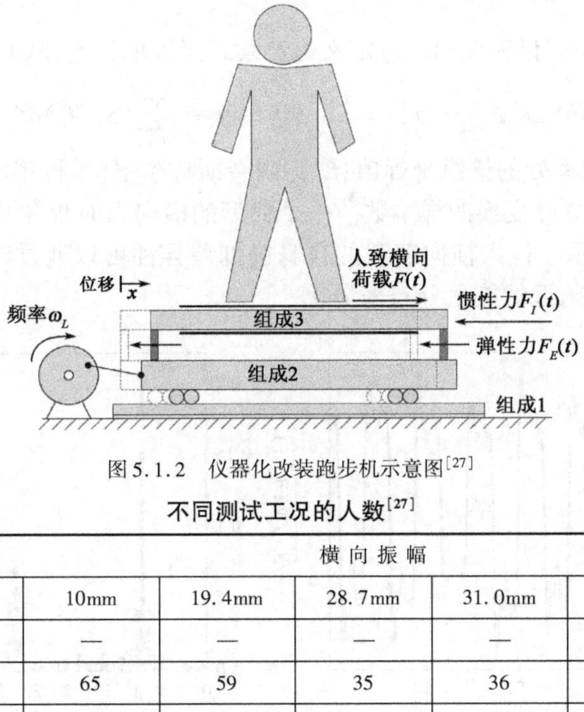

图5.1.2　仪器化改装跑步机示意图[27]

不同测试工况的人数[27]　　表5.1.1

频率 f_L/x_0(Hz)	横向振幅						
	4.5mm	10mm	19.4mm	28.7mm	31.0mm	38.3mm	48.0mm
0(静态试验)	—	—	—	—	—	—	—
0.33	45	65	59	35	36	48	60
0.40	45	65	59	35	36	48	60
0.43	45	65	59	35	36	47	59
0.47	45	65	59	35	35	47	58
0.50	45	66	60	35	36	47	58

续上表

频率 f_L/x_0(Hz)	横向振幅						
	4.5mm	10mm	19.4mm	28.7mm	31.0mm	38.3mm	48.0mm
0.60	46	66	60	35	35	47	22
0.70	46	66	60	34	34	47	18
0.77	45	65	59	34	31	46	14
0.80	46	66	59	34	29	44	11
0.83	46	66	59	34	27	32	8
0.87	46	66	59	33	10	23	4
0.90	46	66	59	33	9	21	3
0.93	46	66	59	33	8	17	2
0.97	46	66	58	21	8	14	2
1.00	46	64	57	21	7	12	2
1.03	45	64	57	15	6	5	0
1.07	45	64	56	14	6	5	0

5.1.3 静态结构上的行走实验

将行人横向力的功率谱密度(PSD)定义为连续或离散单边谱,从而得到:

$$\mathrm{Var}[F] = \sigma_F^2 = \int_0^{f_{Ny}} S_F(f)\,\mathrm{d}f \cong \sum_{k=1}^{N/2+1} S_F(f_k)\delta f \tag{5.1.1}$$

式中,$S_F(f)$为f频率处的谱纵坐标值;f_{Ny}为内奎斯特频率(采样率的一半);df为频谱的频率分辨率;N为离散傅立叶变换的样本数。一个典型的横向力时程和相应的归一化 PSD 平方根示例如图 5.1.3 所示。行人横向荷载的自身内部差异性可以通过时程中变化的幅值来体现,并可通过每阶谐波附近的能量分布来量化。

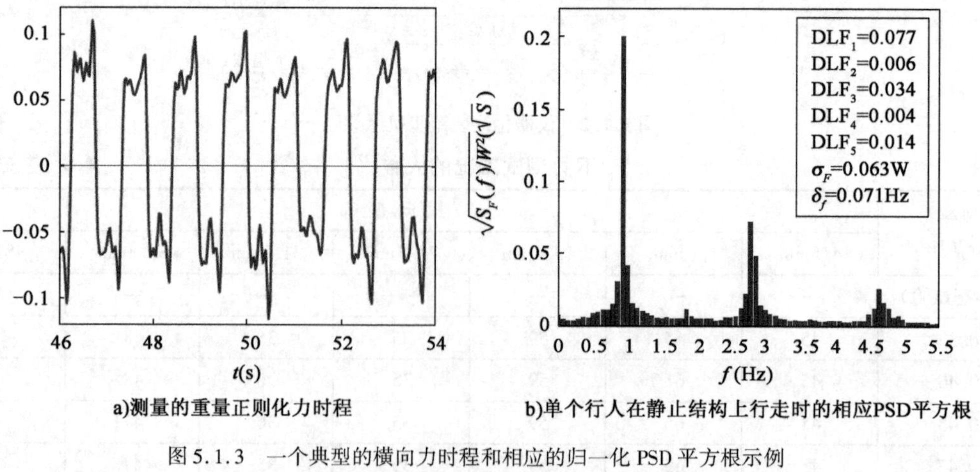

图 5.1.3 一个典型的横向力时程和相应的归一化 PSD 平方根示例

考虑行人横向力的自身内部差异性,只有通过等效荷载幅值的方式,才能对行人横向力进行确定性描述[理想谐波,类似于式(2.1.1)]。考虑某单自由度振子(频率f_n),可近似认为其在第j阶谐波分量作用的响应均方值$\tilde{\sigma}_{u,j}^2$等于其在施加理想周期力共振得到的响应均方值$\tilde{\sigma}_{u,eq}^2$,由此可得到等效荷载幅值(或称之为等效理想 DLF)。所测力第j阶谐波分量的响应均方值$\tilde{\sigma}_{u,j}^2$可写为:

$$\tilde{\sigma}_{u,j}^2 = \int_{f_n-f_w/2}^{f_n+f_w/2} S_F(f)\ |H_n(f)|^2 \mathrm{d}f \tag{5.1.2}$$

其中,

$$|H_n(f)|^2 = \frac{1}{K_n^2}\left\{\left[1-\left(\frac{f}{f_n}\right)^2\right]^2 + 4\zeta_n^2\left(\frac{f}{f_n}\right)^2\right\}^{-1} \tag{5.1.3}$$

式中,$H_n(f)$、K_n、f_n、ζ_n分别为单自由度系统的频响函数、刚度、固有频率和阻尼比;f_w为行人行走频率。基于$\tilde{\sigma}_{u,eq}^2 = \tilde{\sigma}_{u,j}^2$,等效的 DLF 可以从下面的表达式中获得:

$$\tilde{\sigma}_{u,eq}^2 = \frac{1}{4K_n^2\zeta_n^2}\cdot\frac{\mathrm{DLF}_j^2 W^2}{2} = \tilde{\sigma}_{u,j}^2 \tag{5.1.4}$$

显然,等效的 DLF 和模态阻尼相关。由于模态阻尼比ζ_n以及带宽在不同结构中可能有所不同,这里采取在两个谐波之间的带宽($\Delta f_j = f_w$)范围内使测量力的均方值$\tilde{\sigma}_{F,j}^2$等于理想周期力均方值的方法得到另一种等效 DLF 的保守估计值(上限):

$$\tilde{\sigma}_{F,j}^2(\Delta f_j) = \int_{(j-1/2)f_w}^{(j+1/2)f_w} S_F(f)\mathrm{d}f = \frac{\mathrm{DLF}_j^2\ W^2}{2} \tag{5.1.5}$$

因此,可以计算两个不同的等效 DLF:一个根据式(5.1.4),表示窄带模型;一个根据式(5.1.5),表示宽带模型。即:

$$\mathrm{DLF}_j = \frac{2\sqrt{2}\zeta_n\tilde{\sigma}_{u,j}K_n}{W}\quad \text{窄带模型} \tag{5.1.6}$$

$$\mathrm{DLF}_j = \frac{\sqrt{2}\tilde{\sigma}_{F,j}}{W}\quad \text{宽带模型} \tag{5.1.7}$$

计算窄带 DLF 的主要问题在于频谱估计的准确性随着带宽的减少而降低。这意味着对于低阻尼值来说,$\tilde{\sigma}_{u,j}^2$的准确性以及由此产生的等效 DLF,都依赖于在平均步频周围的一个非常狭窄的频带中对 PSD 的表述准确程度。

在图 5.1.4 中,将前五阶荷载谐波的 DLF 表示为$f/\bar{f}_w$(除以平均步频$\bar{f}_w$的正则化结果)的函数,计算时假定采用前文描述的宽带模型。可以观察到 DLF 和行走步频之间几乎没有任何关联性。另外,在图 5.1.4b)中还显示了使用窄带模型计算的低阶 DLF 关于阻尼比函数的结果。注意到,使用宽带模型和窄带模型计算的 DLF 之间存在相当大的差异,特别是在低结构阻尼比的情况下。这一结果说明了在计算人致横向荷载时,考虑行人自身步伐差异性的重要性,同时也表明了根据宽带模型计算的 DLF 结果可能是非常保守的。此外,DLF 结果中的不同行人间差异性可以通过测量结果的巨大发散性来体现,因此对一组行人荷载的准确描述似乎只有通过概率分布函数才能实现。较低的平均值以及较大的发散性表明概率分布宜采用偏态分布,例如对数正态分布。应该注意的是,这些 DLF 是在没有横向振动的情况下测量的,不适用于估计人行桥振动的情况(因为在这种情况下,行人作用力中的自激力部分是不能忽略的)。

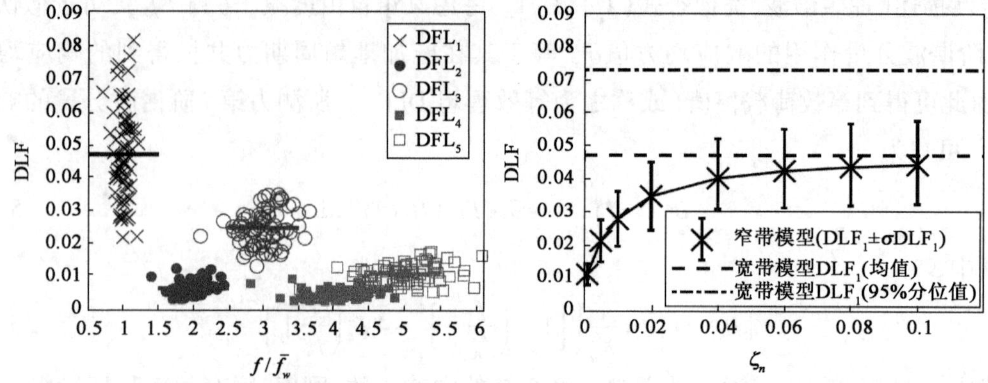

a)DLF vs $f/\bar{f}_w$　　b)DLF vs ζ_n

图 5.1.4　基于宽带模型在静态实验中获得的等效 DLF[29]

5.1.4　横向振动结构上的行走实验

根据 Ricciardelli 和 Pizzimenti 等人[30]的前期研究结果可知,作用于振动结构上的人致横向力的分量分布在横向步行主导频率(即横向步行基频)、主导频率整数倍谐波以及结构横向振动频率处,最后一种分量被称为自激力。图 5.1.5 显示了跑步机横向振动频率为 1.06Hz 及振幅为 19.4mm 的情况下测量的行人横向力及其 PSD。由于存在自激力分量,横向力的时程形状与静态测试(图 5.1.3)有很大的不同。PSD 中的两个峰值也提供了明确的证据,表明行人步频与跑步机的频率并不同步,这是一个重要的观察结果,因为许多模型都依赖于同步假设。Ingólfsson 基于横向力和跑步机运动的协方差分析,将自激力进一步分为两个分项量:一项与加速度同相(惯性效应,又称附加质量惯性力),另一项与速度同相(阻尼效应,又称附加阻尼力)。

在行人与结构同步(或锁定)的情况下,自激力和跑步机运动之间的相对相位是恒定的,相位角可以确定。相反,对于非同步行人,相位角可能随时间变化,而行人仍在向结构输入能量。因此,与结构速度同相的分量可由行人单位时间所做的平均功P_F来确定,即通过对横向行人力 $F(t)$与结构速度$\dot{x}(t)$乘积的积分得到:

$$P_F = \frac{1}{T_{\text{tot}}}\int_0^{T_{\text{tot}}} F(t)\,\dot{x}(t)\,\mathrm{d}t \tag{5.1.8}$$

通过考虑横向行人力 $F(t)$和结构速度$\dot{x}(t)$之间的互协方差,可以更方便地在频域中实现式(5.1.8)中的积分。基于 $F(t)$和$\dot{x}(t)$的平均值,互协方差写成:

$$\mathrm{Cov}[F,\dot{x}] = E[F(t)\,\dot{x}(t)] = \lim_{T\to\infty}\frac{1}{T}\int_0^T F(t)\,\dot{x}(t)\,\mathrm{d}t = \int_{-\infty}^{+\infty} S_{F\dot{x}}(f)\,\mathrm{d}f \tag{5.1.9}$$

$$S_{F\dot{x}}(f) = \lim_{T\to\infty}\frac{1}{2\pi T}F^*\{F(t)\}F\{\dot{x}(t)\} = \mathrm{i}2\pi f\cdot S_{Fx}(f) \tag{5.1.10}$$

进一步,

$$S_{F\dot{x}}(f) = \mathrm{Co}_{F\dot{x}}(f) - \mathrm{i}\,\mathrm{Qu}_{F\dot{x}}(f) = \mathrm{i}2\pi f\cdot \mathrm{Co}_{Fx}(f) + 2\pi f\cdot \mathrm{Qu}_{Fx}(f) \tag{5.1.11}$$

$$\phi_{Fx}(f) = \arctan\frac{\mathrm{Co}_{Fx}(f)}{\mathrm{Qu}_{Fx}(f)} \tag{5.1.12}$$

式中,$F\{\}$是一个傅立叶变换算子;$*$表示复数共轭;i 为虚数单位。互功率谱密度$S_{F\dot{x}}(f)$为复数,其实部表示共谱密度$\mathrm{Co}_{F\dot{x}}(f)$,其虚部称为四谱密度$\mathrm{Qu}_{F\dot{x}}(f)$。因此,互功率谱密度包含了$F(t)$和$\dot{x}(t)$之间的交叉振幅和相位。式(5.1.11)中的最后一个等式意味着$F(t)$和$\dot{x}(t)$之间的互功率谱密度可以直接从$F(t)$和$x(t)$之间的互功率谱密度评估出来(只需将频谱乘$\mathrm{i}2\pi f$)。这会给分析带来方便,因为跑步机的横向位移是直接测量的,而速度只能通过对测量的位移进行数值微分得到。式(5.1.8)中的积分是通过互功率谱密度的积分来确定的,可以在整个频域上完成计算:$P_F = \sigma_{F\dot{x}} = \int \mathrm{Re}[S_{F\dot{x}}(f)]\mathrm{d}f$,也可以在一个特定的带宽上完成计算:

$$P_F = \tilde{\sigma}_{F\dot{x}}(\Delta f) = \int_{f_L-\Delta f/2}^{f_L+\Delta f/2} \mathrm{Re}[S_{F\dot{x}}(f)]\mathrm{d}f \tag{5.1.13}$$

式(5.1.13)对应的方法比较有利,因为它消除了相关的测量噪声或机械噪声。

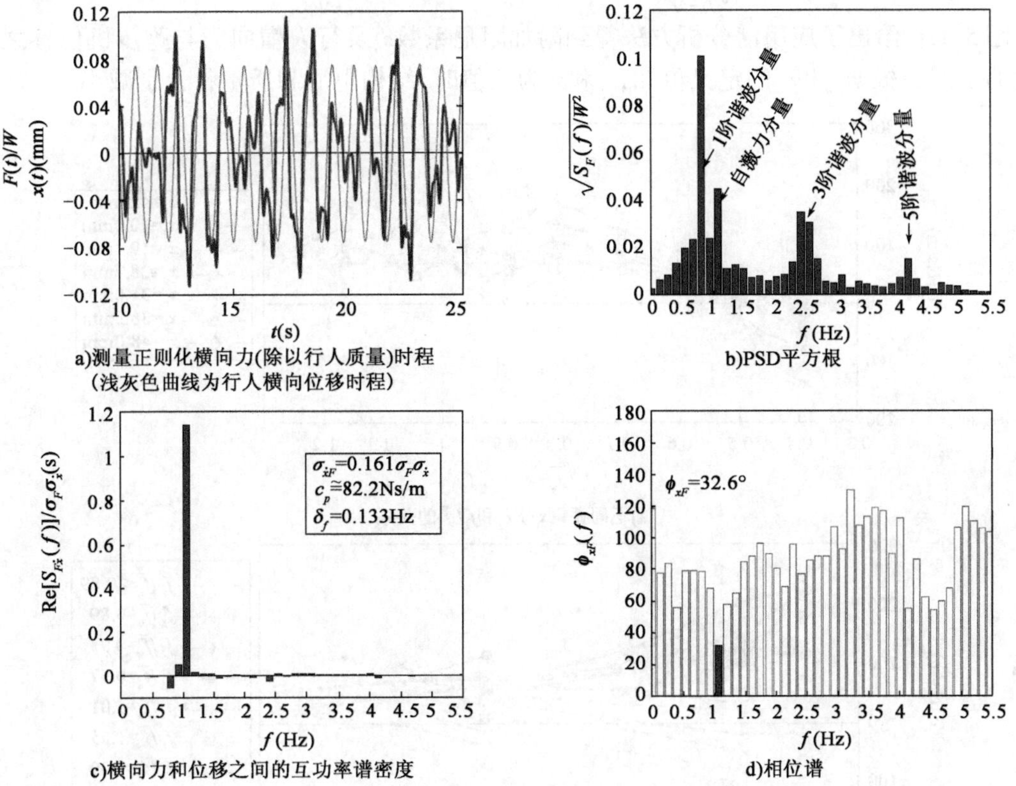

a)测量正则化横向力(除以行人质量)时程(浅灰色曲线为行人横向位移时程)

b)PSD平方根

c)横向力和位移之间的互功率谱密度

d)相位谱

图5.1.5　行人横向力及PSD结果

接着用与跑步机速度同相的附加等效阻尼力$F_{D,eq}(t)$以及与跑步机加速度同相的附加等效惯量力$F_{I,eq}(t)$来表征行人横向荷载:

$$F_{D,eq}(t) = c_p\dot{x}(t) = c_p\dot{x}_0\sin(\omega_L t + \varphi) \tag{5.1.14}$$

$$F_{I,eq}(t) = \rho_p m_p \ddot{x}(t) = \rho_p m_p \ddot{x}_0 \sin(\omega_L t + \varphi + \pi/2) \tag{5.1.15}$$

式中,c_p和ρ_p分别为附加阻尼系数和附加质量系数;$\omega_L = 2\pi f_L$为角频率;$\dot{x}_0$和$\ddot{x}_0$为横向振动的速度和加速度幅值;φ为任意相位;m_p为行人质量。阻尼力在单位时间内所做的功是:

$$P_{D,eq} = c_p\dot{x}_0^2/2 \tag{5.1.16}$$

假定行人荷载在频率带宽 Δf 内单位时间输入的能量[式(5.1.13)]与等效荷载所做功[式(5.1.16)]相同,即$\tilde{\sigma}_{F\dot{x}}(\Delta f)=P_{D,eq}$,可得到附加阻尼系数$c_p$。$\rho_p m_p$(对应于附加质量的部分)的确定方法与$c_p$的确定方法相似。综上可得到:

$$c_p=\frac{2}{\dot{x}_0^2}\tilde{\sigma}_{F\dot{x}}(\Delta f) \tag{5.1.17}$$

$$\rho_p m_p=\frac{2}{\ddot{x}_0^2}\tilde{\sigma}_{F\ddot{x}}(\Delta f) \tag{5.1.18}$$

其中,

$$\tilde{\sigma}_{F\dot{x}}(\Delta f)=\int_{f_L-\Delta f/2}^{f_L+\Delta f/2}\mathrm{Re}[S_{F\dot{x}}(f)]\mathrm{d}f=-2\pi\int_{f_L-\Delta f/2}^{f_L+\Delta f/2}f\,\mathrm{Qu}_{Fx}(f)\,\mathrm{d}f \tag{5.1.19}$$

$$\tilde{\sigma}_{F\ddot{x}}(\Delta f)=\int_{f_L-\Delta f/2}^{f_L+\Delta f/2}\mathrm{Re}[S_{F\ddot{x}}(f)]\mathrm{d}f=-4\pi^2\int_{f_L-\Delta f/2}^{f_L+\Delta f/2}f^2\,\mathrm{Co}_{Fx}(f)\,\mathrm{d}f \tag{5.1.20}$$

图 5.1.6 给出了应用谱分析方法得到附加阻尼系数c_p及行人横向力与跑步机位移之间相位角的示例。根据c_p和ρ_p的定义可知,c_p和ρ_p为正值时,结构阻尼和质量将分别减小。

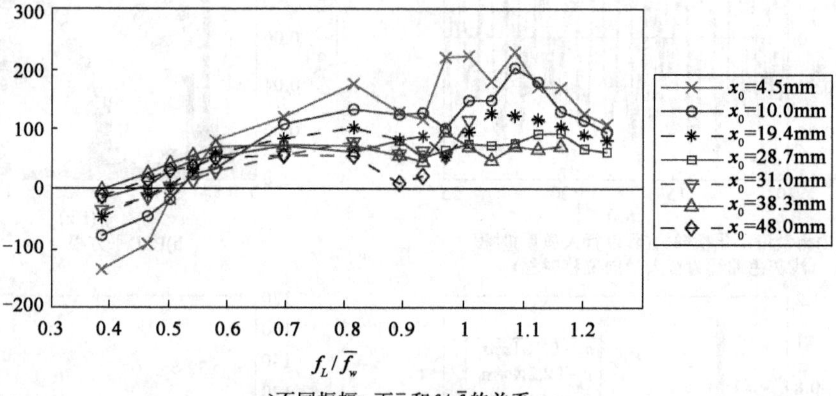

a)不同振幅x_0下$\bar{c}_p$和$f_L/\bar{f}_w$的关系

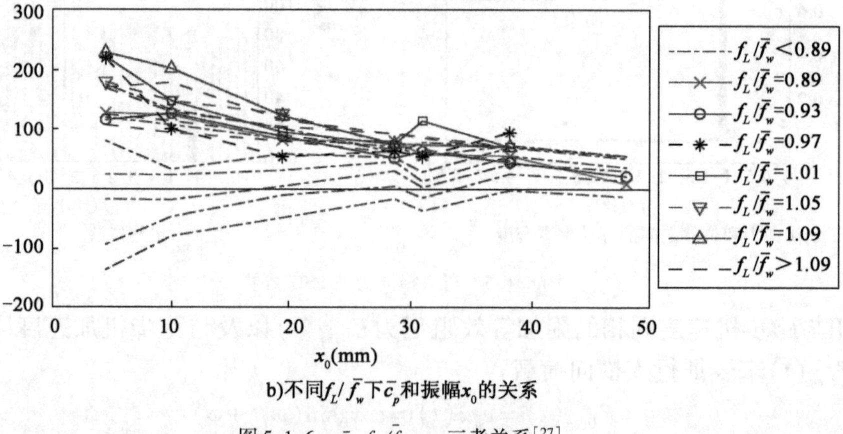

b)不同$f_L/\bar{f}_w$下$\bar{c}_p$和振幅x_0的关系

图 5.1.6 $\bar{c}_p$、$f_L/\bar{f}_w$、x_0 三者关系[27]

在不同的横向振动频率f_L和振幅x_0下进行了行走测试。在每个特定的f_L和x_0的组合下,c_p和ρ_p分别根据式(5.1.17)和式(5.1.18)来确定。由于每个组合都有众多的测试者数据,故这里取所有测试者数据的平均值$\bar{c}_p$和$\bar{\rho}_p$。

在图 5.1.6 中,分别给出了不同振幅x_0下平均值$\bar{c}_p$和正则化频率$f_L/\bar{f}_w$(跑步机横向振动频率f_L除以行人平均步频$\bar{f}_w$)的关系[图 5.1.6a)]以及不同$f_L/\bar{f}_w$下平均值$\bar{c}_p$和振幅x_0的关系[图 5.1.6b)]。在图 5.1.6a)中,曲线开始部分为近似线性段(直到横轴$f_L/\bar{f}_w=0.8$处),曲线后面部分是一个几乎水平的段。线性段的斜率和水平段的值随着振幅的减小而增大。最低频率处的$\bar{c}_p$为负值(即结构中总有效阻尼增大),但在较高频率处($f_L/\bar{f}_w>0.5$),$\bar{c}_p$为正值(即结构中总有效阻尼减小)。此外,根据图 5.1.6b)可知,在大多数频率下,$\bar{c}_p$和振幅x_0之间有明显的相关性。特别是对于$f_L/\bar{f}_w>0.89$,附加阻尼随着振幅的增大而减小,这表明了结构响应的自限性。在较低的频率下,附加阻尼随着振幅的增大而增大(附加阻尼绝对数值随着振幅的增大而减少),此处$\bar{c}_p$低于伦敦千禧桥事故报告中[1]的 300Ns/m。这主要是因为伦敦千禧桥的事故分析结果是基于有限的全尺寸实验,其结果可能代表的是一个与平均值不同的分位值。其次,伦敦千禧桥事故报告的c_p值是通过对测量响应的反演推导计算出来的,其中包含了一些桥梁参数和人群参数的不准确性(特别是模态质量、振型、阻尼和空间行人分布)。

另外,从图 5.1.7 中可知,附加惯性力系数的平均值$\bar{\rho}_p$和横向振动频率有着明显的相关性。由图 5.1.7a)可知,在低频率下,$\bar{\rho}_p$是正值,此时行人起到了减弱结构整体模态质量的作用。然而,当频率较高时,$\bar{\rho}_p$变成了负值并且接近常数(大约在 0.12 ~ 0.20),这表明行人起到了增加结构整体模态质量的作用。$\bar{\rho}_p$从正值到负值的过渡发生在$f_L/\bar{f}_w\in[0.55,0.85]$区间时,并且与振幅有关。由图 5.1.7b)可知,在较低的频率下,$\bar{\rho}_p$随着振幅的增大而减小,但在较高的频率时,它接近常数。

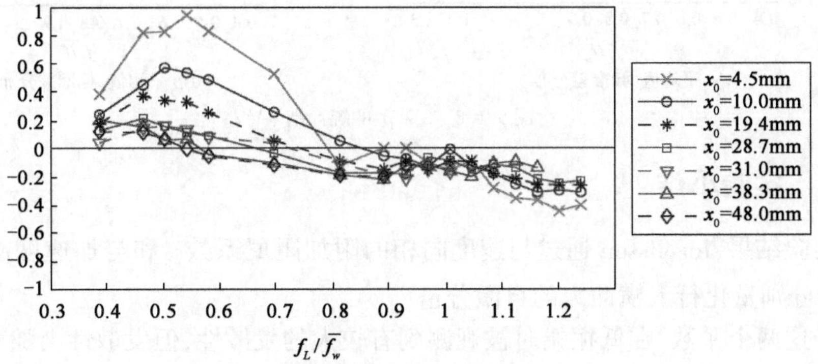

a)不同振幅x_0下$\bar{\rho}_p$和$f_L/\bar{f}_w$的关系

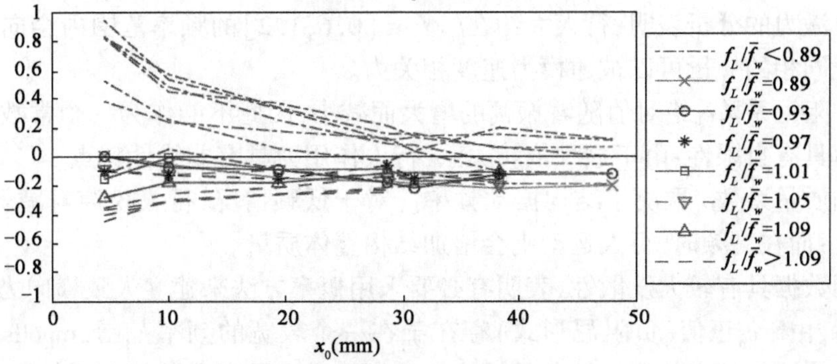

b)不同$f_L/\bar{f}_w$下$\bar{\rho}_p$和振幅x_0的关系

图 5.1.7　$\bar{\rho}_p$、$f_L/\bar{f}_w$、x_0 三者关系[27]

在测试中还观察到了测试者之间的较大变异性，这一点从两个系数c_p和ρ_p的较大发散性结果中看出。因此，c_p和ρ_p最好通过概率分布形式来描述。图 5.1.8a) 和 b) 给出了不同频率下c_p和ρ_p的统计分布，而图 5.1.8c) 和 d) 则给出了c_p和ρ_p的平均值 ± 标准差的分布情况。

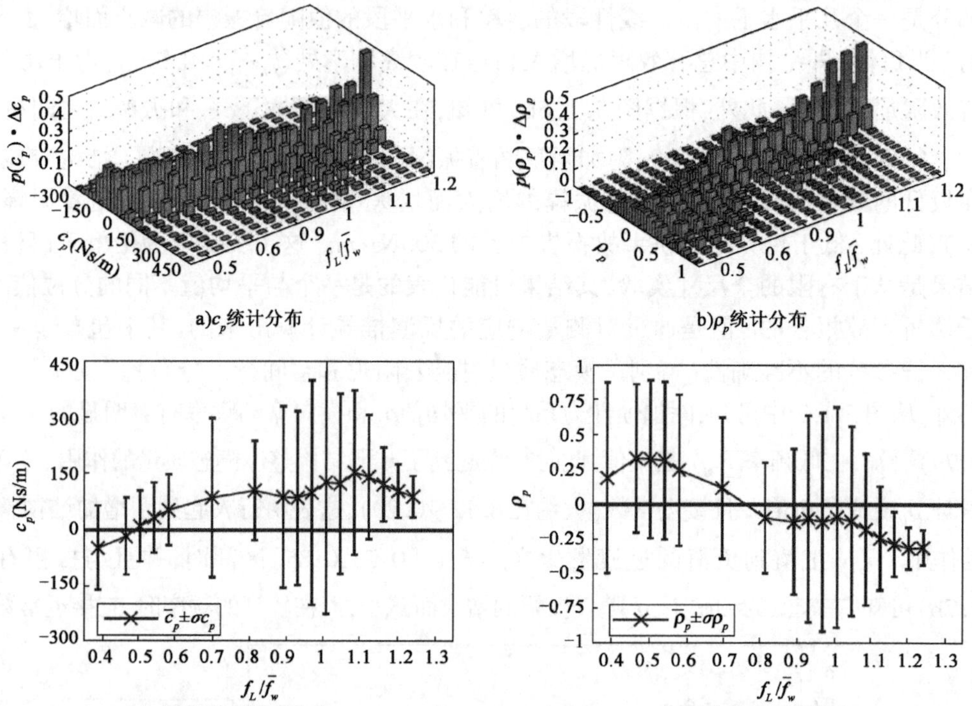

a)c_p统计分布　b)ρ_p统计分布

c)c_p平均值±标准差分布　d)ρ_p平均值±标准差分布

图 5.1.8　c_p和ρ_p的统计结果[27]

5.1.5　实验小结

基于实验结果，Ingólfsson 通过与速度同相的附加阻尼系数c_p和与加速度同相的附加惯性力系数ρ_p来分别量化行人横向力的自激分量。

①对于这两个系数，在低振幅时被观测到有较大的发散性，但发散性会随着振幅的增加而减小。

②对自激力的分析表明，行人大约在$f_L/\bar{f}_w\in[0.6,1.2]$的频率范围内会向结构输入能量，与结构速度同相的分量可以被建模为速度相关力。

③附加阻尼系数c_p绝对值随着振幅的增大而减小，因此不能作为一个常数处理，同时表明人致横向力具有自限性；由于这种依赖关系，行人作用力具有非线性特点。

④附加质量系数ρ_p取决于结构振动频率。对于低频情况，行人扮演着减弱结构整体模态质量的角色；而在高频时，行人运动则会增加结构整体质量。

⑤实测数据具有较大发散性，表明有必要采用概率方法来建立人致横向力模型。

⑥最后，由于c_p正值（负阻尼形式）存在于在一个较宽的频率范围，Ingólfsson 认为行人横向步频与结构固有频率的同步并非是结构振动幅值增大乃至发散的必要条件。

5.2　人行桥人致横向力的荷载模型

基于上述实验结果,Ingólfsson 提出了一种和行人足下结构振动频率、振动幅值相关的人致横向作用力模型。该模型在一个随机框架中提出,并利用了实验数据的定量分析结果。该模型主要基于以下两方面的考虑:行人作用力随机性,人-结构相互作用。在行人作用力随机性方面,采用功率谱密度(PSD)来表示荷载随机性,并采用了静态测试数据来确定 PSD 参数;而人-结构的相互作用则是通过自激力来体现。

5.2.1　人致横向作用力总模型

行人引起的横向力可以分为两个不同的部分:一个是以行人横向步行主导频率f_w及其整数倍谐波为中心的等效静力;一个是位于结构横向振动频率处产生的力,称为自激力。等效静力代表了行人在静态结构上行走时施加的横向力;自激力则是归因于足下结构的振动,这种类型的力常用于风工程领域,但用于人行桥人致振动,最早由 Pizzimenti 和 Ricciardelli[56] 提出。自激力是由行人和横向振动结构之间的相互作用引起的,可以进一步细分为两个正交分量,一个与结构速度$\dot{u}$同相,另一个与结构加速度 $\ddot{u}$ 同相。通过将人-结构相互作用引起的自激力视为由速度比例相关分项荷载(附加阻尼力)和加速度比例相关分项荷载(附加惯性力)组成,行人引起的总横向载荷 $F(t)$ 可以写成等效静力加上额外的附加阻尼力和附加惯性力:

$$F(t)=F_{st}(t)+\underbrace{c_p\left(\frac{f_0}{f_w},u_0\right)\cdot\dot{u}}_{\text{附加阻尼力}}+\underbrace{m_p\rho_p\left(\frac{f_0}{f_w},u_0\right)\cdot\ddot{u}}_{\text{附加惯性力}} \tag{5.2.1}$$

式中,$c_p\left(\frac{f_0}{f_w},u_0\right)$和$\rho_p\left(\frac{f_0}{f_w},u_0\right)$用于定义自激力,它们取决于足下结构振动频率$f_0$、行人横向步频$f_w$和足下结构振动幅值$u_0$;$F_{st}(t)$表示等效静力的时程,模拟为一个窄带随机过程(以频率f_w为中心);m_p是行人质量。

5.2.2　等效静力

由于人致横向力的周期重复和近谐波性质,它们通常被近似为理想周期谐波力,即截断的傅立叶级数。在测量的行人横向力中,行人自身步伐的差异性使得只有利用与结构阻尼相关的等效荷载振幅才能对行人横向力进行确定性和理想周期性的表述。这种等效荷载幅值的阻尼依赖性使得理想周期模型不适用于一般的行人作用力模型。但如果换一种角度,可以发现人致横向力可直接通过频域的 PSD 来表示。Pizzimenti 和 Ricciardelli[56] 认为高斯型函数比较适用于拟合某阶谐波的 PSD。这里采用函数$S_{F,j}(f)$表示第j阶谐波附近拟合的 PSD,即

$$\frac{S_{F,j}(f)\cdot f}{\tilde{\sigma}_{F,j}^2}=\frac{2A_j}{\sqrt{2\pi}B_j}\exp\left\{-2\left[\frac{(f/jf_w-1)}{B_j}\right]^2\right\} \tag{5.2.2}$$

式中,A_j和B_j是由数据拟合确定的参数(代表 PSD 的平均形状),通过非线性最小平方拟合确定;$\tilde{\sigma}_{F,j}^2$是 PSD 在第j阶谐波附近的面积,用于衡量行人作用力施加过程中的整体能量(可以根据特定情况,取代表一定超越概率的对应值,即分位值)。这个公式类似于 Vickery 和

Clark[135]提出的用于涡激风荷载模型中的拟合广义升力频谱公式。图 5.2.1 显示了实验得到的 PSD[这里表示为正则化频率$f/(jf_w)$的函数],以及前五阶谐波($j=1,\cdots,5$)的平均频谱。使用式(5.2.2)拟合的前五阶谐波 PSD 也显示在图 5.2.1 中。

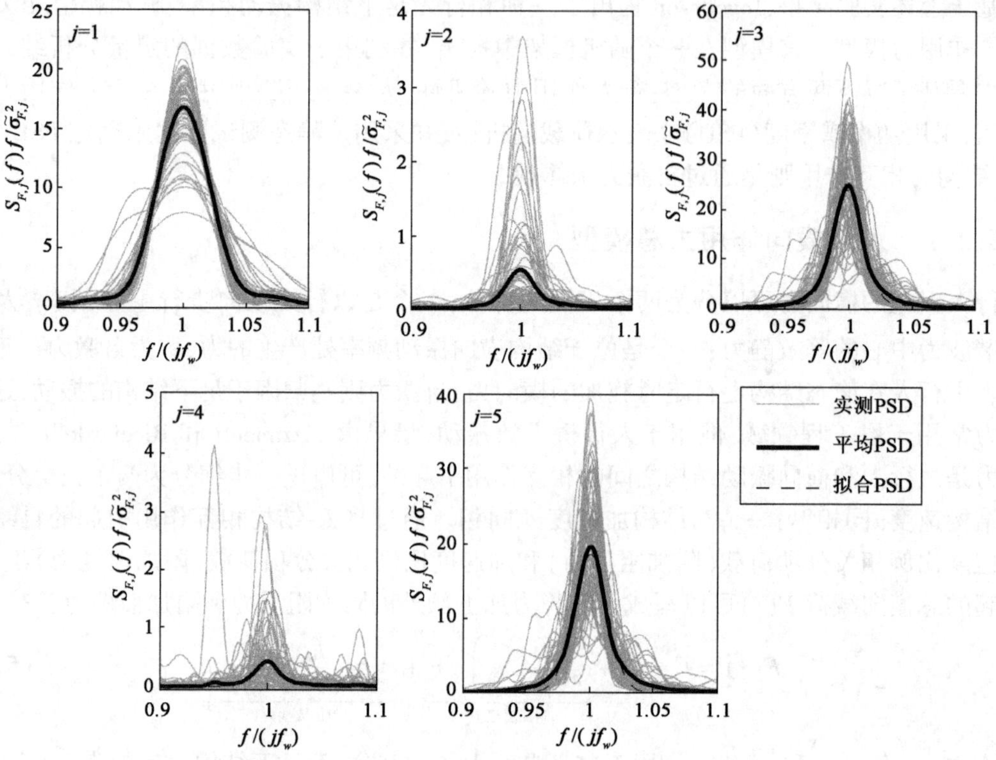

图 5.2.1 单个测试者的前五阶谐波的 PSD、所有测试者的平均 PSD 以及高斯状拟合 PSD[30]

Ingólfsson 将第j阶谐波的重量正则化动载因子(等效为理想周期性动载因子DLF_j)视为随机变量,并建议采用对数正态分布进行建模$DLF_j \sim LN(\chi_j, \xi_j)$。表 5.2.1 中汇总了前五阶荷载谐波的频谱密度所需的拟合参数A_j和B_j以及对数正态分布参数χ_j和ξ_j。

高斯状谱各阶参数(A_j和B_j)以及对数正态分布统计特征值(χ_j和ξ_j)[28] 表 5.2.1

参数	$j=1$	$j=2$	$j=3$	$j=4$	$j=5$
A_j	0.9	0.02	0.774	0.0258	0.612
B_j	0.043	0.031	0.026	0.064	0.026
χ_j	−3.061	−5.004	−3.674	−5.315	−4.492
ξ_j	0.3078	0.2876	0.2169	0.2655	0.2818

单个行人等效静载荷的离散时程序列,采用合成法产生:

$$F(t) = \sum_{k=0}^{N-1} \sqrt{2\,S_F(f_k)\,\Delta f} \cdot \cos(2\pi f_k t + \phi_k) \tag{5.2.3}$$

$$S_F(f_k) = \sum_{j=i}^{N_{\text{Harm}}} S_{F,j}(f_k) \tag{5.2.4}$$

$$\Delta f = \frac{1}{N\Delta t} = \frac{2}{T_{\text{tot}}} \tag{5.2.5}$$

式中，参数ϕ_k是随机产生的相位角，服从均匀分布；$f_k = k\Delta f, k = 0, \cdots, N-1$，为离散频率，$N$为数据点数量；$N_{\text{Harm}}$是谐波的阶数（这里$N_{\text{Harm}} = 5$）；$T_{\text{tot}}$是时间序列的总时间。功率谱密度函数$S_{F,j}(f_k)$在式(5.2.2)中定义。图5.2.2给出了等效静力的实测样本和模拟样本的比较。

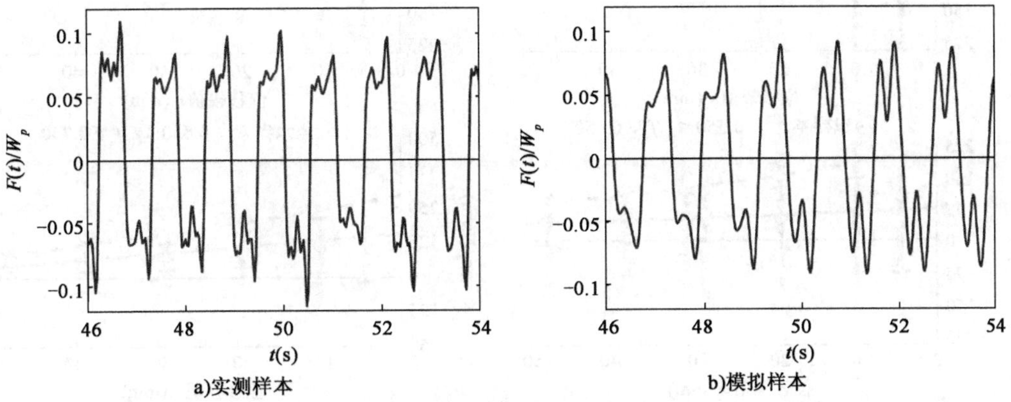

图5.2.2 等效静力[28]

5.2.3 等效阻尼力

人致横向力中的自激力可以被分解为和速度同相的分量及和加速度同相的分量（分别通过系数c_p和ρ_p定义）。5.1节的实验结果表明，c_p和ρ_p是结构横向振动频率和振幅的函数。Ingólfsson根据正则化频率比f_0/f_{wi}（f_{wi}为测试者i的横向步频）将每个测试中的结果分为9个不同的频段，这九个频段分别为[0,0.45]、(0.45,0.55]、(0.55,0.65]、(0.65,0.75]、(0.75,0.85]、(0.85,0.95]、(0.95,1.05]、(1.05,1.15]、(1.15,∞]。在每个频段内，按每个特定的振动振幅进行附加阻尼系数c_p的平均值μ_{c_p}计算，并采用一个简单的线性拟合函数来表示μ_{c_p}与横向振动振幅u_0之间的关系。由于实验数据中存在较大的发散性，Ingólfsson提出了以下随机模型：

$$Y = \theta_0 + \theta_1 u_0 + X\sigma \tag{5.2.6}$$

式中，σ是一个与振幅相关的标准差，因此$X\sigma$代表一个随机偏差，其平均值为零[$E(X) = 0$]，协方差为$\text{Cov}[X(t_n), X(t_m)] = \Sigma_{nm}$。数据的发散性随着振动幅度的增加而减弱，这可以方便地用一个指数递减的标准差来近似表示：

$$\sigma = \theta_2 \exp(\theta_3 u_0) \tag{5.2.7}$$

参数θ_0和θ_1可通过将式(5.2.6)($X = 0$)与每个频段内的μ_{c_p}进行拟合得到，而θ_2和θ_3则是通过将式(5.2.7)与c_p的标准差进行拟合确定。c_p的随机模型现在可以写为：

$$c_p\left(\frac{f_0}{f_w}, u_0\right) = \theta_0\left(\frac{f_0}{f_w}\right) + \theta_1\left(\frac{f_0}{f_w}\right)u_0 + X\,\theta_2\left(\frac{f_0}{f_w}\right)\exp\left[\theta_3\left(\frac{f_0}{f_w}\right)u_0\right] \tag{5.2.8}$$

图5.2.3给出了每个频段内的c_p以及$\mu_{c_p} \pm \sigma$分布，图中还一并显示了μ_{c_p}和$\mu_{c_p} \pm \sigma$的线性拟合结果。

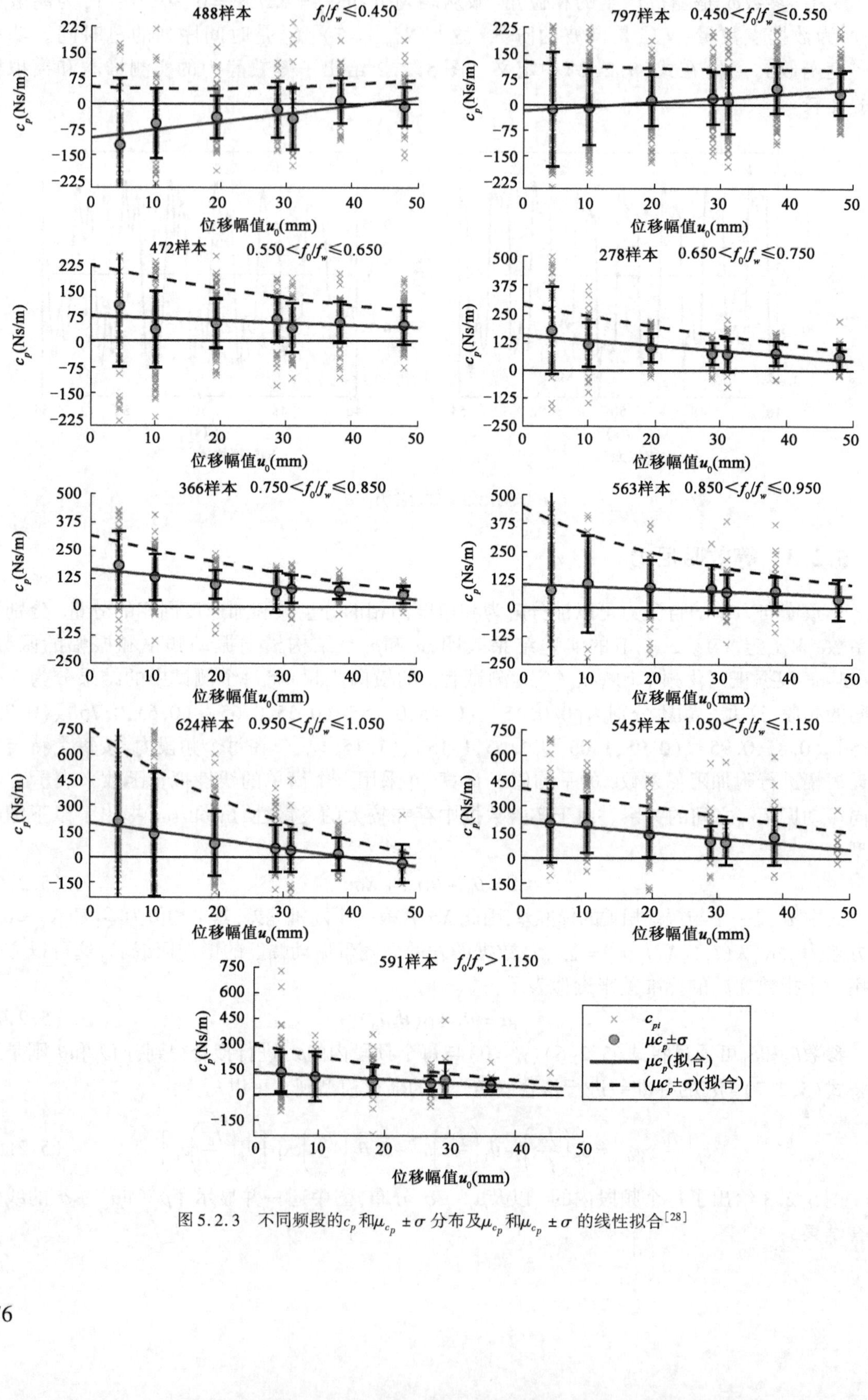

图 5.2.3 不同频段的c_p和$\mu_{c_p}\pm\sigma$分布及μ_{c_p}和$\mu_{c_p}\pm\sigma$的线性拟合[28]

由于振幅u_0随时间变化,因此c_p是时间 t 的函数。c_{pi}的时间序列取决于频率比f_0/f_{wi}和位移振幅$u_{0i}(t_k)$(由测试者 i 在时间t_k感受到的幅值),此时随机变量 $X(t_k)$代表瞬时c_{pi}与平均值的偏差。图 5.2.3 为恒定振动振幅下的结果,代表了 30s 内c_p的平均值。因此,当生成一系列$c_{pi}(t_k)(k=1,\cdots,N)$的瞬时值时,必须引入一些与 X 的时间相关性对应的假设。为了体现这种时间相关性,Ingólfsson 采用了一阶自回归过程(离散高斯马尔可夫过程):

$$X_{i+1}-\alpha X_i=\beta w_i \tag{5.2.9}$$

式中,w_i是独立的标准高斯变量;α 和 β 代表过程调整系数。在连续体系中,式(5.2.9)相当于将白噪声通过一个一阶线性滤波器[具有指数自相关函数 $R(\tau)=\exp(-\omega_c\tau)$]后的结果。由此,$X$ 的递归公式可以重新写成以下形式:

$$X_{k+1}=\exp(-\omega_c\Delta t)X_k+w_i\sqrt{1-\exp(-2\omega_c\Delta t)} \tag{5.2.10}$$

式中,Δt 为时间间隔;ω_c为调整参数,对应于时间相关程度。设定 $\Delta t=1/64$s,$0.95\leqslant f_0/f_w<1.05$,图 5.2.4 给出了不同参数$\omega_c$下,利用式(5.2.8)和式(5.2.10)生成的c_p样本,同时与平均值$\mu_{c_p}(t)=\theta_0+\theta_1 u(t)$(即 $X=0$)进行了比较。图中结果展示了当位移幅值$u_{0i}(t_k)$为半正弦以及桥梁振动振幅为 50mm 时(行人以恒定速度通过天桥),时间序列$c_{pi}(t_k)$的产生结果。在这个样本中,随机变量的初始值是 $X(t_1)=X(0)=-0.688$,因此阻尼系数的初始值是$c_p(t_1)=c_p(0)=-335.8$Ns/m。两个极端情况,$\omega_c=0$ 和$\omega_c\to\infty$,分别对应于完全时间相关(随机变量 X 保持不变)和无时间相关(X 是独立的标准正态变量)的情况。综上可知,可通过ω_c值来表示行人自身步伐差异性。

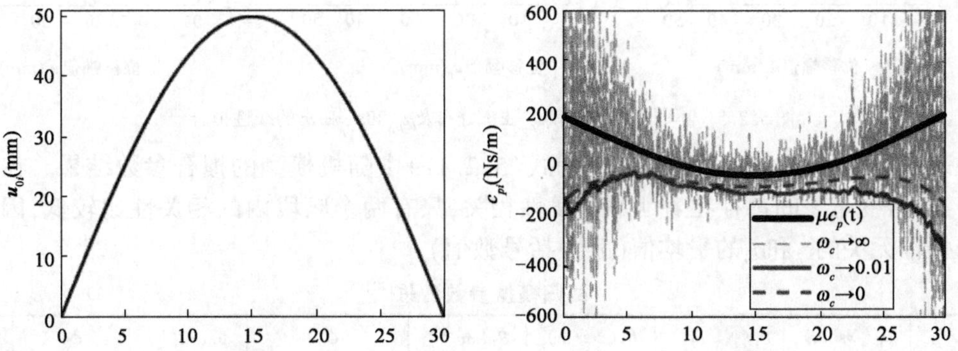

a)位移振幅　　b)模拟生成的c_p值

图 5.2.4　c_p样本[28]

5.2.4　等效质量惯性力

产生ρ_p的随机模型与式(5.2.8)类似:

$$\rho_p\left(\frac{f_0}{f_w},u_0\right)=\phi_0\left(\frac{f_0}{f_w}\right)+\phi_1\left(\frac{f_0}{f_w}\right)u_0+Y\phi_2\left(\frac{f_0}{f_w}\right)\exp\left[\phi_3\left(\frac{f_0}{f_w}\right)u_0\right] \tag{5.2.11}$$

参数ϕ_0和ϕ_1类似于式(5.2.6)中的θ_0和θ_1,通过与每个频段内的ρ_p平均值进行拟合得到。参数ϕ_2和ϕ_3是基于式(5.2.7)与测量标准差进行拟合确定。随机变量 Y 递归形式如式(5.2.10)所示。图 5.2.5 给出了每个频段内的ρ_p以及$\mu_{\rho_p}\pm\sigma$ 分布,图中还一并显示了μ_{ρ_p}和

$\mu_{\rho_p} \pm \sigma$的线性拟合结果。

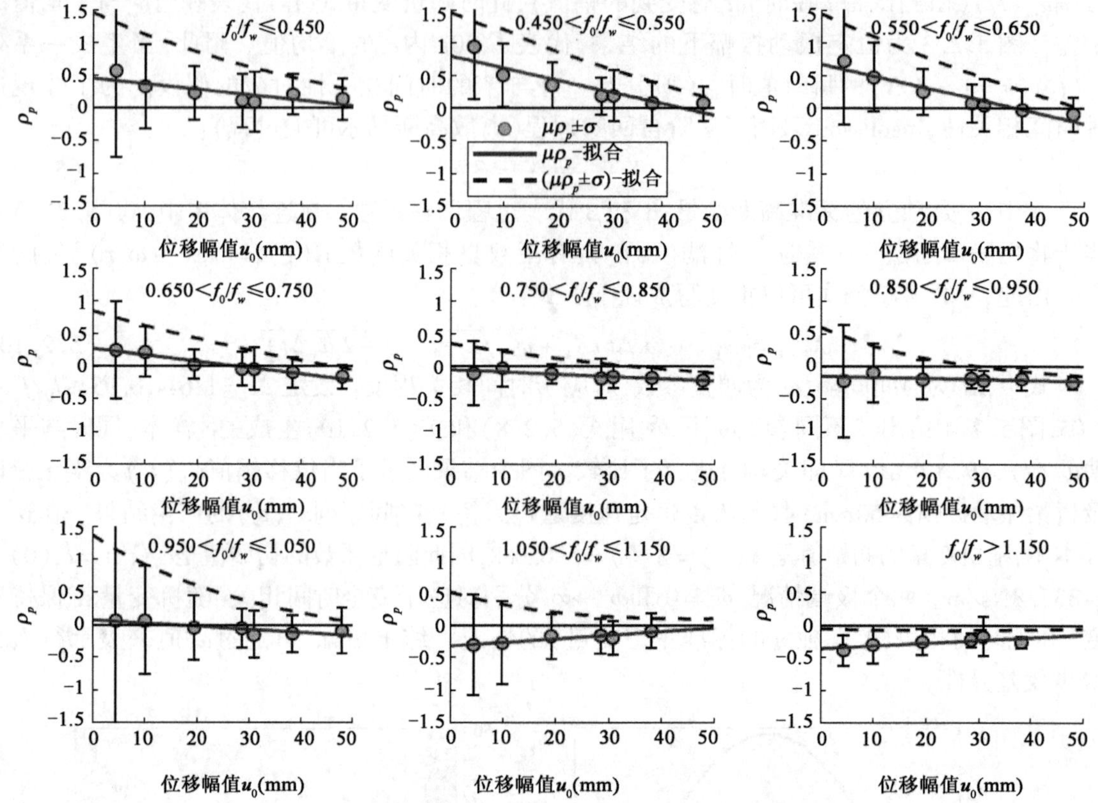

图 5.2.5　不同频段的ρ_p和$\mu_{\rho_p} \pm \sigma$分布及μ_{ρ_p}和$\mu_{\rho_p} \pm \sigma$的线性拟合[28]

在表 5.2.2 中，总结了式(5.2.8)和式(5.2.11)中随机模型的拟合参数结果。在大部分情况下，拟合变量之间都存在着明显的线性相关，只有两个频段内的相关性比较低，因此也提供了与振幅无关的c_p和ρ_p的平均值(表中括号数值)。

回归模型参数汇总[28]　　表 5.2.2

频段f_0/f_w	θ_0(Ns/m)	θ_1(Ns/m^2)	θ_2(Ns/m)	θ_3(m^{-1})	ϕ_0	ϕ_1(m^{-1})	ϕ_2	ϕ_3(m^{-1})
≤0.45	-100	2360	150.3	-21.6	0.460	-8.5	1.003	-28.1
0.45~0.55	-18(14.3)	1237(0)	143.2	-18.2	0.801	-18.1	0.662	-20.5
0.55~0.65	73	-667	150.7	-23.5	0.680	-18.2	0.773	-25.2
0.65~0.75	152	-2240	139.4	-24.7	0.270	-9.8	0.574	-24.8
0.75~0.85	162	-2643	151.4	-30.6	-0.057	-3.5	0.408	-24.3
0.85~0.95	101	-1055	342.0	-38.2	-0.158(-0.197)	-1.5(0)	0.763	-44.6
0.95~1.05	203	-5080	555.9	-42.3	0.074	-4.7	1.300	-36.9
0.95~1.05	214	-3284	195.3	-13.1	-0.324	5.6	0.832	-35.4
>1.15	129	-1858	166.5	-35.5	-0.362	4.3	0.309	-23.1

5.2.5　基于 Ingólfsson 人致横向力模型的人行桥横向振动模型

假设人行桥为比例阻尼结构,并忽略转动惯量、轴力效应和剪切变形,在分布弹模 $EI(x)$、质量 $m(x)$ 和阻尼 $c(x)$ 条件下的桥梁横向振动方程可写为:

$$\frac{\partial^2}{\partial x^2}\left[EI(x)\frac{\partial^2 u(x,t)}{\partial x^2}\right]+m(x)\frac{\partial^2 u(x,t)}{\partial t^2}+c(x)\frac{\partial u(x,t)}{\partial t}=Q(x,t) \tag{5.2.12}$$

式中,$u(x,t)$ 为横向位移;$Q(x,t)$ 为人致横向力。由于假定结构阻尼是比例阻尼,运动方程可以解耦为 n 个普通二阶微分方程:

$$\ddot{q}_n(t)+2\xi_n\omega_n\dot{q}_n(t)+\omega_n^2 q_n(t)=p_n(t) \tag{5.2.13}$$

$$u(x,t)=\sum_{n=1}^{\infty}\varphi_n(x)q_n(t) \tag{5.2.14}$$

式中,ξ_n、ω_n、$q_n(t)$ 和 $\varphi_n(x)$ 分别为振动模式 n 的模态阻尼、角频率、模态位移和模态振型。质量正则化后的模态力 $p_n(t)$ 可写为:

$$p_n(t)=\frac{1}{M_n}\int_0^L Q(x,t)\,\varphi_n(x)\,\mathrm{d}x \tag{5.2.15}$$

式中,M_n 是模态 n 的模态质量;L 是桥长。在下面的处理中,假定只有某单阶模态对响应有很大的贡献,因此从这里开始将省略下标 n。

假设每个行人以恒定的速度走过桥梁,因此行人作用力的空间分布是由 Dirac delta 函数决定的。由单个行人引起的作用力为:

$$Q(x,t)=\begin{cases}F(t)\delta(x-v_p t) & t_0\leqslant t\leqslant t_0+t_d\\ 0 & t<t_0,t>t_0+t_d\end{cases} \tag{5.2.16}$$

式中,v_p 和 t_0 分别是行人的行走速度和到达时间;$t_d=L/v_p$ 是行人通过桥梁时间。假设行人荷载可以写成式(5.2.1)形式,即为等效静力、等效阻尼力和等效质量惯性力之和:

$$F(t)=F_{st}(t)+c_p\dot{u}(t)+m_p\rho_p\ddot{u}(t)=F_{st}(t)+c_p\varphi(x)\dot{q}(t)+m_p\rho_p\varphi(x)\ddot{q}(t) \tag{5.2.17}$$

相应地,单个行人的模态力则可以写为:

$$\begin{aligned}p(t)M&=\int_0^L Q(t,x)\varphi(x)\,\mathrm{d}x\\ &=\begin{cases}F_{st}(t)\varphi(v_p t)+[c_p\dot{q}(t)+m_p\rho_p\ddot{q}(t)]\varphi^2(v_p t) & t_0\leqslant t\leqslant t_0+t_d\\ 0 & t<t_0,t>t_0+t_d\end{cases}\end{aligned} \tag{5.2.18}$$

系数 c_p 和 ρ_p 分别由式(5.2.8)和式(5.2.11)中的随机模型确定。人群总荷载为所有行人荷载的总和,但由于荷载的振动依赖性,对每个人响应的简单线性叠加是不合理的,应该在每个时间步骤中按照行人位置评估人群引起的总荷载。

5.3　Ingólfsson 模型在伦敦千禧桥中的应用

Ingólfsson 以伦敦千禧桥为工程背景,利用所提模型进行了一些不同工况的模拟分析。首先,假设所有的行人都以共同的速度和相同的步频行走,以确定行人作用力模型的一些基本特征。随后,研究和讨论了背景噪声、持续时间和步频分布对响应的影响。伦敦千禧桥的模态特征值如 2.3.2 所述,此处不再赘述。其他参数设定如下:

①行人的体重分布被假定为遵循正态分布。平均值和标准差分别为$\mu_{W_p}=727\text{N}$和$\sigma_{W_p}=145\text{N}$。

②步频分布设定为正态分布，其平均值为μ_{f_ω}，标准偏差为σ_{f_ω}，行人平均步频的典型值在0.9~1.0Hz之间(标准差为0.05~0.10Hz)。

③行人步长l_s和速度v_p以及横向步频之间关系设定为$v_p=2f_\omega l_s$，$l_s=0.91f_\omega^{1.86}$。

④每个行人以恒定的速度行走，行人到达桥上的时间被模拟为泊松过程，即每个行人的到达时间都是一个独立的随机变量，具有均匀的概率分布，而到达时间的间隔则遵循指数分布。

5.3.1 基本横向振动模态(CL1)

以伦敦千禧桥的基本横向模态(CL1)为对象，进行了多次数值模拟。该模态频率为$f_{\text{CL1}}=0.5\text{Hz}$，结构阻尼为$\xi_{\text{CL1}}=0.76\%$。在众多数值模拟中，Ingólfsson设定了一个基准工况：人群规模从25人逐渐增加到300人，每5min增加25人(在这5min内，假设人群均匀流动，即行人之间的到达时间间隔保持不变)；同时假设所有行人以相同的速度(1.14m/s)行走，并有相同的横向步频(0.85Hz)和相同的恒定步长(0.67m)。

图5.3.1a)为人行桥的模态加速度响应结果(右侧坐标为桥上行人数)。图中间部分为人行桥的线性响应结果(没有自激力成分)以及包含自激力成分的非线性响应结果，从中可知：在模拟的前40min内，线性响应和非线性响应之间并没有很大区别；然而，当时间约为45min时，加速度响应幅值开始急剧增加，在短短几分钟内，加速度超过了大约0.2m/s²的幅值(这基本上可以被定义为大幅横向振动)。从模态加速度的频谱图[图5.3.1b)]可以看出，在低水平振动期间，响应主要频率成分为行人横向主导步频(即横向步行基频)及其整数倍谐波频率。随着桥上人数的增加，人致力的自激力分量变得愈加重要，而在大幅振动阶段，这个分量将主导整个响应。

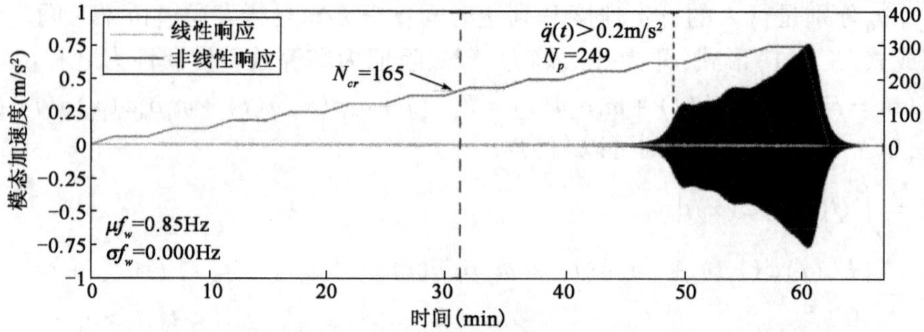

a)模态加速度

b)频谱

图5.3.1 CL1的模态加速度及频谱[28]

考虑到附加质量系数ρ_p和附加阻尼系数c_p对初始模态质量和阻尼的修正作用,瞬时模态质量和瞬时阻尼[类似于式(3.3.14)表示的有效总阻尼]可表示为:

$$M_{\text{tot}}(t)=M-\sum_{i=1}^{N_p(t)}m_{pi}\rho_{pi}(t)\left[\varphi(v_{pi}t)\right]^2 \tag{5.3.1}$$

$$\zeta_{\text{tot}}(t)=\frac{1}{2\omega M}\left(C-\sum_{i=1}^{N_p(t)}c_{pi}(t)\left[\varphi(v_{pi}t)\right]^2\right) \tag{5.3.2}$$

式中,$N_p(t)$表示在t时刻桥上存在的行人数量;其余符号变量含义见前文5.2章节(其中下标i表示第i个人)。模拟一次的结果无法准确地评估桥梁响应的性质以及整体模态质量和阻尼比的发展,因此此处采用了200次模拟计算的结果。图5.3.2a)给出了模态质量随时间变化的情况(这里通过频率的变化来等效显示);图5.3.2b)描述了整体模态阻尼比随时间变化的情况。两个图都给出了相应的平均值以及5%和95%分位值。此外,在图5.3.2中还给出与图5.3.1对应的模拟结果(即基准工况结果)。

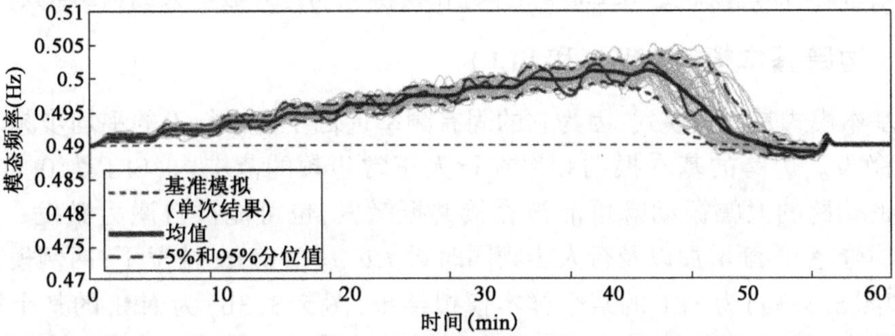

a)频率变化

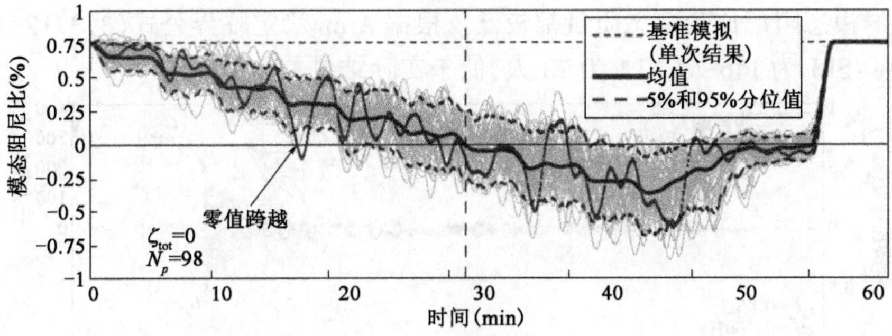

b)阻尼变化

图5.3.2　CL1:横向自激力引起的频率变化和阻尼变化[28]

5.3.2　行人的临界数量和大幅振动的预测

一般情况下,产生零阻尼所需的临界行人数量可以通过Arup稳定临界公式(3.3.12)计算得到。将$\mu_{c_p}=73\text{Ns/m}$作为相关频率范围内c_p的平均值,利用Arup稳定临界公式预测出CL1中的临界行人数为165。类似于Arup稳定临界公式,这里可以基于图5.3.2b)所示的瞬时阻尼变化时程,通过瞬时阻尼变非正值的条件[$\zeta_{\text{tot}}(t)\leqslant 0$],来得到行人临界数量。在基准工况模拟中,当$N_p>98$时,整体阻尼变成了负值,这意味着即将有可能发生桥梁振动失稳现象,但在一小段时间后阻尼很快又变成了正值,大幅横向振动的趋势减弱,振幅仍然有限。当有效总阻尼接近零时,桥梁结构对任何以当前模态频率作为主频的荷载都会变得非常敏感(例如,在结构阻尼接近零时,风荷载就极有可能引起大幅振动)。另外,在大幅振动发生之前,阻尼可能变成负值并会保持一定的时间(图5.3.2):基准工况中的第一次零值跨越发生在大约17min后,40min后,阻尼在较大负值与较小负值之间浮动,之后才发生大幅振动。因此,利用瞬时阻尼变负的条件来判定行人临界数量的方法虽然可行,但不一定能保证完全准确。

除了使用基于均值的零阻尼判定准则,还可以使用基于分位值的零阻尼判定准则。当考虑模态阻尼的5%和95%的分位值(图5.3.2)时,阻尼变成负值的时间从21min到42min不等,造成负阻尼所需的行人平均数与最初估计的165名行人一致。

如前面章节所述,部分研究会以桥梁结构响应是否超越某个阈值来判定桥梁的大幅振动界限(由此得到临界人数),如Sétra[124]将行人的临界数量定义为超过某个加速度阈值所需的数量。根据Sétra[124]规定的加速度阈值($0.15\sim0.20\mathrm{m/s^2}$),将会得到一个和零阻尼判定准则完全不同的结果:当加速度超过$0.2\mathrm{m/s^2}$的阈值时,桥上的行人数量大约为249人。

5.3.3 边跨基本模态(NL1和SL1)

中跨的基本模式是低频模式,因为它的固有频率远低于正常行人的平均步频。因此,CL1只被自激力激发。边跨的基本振动频率在行人正常步频的范围内(SL1为0.80Hz,NL1为1.04Hz),因此边跨的大幅振动既可能被直接共振激发,也可能被自激力激发。在图5.3.3中,给出了人群数量逐渐增加以及行人步频同时设为$\mu_{f_\omega}=0.85\mathrm{Hz}$情况下,两例模态加速度模拟结果,其中图5.3.3a)为SL1的某个样本模拟结果,图5.3.3b)为NL1的某个样本模拟结果。这两例模拟响应中都发生了大幅振动,但从整体上来看,NL1比SL1更容易发生振动,这是因为NL1的模态阻尼比和模态质量都较低。根据Arup稳定临界公式(3.3.12)计算得到的临界行人数量:SL1为146人,NL1为73人,低于实际结果。

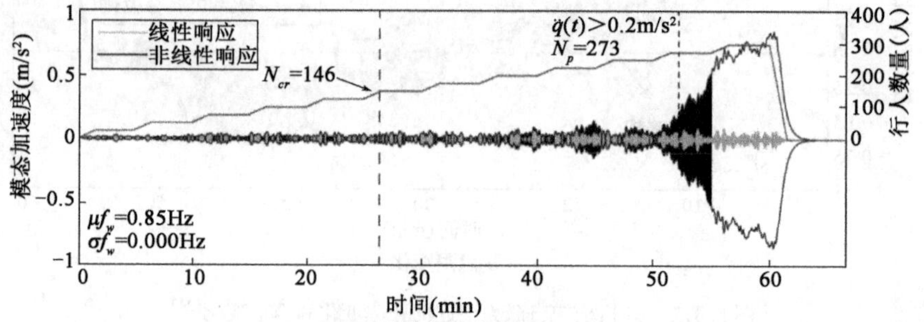

a)SL1的模态加速度响应

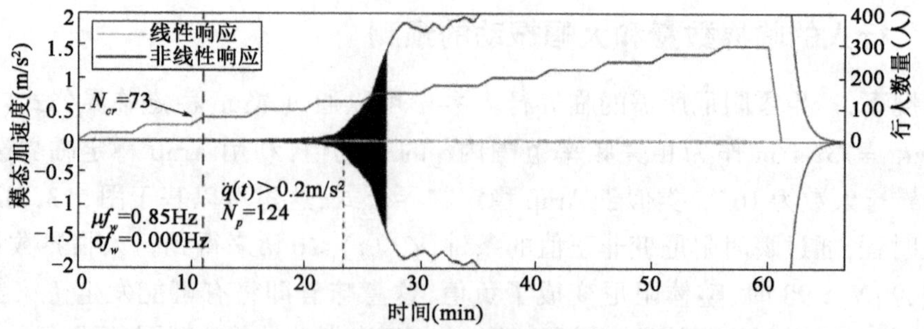

b)NL1的模态加速度响应[30]

图5.3.3 SL1和NL1的模态加速度响应[28]

5.4 讨　　论

Ingólfsson 模型并不复杂,其主要思想是将人致横向力分成等效静力和自激力两个主成分,而自激力又继续划分为与速度同相的附加阻尼分量力以及与加速度同相的质量惯性分量力。该模型的另外一个特点是考虑了自激力的随机性(因为测试数据具有较大的发散性)。Ingólfsson 认为考虑自激力的随机性是非常有必要的,因为行人自身内部的差异性以及不同个体行人之间的差异性导致的数据发散是无法忽视的(c_p和ρ_p的标准差与平均值具有相同的量级)。

该模型较为复杂的地方在于自激力中的附加阻尼系数c_p和附加质量惯性系数ρ_p与足下结构横向振动频率及振幅有很强的相关性。Ingólfsson 提出了通过将测量数据分割成 9 个不同频段的方法来处理这种相关性。在所提模型中,将广义线性函数用于拟合平均值,指数函数用于拟合标准差,为大多数频段内数据提供了一种较为合理的拟合近似;同时在不同频段内建立了不同的拟合函数,以便获得自激力的频率相关性和振幅相关性。同时,通过引入时间相关策略(利用离散高斯马尔可夫过程),以一种相当简单的方式考虑了c_p和ρ_p中包含的行人自身内部差异性。

Ingólfsson 提出了三种方法来判定桥梁大幅振动时的行人临界数量。第一种是基于均值的零阻尼判定准则,第二种是基于分位值的零阻尼判定准则,第三种是基于桥梁结构响应(如加速度)是否超越某个阈值的判定准则。对于前面两种判定准则,Ingólfsson 认为合理但不一定保证完全有效,因为在阻尼变为负值之前,较小的共振载荷(如风荷载)也有可能导致大幅振动;并且如果阻尼在短时间内变为负值,却没有后续的持续发展,那么桥梁仍会保持稳定。而对于第三种判定准则,其实质为一种行人舒适度判定方法,判定结果和行人感知的舒适性标准密切相关,因此在舒适性标准制定方面需要非常仔细(目前关于行人对人行桥横向振动感知的相关有效数据非常贫乏)。

Ingólfsson 模型对行人步伐行为做了简化处理,如假设行人的速度和行走频率保持不变,且行人之间不发生相互作用。然而,行人群体是一个动态系统,行人与行人之间必然会发生相互作用继而影响每个人的行走方式,并导致行人对自己的步伐做出调整(此时考虑 Strogatz 相位同步模型应该会是一个不错的选择)。

Ingólfsson 模型仅适用于单模态横向振动(实验过程中,在跑步机上只施加了一个单阶谐波横向振动,因此获得的自激力应与该特定频率的横向运动有关),多模态响应对人致横向力的影响尚不清楚。因此还需要进行进一步的实验,如可尝试在跑步机上施加多阶谐波横向驱动。

最后,Ingólfsson 模型不能考虑非线性模态耦合、参数激励的可能性、竖向荷载对横向模态的激发等机理。目前还无法排除这些机理与自激力机理共存(即混合机理)的可能性。

第 6 章

横向自激力模型(Ⅱ):倒摆模型

6.1 倒摆模型的理论构建

一般认为,人行桥人致横向振动激励机制为行人运动与桥梁振动的同步或同步锁定。然而有些研究者提出同步证据并不充分,认为可能存在另外一种更为微妙的机制:有可能在不需要人-结构同步的前提下,通过人-结构相互作用,行人步行也会产生共振分量(即在桥梁振动频率处产生分量力),由此导致桥梁振动发散失稳。Barker[101]是较早持有该观点的其中一员,他提出了一个简化的人体质心力学模型,将行人模拟为一个支撑在无质量刚性腿上的质量体。在该模型中,作用在桥上的行人横向力可通过计算沿斜腿的重量分量而得到,并以固定的频率从左到右连续切换。Macdonald[37]在 Barker 的模型基础上建立了一个更接近实际的行人横向作用力模型。他大量借鉴了生物力学领域的当代成就,基于 Hof 等人[102]提出的控制人体横向平衡的脚触地位置控制规则,提出了倒摆模型。倒摆模型潜在的核心思想是:行人控制平衡的关键在于脚触地的位置,而不是步频(或步伐周期)。生物力学领域的研究结果表明[136],行人步长和步宽的耦合一般可以认为是微弱的,即行人质量中心(CoM)在空间的运动可以在额状面(垂直于行人前进方向的平面)和矢状面(行人前进方向所在平面)内进行独立分析,见图 6.1.1。基于此,Macdonald 在额状面建立了模拟行人横向摆动的倒摆模型,并忽略了矢状面的耦合影响;换言之,步伐周期时长(或行人横向行走频率f_p)不受 CoM 横向运动的影响。Ingólfsson 等人[27]的实验结果证实了这一点,他们发现行人步频不受结构横向振动频率影响。上述说法与同步理论直接对立,后者认为在有振动的情况下,步伐周期时长将被调整,以适应足下结构的横向运动。

Macdonald 将行人模拟成一个倒摆,主要包括一个质量中心(CoM),并由无质量刚性腿支撑(图 6.1.2)。假设在行走的单一支撑阶段,支撑腿在额状面上与地面近似垂直,则倒摆模型的运动方程可写为:

$$\ddot{y} + \Omega_p^2(u - y) = -\ddot{x} \tag{6.1.1}$$

式中,y 和 u 分别是 CoM 和 CoP(足压中心)相对于桥梁的横向位置;$\Omega_p = \sqrt{g/l}$表示倒摆角频率(区别于行人横向步频f_p)；g 是重力加速度；l 是倒摆的长度；x 是桥的横向位移。

研究表明，行人脚步的外侧位置是控制平衡的最重要因素。在从一只脚到另一只脚的转换过程中，竖向推动力必不可少，但横向推动力应该为零。因此，可以假设每个当前步伐的初始横向速度等于上一个步伐的最终速度。同时可将落脚间隔视为一个常数t_0，与桥梁的横向运动无关。因此，在倒摆模型中，可假设 CoP 的横向位置 u 是唯一用于控制横向平衡的参数。这与同步模型不同。在同步模型中，步伐行进的时间被认为是可以改变的。综上，倒摆模型建立的前提假设为：当前步开始时的 CoM 位置应该等于前一步结束时的位置；另外，横向速度从一个步伐结束到下一个步伐开始的过程中将保持不变，即：

$$y_n^0 \equiv y_{n-1}^f, \dot{y}_n^0 \equiv \dot{y}_{n-1}^f \tag{6.1.2}$$

式中，下标 n 表示步数；上标中的 0 和 f 分别表示初始值和最终值。

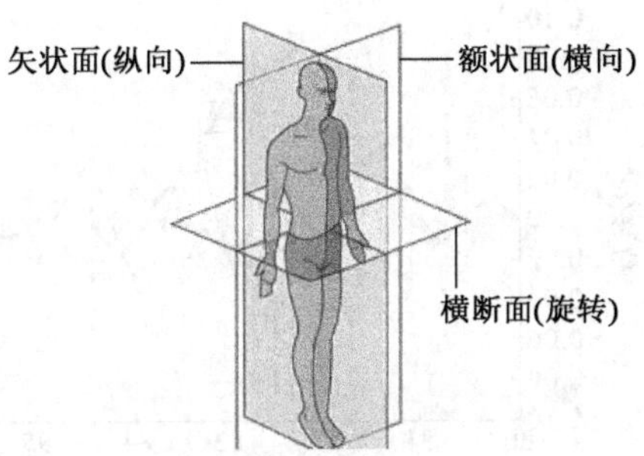

图 6.1.1 人体平面划分图

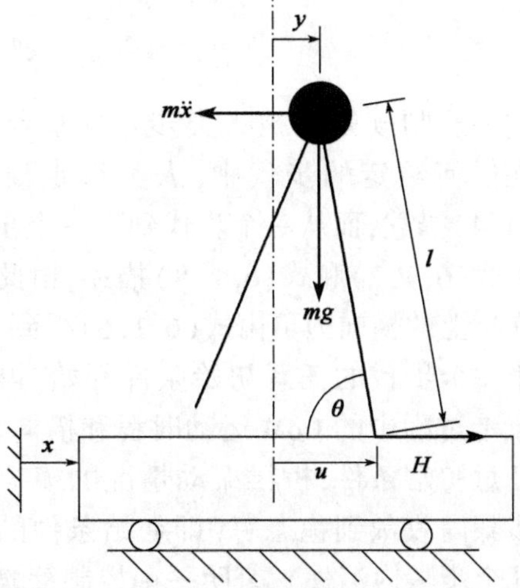

图 6.1.2 倒摆模型[40]

当考虑桥梁振动时，桥梁振动将导致行人 CoM 产生惯性力，从而在每一步都会改变行人的运动。由于单个行人的运动对整个桥梁行为的影响很小，而且桥梁振动的阻尼很低，可以假设桥梁是以小振幅进行正弦振动：

$$x(t) = A\sin(\omega_b t) \tag{6.1.3}$$

式中，A、ω_b分别为桥梁的振动位移幅值和角频率。根据式(6.1.3)，式(6.1.1)中 CoM 在第 n 步时的横向位移的解为：

$$\begin{aligned} y(t) = {} & u_n + [y_n^0 - u_n + \alpha\sin(\omega_b t_n^0)]\cosh[\Omega_p(t - t_n^0)] + \\ & \left[\frac{\dot{y}_n^0}{\Omega_p} + \frac{\omega_b}{\Omega_p}\alpha\cos(\omega_b t_n^0)\right]\sinh[\Omega_p(t - t_n^0)] - \alpha\sin(\omega_b t_n^0) \end{aligned} \tag{6.1.4}$$

式中，t_n^0、y_n^0、$\dot{y}_n^0$分别是第 n 步开始时的时间和 CoM 横向位移及横向速度；u_n是第 n 步 CoP 的位置；α 为：

$$\alpha = \frac{A}{1 + (\Omega_p/\omega_b)^2} \tag{6.1.5}$$

根据图 6.1.2，可直接写出行人作用在桥梁上的横向力：

$$F_L = -m_p(\ddot{x}+\ddot{y}) = m_p\Omega_p^2(u_n - y) \tag{6.1.6}$$

式中，m_p是行人的质量。现在剩下的问题是用于控制身体平衡的行人脚触地位置控制规则(或称之为行走平衡控制规则)。较多学者研究了脚触地位置控制规则，普遍认为脚步放置前的 CoM 横向位移和横向速度是最重要的控制参数。Hof[102]认为避免行人跌倒的条件(以右脚为例)为：

$$y_n^0 + \frac{\dot{y}_n^0}{\Omega_p} \leqslant u \tag{6.1.7}$$

根据式(6.1.7)左侧的表达式，可衍生出另一个定义：XcoM(CoM 广义位置，对应表达式为 $y+\dot{y}/\Omega_p$)。为了实现动态稳定，CoP 必须放在 XcoM 之外(右脚触地时向右，左脚触地时向左)。超过 XcoM 的额外距离被定义为稳定裕度——b。当脚刚落地的时候，b 将变成一个最小值b_{min}。基于式(6.1.7)，Hof[102]提出的脚触地位置控制规则为：

$$u_n = y_n^0 + \frac{\dot{y}_n^0}{\Omega_p} + (-1)^n b_{min} \tag{6.1.8}$$

这一控制规则已被人类步态实验结果所证实。在任何给定的步伐中，人类行走模型可由式(6.1.4)描述，而从一个步伐到下一个步伐的过程可由式(6.1.2)和式(6.1.8)描述，由此产生的作用在桥上的横向力可由式(6.1.6)得到。因此，可从第一个步伐的任意初始条件开始，得到行人整个行走过程中的 CoM 运动时程和横向力时程。对于任意初始条件，桥梁振动情况的模拟计算在几个步骤内收敛到稳态解(即初始条件的影响会在前几个步骤内消失)，表明平衡控制策略能给出稳定的步态。图 6.1.3 显示了桥梁和行人 CoM、XcoM 和 CoP 的典型位移，其中设定的参数及工况为：行人质量(m_p)为 70kg；倒摆长度(l)为 1.2m；行人横向步频桥梁振动频率($f_b=\omega_b/2\pi$)为 0.9Hz；稳定裕度(b_{min})为 15.7mm；桥梁振动频率和振幅分别为 1.11Hz 和 2mm。从中可以观察到脚触地时 CoP 如何定位在 XcoM 之外的距离b_{min}处以及 CoM 振幅如何随着行人和桥梁之间相对相位的变化而变化。

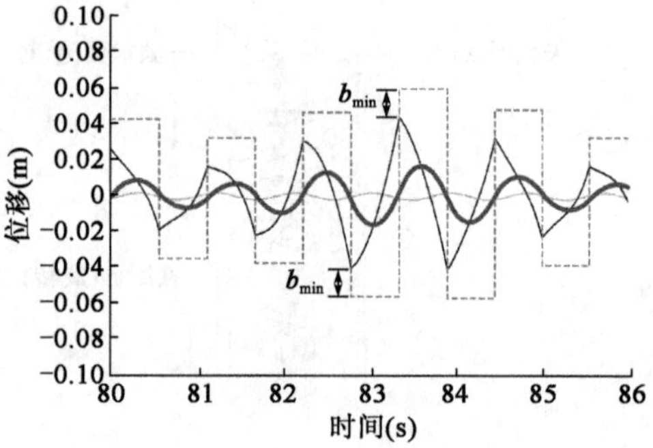

图 6.1.3　桥梁和行人的典型位移[37]

CoM-粗实黑线；XcoM-细实黑线；CoP-虚线

在桥梁振动情况下，Macdonald 将倒摆模型得出的行人横向作用力(见图 6.1.4，对应于图 6.1.3结果)进行了快速傅立叶变换(如图 6.1.5 所示，基于 100 个桥梁振动周期或 81 个行人运动周期数据)。发现人致横向力可以分解为两种独立的成分：除了包含行人自身横向步频f_p奇数倍谐波对应的分量力之外，还有$af_p \pm (f_b - f_p)$频率对应的谐波分量力(其中 a 是奇数整数)。第一种成分(f_p奇数倍谐波对应的分量力)与行人在静止结构上施加作用力$F_{L_{st}}$相同。第二种成分[$af_p \pm (f_b - f_p)$对应的分量力]为自激力$F_{L_{se}}$，产生于行人与桥梁之间动态的相互作用，其中主要的成分在f_b处。这与 Pizzimenti、Ricciardelli、Ingólfsson 等人[27,29,30,56]的研究结果一致。

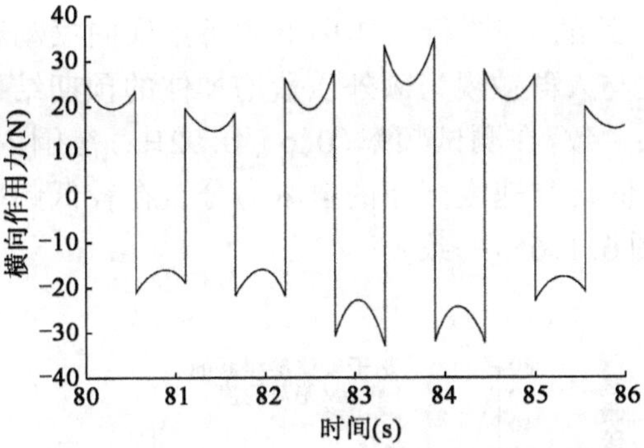

图 6.1.4 行人施加到桥梁上的横向作用力[37]

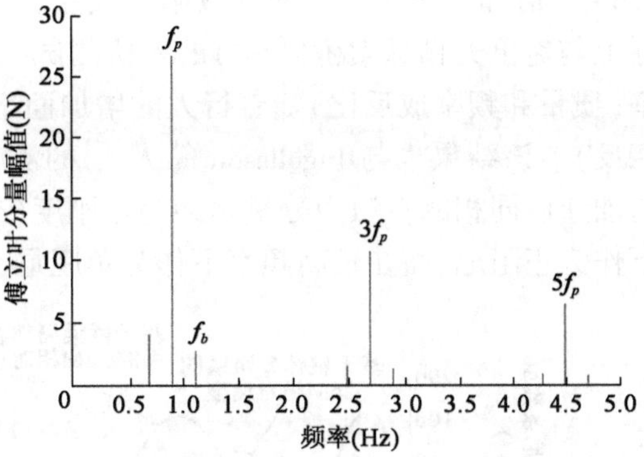

图 6.1.5 横向作用力的傅立叶分量[37]

和 Ingólfsson 等人[27]一样，Macdonald 将桥梁振动频率f_b处的自激力分为两部分：自激力在桥梁速度相位的分量（振幅为$F_v^{f_b}$）和自激力在桥梁加速度相位的分量（振幅为$F_a^{f_b}$）：

$$F_v^{f_b} = \frac{2}{T}\int_{T_0}^{T_0+T} F_L \cos(\omega_b t)\,\mathrm{d}t \tag{6.1.9}$$

$$F_a^{f_b} = \frac{-2}{T}\int_{T_0}^{T_0+T} F_L \sin(\omega_b t)\,\mathrm{d}t \tag{6.1.10}$$

式中，T_0为任意起始时间；T是积分时长，可以表示一个桥梁振动周期。当行人步频与桥梁振动频率不一致时，在此基础上计算出的$F_v^{f_b}$和$F_a^{f_b}$在每一步伐中都将不同。自激力的两个分量具体形式可由式(6.1.9)和式(6.1.10)给出的幅值分别乘 $\cos(\omega_b t)$ 和 $\sin(\omega_b t)$ 得到，和前一章 Ingólfsson 模型中的式(5.1.14)及式(5.1.15)相对应。由于它们分别与桥梁速度和加速度同相，$F_v^{f_b}$和$F_a^{f_b}$的影响相当于单个行人对桥梁施加了一个附加的阻尼 $\Delta C(\omega_b)$ 和一个附加的质量 $\Delta M(\omega_b)$。显然，$\Delta C(\omega_b)$ 可由速度同相力幅值（F_v^b）与桥梁速度幅值的比值来表示：

$$\Delta C(\omega_b) = \frac{-F_v^{f_b}}{A\,\omega_b} \tag{6.1.11}$$

而 $\Delta M(\omega_b)$ 则可由加速度同相力幅值（$F_a^{f_b}$）与桥梁加速度幅值的比值来表示：

$$\Delta M(\omega_b) = \frac{-F_{La_{se}}^{f_b}}{A\,\omega_b^2} \tag{6.1.12}$$

注：倒摆模型中附加阻尼 $\Delta C(\omega_b)$ 和附加质量 $\Delta M(\omega_b)$ 的含义分别和 Ingólfsson 模型[29]中附加阻尼c_p[式(5.1.14)]和附加质量$\rho_p m_p$[式(5.1.15)]的含义是一样的，只不过表示方式不一样[两者正负符号是相反的，如 $\Delta C(\omega_b) = -c_p$]。

Macdonald 将倒摆模型模拟结果与实桥测试结果进行了对比分析，如图 6.1.6 所示。图 6.1.6a)中还显示了从三座实桥测量中得到的附加阻尼值。尽管分析数值与实桥测试结果不尽吻合，但整体趋势是相似的。除了由于模型简单而导致的不准确外，Macdonald 认为倒摆模型模拟结果与实桥测量结果存在差异还应部分归咎于参数选择的不合理。特别是在拥挤的情况下，行人平均步行频率预计会降低，最低的横向步频有可能会降到 0.7Hz[122,137]。若横向步频为 0.7Hz，可以得出桥梁振动频率为 0.9Hz 时 ΔC 的最大值为 280Ns/m，此时与实桥测试结果非常接近。图 6.1.6b)显示，当桥梁振动频率为 0.3 ~ 1.2Hz（相当于行人横向步频的

0.3～3倍)时,单个行人的等效附加质量为负值。Macdonald认为,这个看似不正常的结果实际上与克里夫顿悬索桥(CSB)的实桥测试结果是一致的,表明行人作用下的桥梁横向振动频率(质量和频率成反比)随着行人的增加而增加(这与人群被视为额外质量增加体的预期结果相反)。该结果也与Ingólfsson等人[27]的测量结果一致:在测试频率(0.6～0.92Hz)范围内,与加速度同相的自激力分量始终为正刚度(或负质量);与速度同相的自激力分量在较低频率下作为正阻尼,而在较高频率下作为负阻尼,这与图6.1.6a)一致。

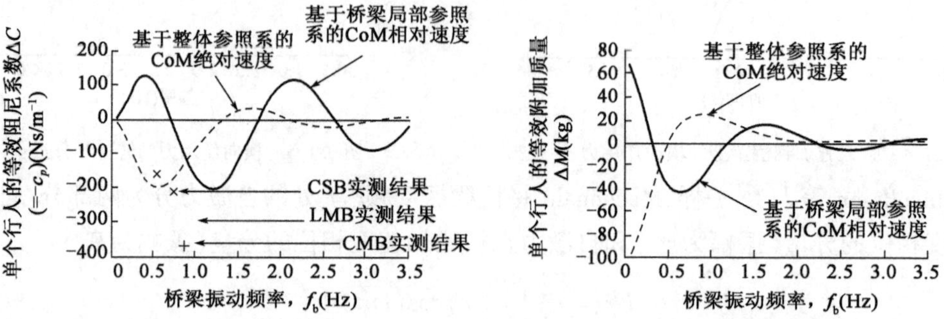

a)单个行人的附加阻尼系数　　b)单个行人的附加质量

图6.1.6　倒摆模型模拟结果与实桥测试结果对比分析[37]

注:图中还有对于两种不同脚部放置控制规则:相对于桥梁为参照的CoM相对速度(实心曲线),以及CoM的绝对速度(虚线曲线)。

基于式(6.1.8),Macdonald对其他不同的脚触地位置控制规则进行了模拟计算。计算结果表明,如果采用恒定的步宽(从一只脚到另一只脚),或者一个恒定的半步宽(从CoM到脚落地点),将产生不稳定的步态(即使桥梁无振动);同时发现任何来自精确解的扰动都会导致行人运动幅度增加,并很快得到不合理的结果;此外,还发现仅基于CoM位移和偏移的脚触地位置控制规则也是不稳定的。

Macdonald认为基于CoM相对于桥梁运动的脚触地位置控制规则似乎更合适,因为行人的局部参照系是桥梁振动体系。然而,人体前庭系统感知的是绝对运动,所以它可能对行人行为有影响。为了研究这种潜在的影响,对模型进行了修改以便考虑绝对运动。在实际计算中,和相对运动方法的唯一区别在于脚触地位置控制规则中使用了CoM的绝对速度,而不是相对速度。考虑绝对运动的计算结果具有合理的行人运动和稳态解,其对应的附加阻尼和附加质量见图6.1.6中的虚线,其中基于绝对运动模型的附加阻尼在较低频段上与相对运动的结果相似,而基于绝对运动模型的附加质量在0.5Hz以上的频段上都是正的。因此,基于绝对运动模型的附加阻尼结果更加符合实桥测试结果,但基于绝对运动模型的附加质量结果与实桥测试结果以及Ingólfsson等人[27]的测量结果不一致。因此,Macdonald认为行人的实际反应可能介于相对运动和绝对运动之间。

6.2　Carroll的验证实验

随着倒摆理论模型的提出,由于其能捕捉人-桥相互作用下的行人行走特性(行人作用在结构固有频率处存在自激力成分)，逐渐受到学者们的重视。为了更好地验证倒摆模型的有效性，不少学者开展了相关实验测试。其中，具有代表性的有 Carroll 开展的基于视觉标记数据的人致横向力实验测试[44-45]和 Bocian 开展的基于虚拟现实(VR)的人致横向力实验测试[31,42]。此节介绍 Carroll 的验证实验。

目前，人们已知道在横向振动结构上行走的行人会对结构施加包含自激力成分的作用力(又称为地面反作用力，GRF)，其中的自激力频率与结构振动频率一致(与行人步频无关)，从而导致振动结构的模态质量和阻尼受到影响而发生改变。换言之，自激力的存在会导致 GRF 和结构运动之间存在正反馈效应。将自激力定性为等效附加结构质量和等效附加结构阻尼，极大地加深了对人-结构相互作用机理及其导致振动横向失稳的理解。为了更深入地了解这些力的作用机理，有必要研究自激力造成的 GRF。Carroll 开展了一系列实验[44]。在实验中，测试者在一个横向摆动的跑步机上行走，实验工况设置为跑步机不同的横向振动频率和不同振幅组合，同时采用一个三维运动捕捉相机系统跟踪 31 个放置在测试者身上的标记的方法来捕捉行人身体运动。基于实验结果，首先采用动力反算得到 GRF，并将其与直接测量的 GRF 进行对比验证；然后，标记数据被用来研究测试者对足下运动结构的平衡反应。通过实验得到的最重要的结果是：自激力被证实是由脚的横向位置的周期性变化造成的。

6.2.1　实验装置

实验主要装置为一台仪器化改造的跑步机[图 6.2.1a)]，类似于 Pizzimenti[56]当初的设计，由三个钢架组成(图 6.2.2)。其中：底座固定不动，与提供横向驱动的电机连接；底盘框架位于四个滑块上，滑块沿着固定在底盘上的线性导轨移动，而底盘框架受到电机驱动臂作用而横向运动，见图 6.2.1b)；最上面的跑步机框架通过四个吊架悬挂在底盘框架上[图 6.2.1c)]。跑步带由安装在底盘框架上的第二个电机驱动。

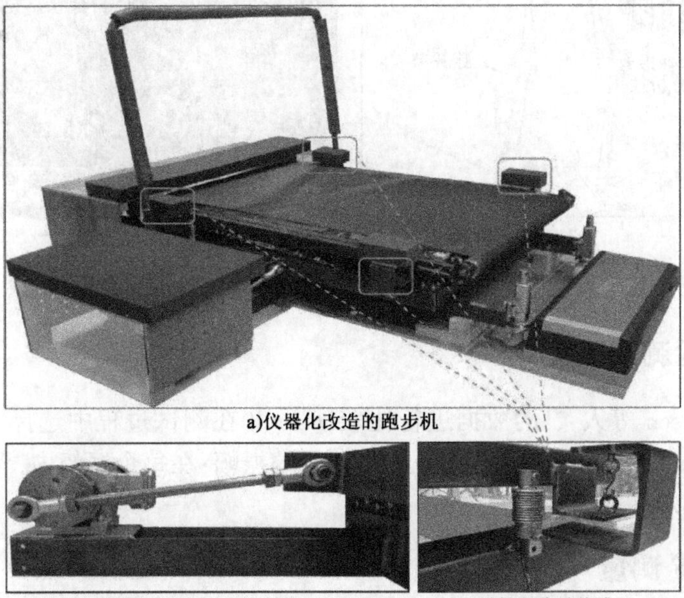

a)仪器化改造的跑步机

b)电机和横向驱动臂(产生往复的正弦运动)　　c)吊架和称重传感器

图 6.2.1　实验装置

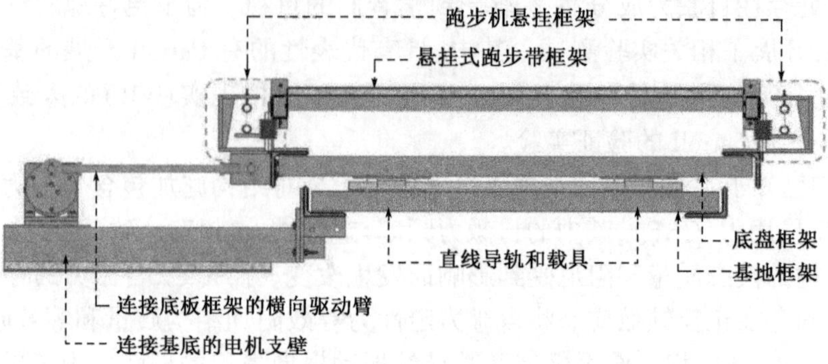

图 6.2.2 跑步机装置示意图[48]

在每次测试中,横向 GRF 是通过四个安装在振动板上的弯曲梁称重传感器直接测量的。同时,还通过线性可变差分器(LVDT)和线性伺服加速度计记录跑步机的横向位移和横向加速度。

Carroll 同时还采用了一个三维运动捕捉相机系统跟踪放置在测试者身上标记的方法来捕捉行人身体运动(图 6.2.3),其中测试者身上有 31 个标记,并与绑在身上的步态分析杖相连[图 6.2.3b)]。使用步态分析杖可以提高标记的辨识度,也有助于计算关节中心和身体躯段的嵌入式矢量基(EVB)。

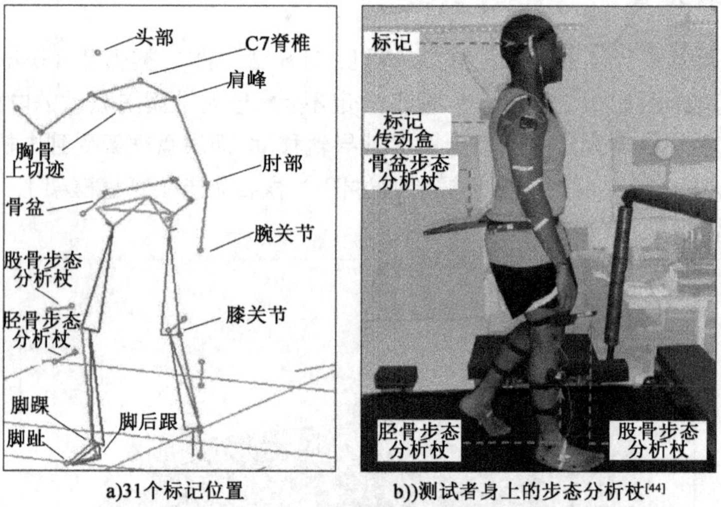

a)31个标记位置　　b))测试者身上的步态分析杖[44]

图 6.2.3 行人运动捕捉系统[44]

6.2.2 实验测试工况

为了与 Ingólfsson 等人[29]的数据进行比较,Carroll 在测试过程中选择了类似的振幅和频率范围:测试了 5mm、10mm、20mm、35mm 和 50mm 的振幅;在每个振幅内,含有 9 种振动频率,范围为 0.3 ~ 1.1Hz(增量为 0.1Hz)。

6.2.3 GRF 测量

采用加速度计测试跑步机的加速度数据,并将其换算得到 GRF。基于跑步机加速度数据

得到的横向 GRF 被称为直接 GRF(简记为F_a)的计算公式为:

$$F_a = \left(\sum_{i=1}^{4} F_{c,i}\right) - m_d \ddot{x}_d \tag{6.2.1}$$

式中,$F_{c,i}$是施加在第 i 个荷载传感器上的荷载;m_d是跑步机和相关悬挂结构的质量;$\ddot{x}_d$是跑步机的横向加速度。通过和测力板获得的横向 GRF 数据的比较,验证了从跑步机上获得的横向 GRF 数据的有效性。

另外,也可以通过基于视觉标记数据来获得行人产生的 GRF(被称为标记 GRF)。其原理为基于牛顿第二定律的动力反算:人体被视为一个由多个刚性躯段连接的组合体,而行人产生的 GRF 可等效为各个躯段(标记处)加速度和质量乘积结果的累加值,简记为F_b:

$$F_b = \sum_{i=1}^{15} m_{s,i} \ddot{x}_{s,i} \tag{6.2.2}$$

式中,$m_{s,i}$和$\ddot{x}_{s,i}$分别是第 i 个躯段的质量和 CoM 加速度。$\ddot{x}_{s,i}$可通过对标记位移进行双重微分得到。

Carroll 首先进行了跑步机无横向振动下的测试,获得了测试者的直接 GRF 结果和标记 GRF 结果,并将两者分别在时域和频域中进行比较,发现两者无论在时域中还是在频域中都有相当高的相似性,证明了通过基于视觉标记数据来获得行人 GRF 的有效性。

通过利用标记数据获得 GRF 的方法,可以使人直观地了解各个身体躯段对整个 GRF 的贡献。身体各个部分的力被分为三组:①手臂——包括手的上臂和前臂;②腿——包括脚、小腿和大腿;③HTP 组合——头部、躯干、骨盆组合。Carroll 通过结果分析发现:大部分的横向 GRF 是由人体中间部分的 HTP 组合体振动产生的。其中,HTP 组合质量占整个身体质量的 50.4%,而腿和手臂质量分别占 39.8% 和 9.8%。这有效支持了倒摆模型的简化假设,即在运动过程中,人体可以被看作一个单一的块状质量的倒摆结构。头部、颈部和骨盆之间的相对横向运动不明显。因此,应该可以通过跟踪人体正平面上的某个点来捕捉 HTP 的横向运动。Carroll 假设这个点位于人体额状面的中心位置,并将该点的竖向位置定于人体骨盆处。从 HTP 的多点跟踪中获得的 GRF 与通过将 HTP 质量与大约腰部位置单点加速度相乘获得的 GRF 具有相当好的一致性,表明 GRF 可以通过将 HTP 中心质量与腰部位置单点加速度的乘积结果来近似估计。Carroll 指出,采用这种单点估计 GRF 的方法得到的结果可能精度稍微有点欠缺,然而,当考虑测量桥上众多数量人群的作用力的时候,采用跟踪每个行人中单个点的加速度(光或其他方式)的方式,以再现人群引起的荷载,是一个可行且能让人接受的方案。

Carroll 继续开展了跑步机横向振动下的测试,获得了测试者的直接 GRF 结果和标记 GRF 结果。图 6.2.4a)显示了当跑步机以 0.7Hz 频率、10mm 幅值横向摆动时的直接 GRF 结果和标记 GRF 结果。在图 6.2.4b)中,显示了之前描述的三个躯段组合体对 GRF 的贡献。图中结果再次表明,大部分的 GRF 是由头部、躯干、骨盆等中心体块的摆动造成的,这意味着采用简单的块状质量模型来模拟在横向振动结构上行走的行人是合理的,换言之,可忽视手臂运动对 GRF 的贡献。在 HTP 处,多点跟踪获得的 GRF 和单点跟踪获得的 GRF 比较结果见图 6.2.4c)。两者比较结果再次证实了单点跟踪方法的有效性。

根据前文可知,人-结构相互作用会产生额外的 GRF 分量。这种额外的 GRF 分量位于行人横向主导步频谐波两侧,其中某一阶谐波总是发生在振动结构基频上。这阶谐波对应分量力通常被称为自激 GRF(即自激力),被认为是引发桥梁大幅横向振动的原因。

图6.2.5显示了和图6.2.4对应的直接GRF和标记GRF的FFT结果。图中,在频谱中的0.7Hz处,可以看到与跑步机横向振动产生共振的自激力(由粗实线表示)。对比可知直接自激力和标记自激力幅值之间的差异非常小。

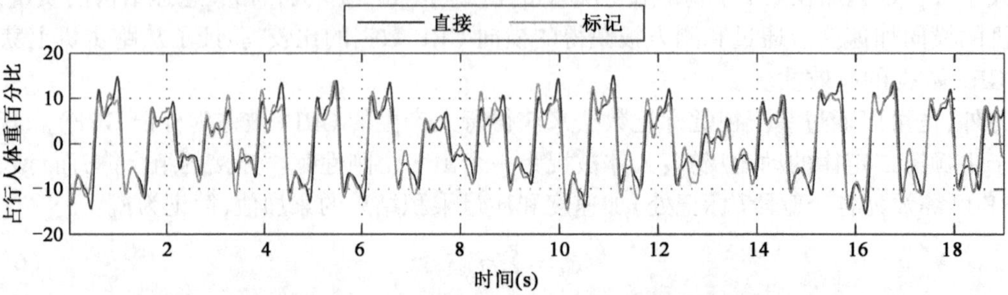

a)行人在横向振动跑步机上行走时,直接GRF和标记GRF的比较

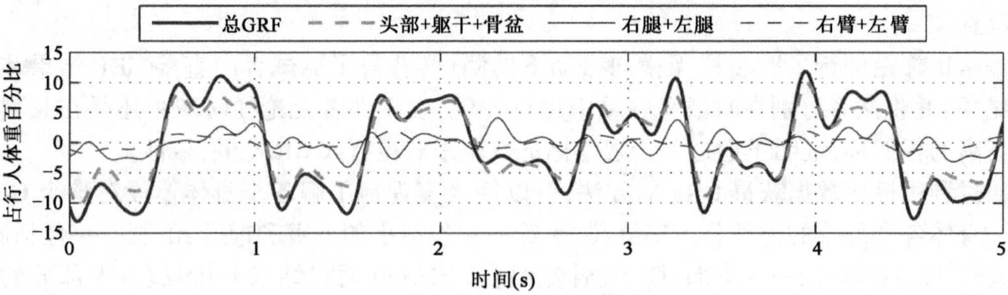

b)身体各个部分对GRF贡献

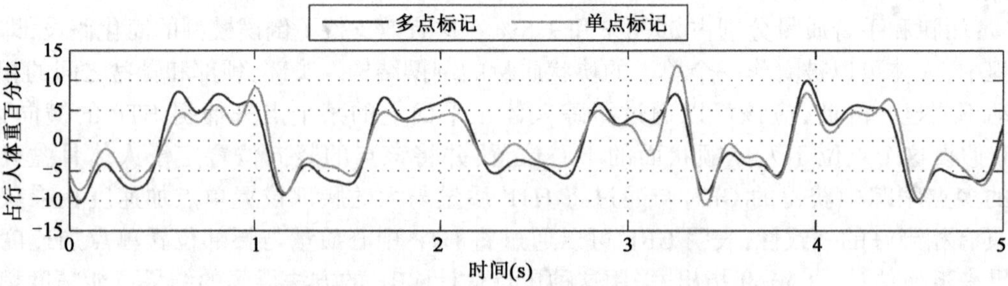

c)多点跟踪获得的GRF和单点跟踪获得的GRF(HTP处)

图6.2.4　直接GRF结果和标记GRF结果[48]

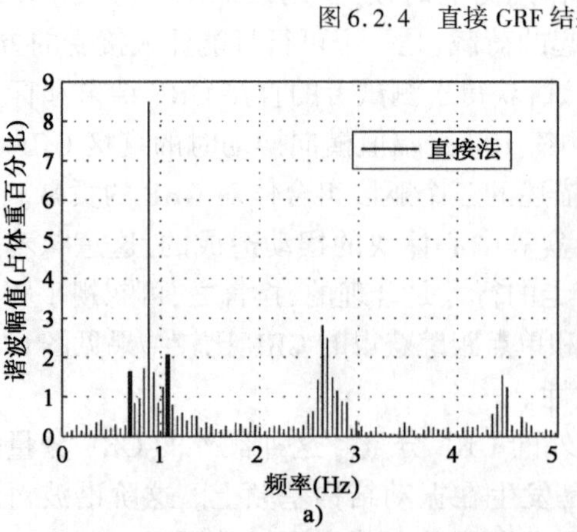

a)

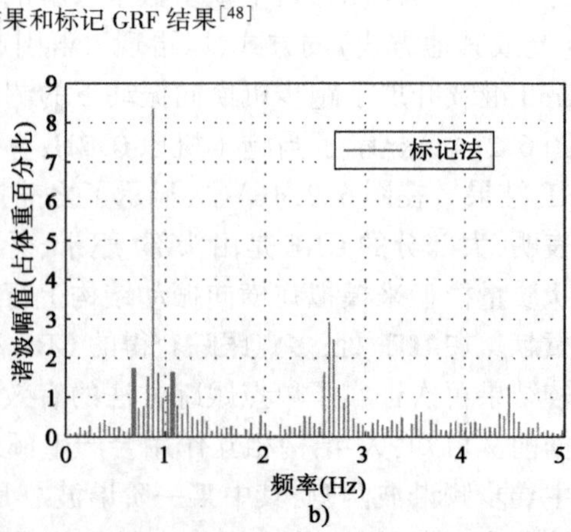

b)

图6.2.5　跑步机横向振动时,直接GRF和标记GRF的离散谐波(振幅10mm,频率0.7Hz)[48]

6.2.4　自激力产生原因

图6.2.6和图6.2.7展示了测试者在横向振动跑步机上行走的步态结果，其中跑步机横向振幅为10mm，振动频率分别为0.7Hz(图6.2.6)和0.9Hz(图6.2.7)。在这两种情况下，测试者都保持了0.9Hz的横向步频。

图6.2.6a)显示了测试者的CoM运动情况(黑色实线)，以及相应的跑步机横向运动情况(灰色实线)。脚跟和脚趾的标记被用来确定每一个脚步位置(间断的黑线)，位置为两个标记之间的中位点，其中圆圈表示脚步持续时间内的脚步位置平均值。图6.2.6b)显示了连续行走的步宽(定义为脚位标记之间的平均横向距离)。图6.2.6c)显示了直接GRF的结果，图6.2.6d)显示了直接GRF(即F_a)所对应的谐波成分。测试者步态行为的关键特征是其步宽的改变。从图6.2.6a)中可以发现，如果测试者在跑步机左侧达到最大位移时向左迈步，则CoM振动振幅为最小。而当测试者向与跑步机运动相反的方向迈步(跑步机达到最大位移时)，CoM振幅为最大。上述现象归因于测试者受到正弦等效惯性力(基底加速度导致)的作用。由于行人横向步频和足下跑步机横向振动频率的不一致，导致了CoM振动振幅的周期性调整。与此相呼应的是，测试者步伐有一个变窄和变宽的交错过程(为了应对平板运动的不稳定影响，行人脚的横向位置会做出改变以保持身体平衡)，而作为步宽调整的直接结果，GRF将发生周期性振幅调整。

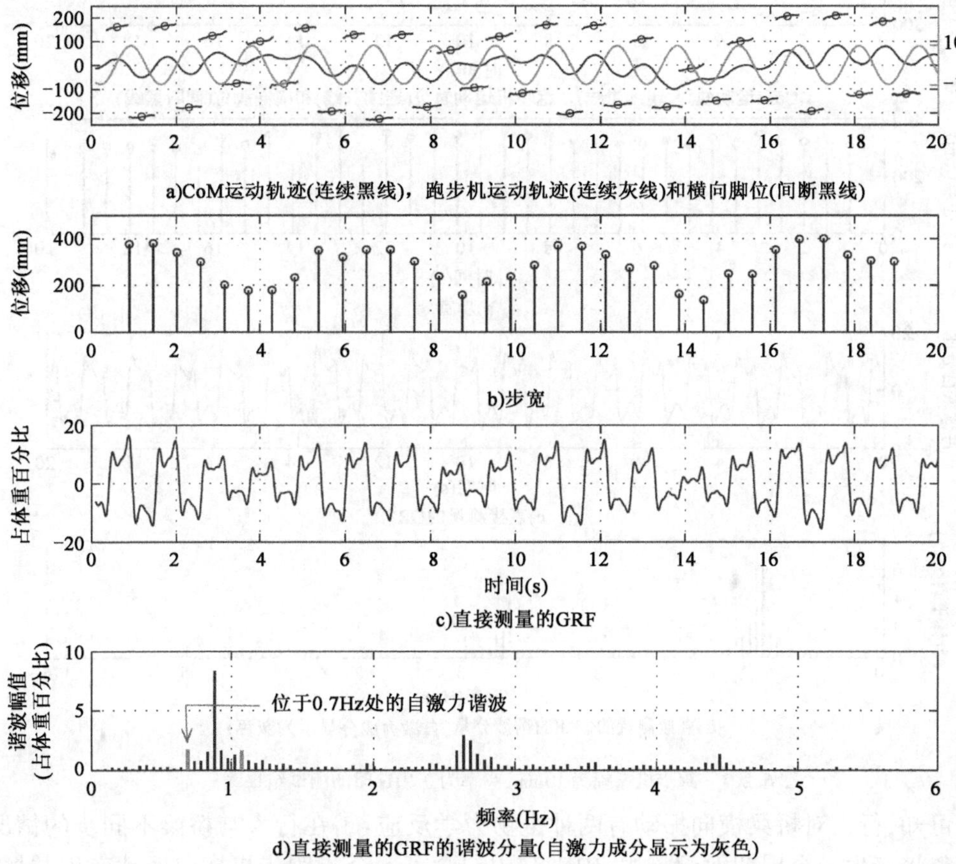

图6.2.6　跑步机振幅为10mm，频率为0.7Hz时的测试结果[44]

可以明显观测到步宽(以及相应的 GRF)调整的频率等于行人横向步频f_p和跑步机横向驱动频率f_b之间的差值,大约为 0.2Hz。图 6.2.6d)给出了直接 GRF 的谐波分量,其中人-结构相互作用力引起的自激力以灰色厚实线表示。从中可知,这些自激力分量分布在行人横向步频主导谐波的两侧,间距约为 0.2Hz,这与倒摆模型中的预测结果是一致的。按照信号处理领域的术语定义,在跑步机无振动情况下产生的 GRF 可以被认为是一个"载波",而行人保持平衡的反应调整了这个波形,导致频率边带出现在调整波的频谱中。由于调整频率为$|f_b - f_p|$,其中一个频率边带总是与结构的振动频率相吻合。

在图 6.2.7 中,跑步机振动幅值仍为 10mm,但频率增加到 0.9Hz(与测试者步频一致)。之前观察到的步宽调整明显消失[见图 6.2.7a)和图 6.2.7b)]。在测试过程中,CoM 振幅、步宽和 GRF 振幅都保持相对稳定。由于测试者的横向步频和跑步机横向振动频率之间的恒定相位关系,测试者的惯性力将在不同步伐中保持不变,这意味着不需要周期性改变脚的放置位置来保持行走的正向稳定性,相反,测试者会采用更宽的固定步伐来应对增强的惯性力,从而使得 GRF 增大。测试者在落脚时所受惯性力的大小,与行人横向作用力和跑步机横向振动之间的相位关系直接相关。在这种情况下,测试者的 CoM 振动大约比跑步机横向振动滞后 155°相位角。

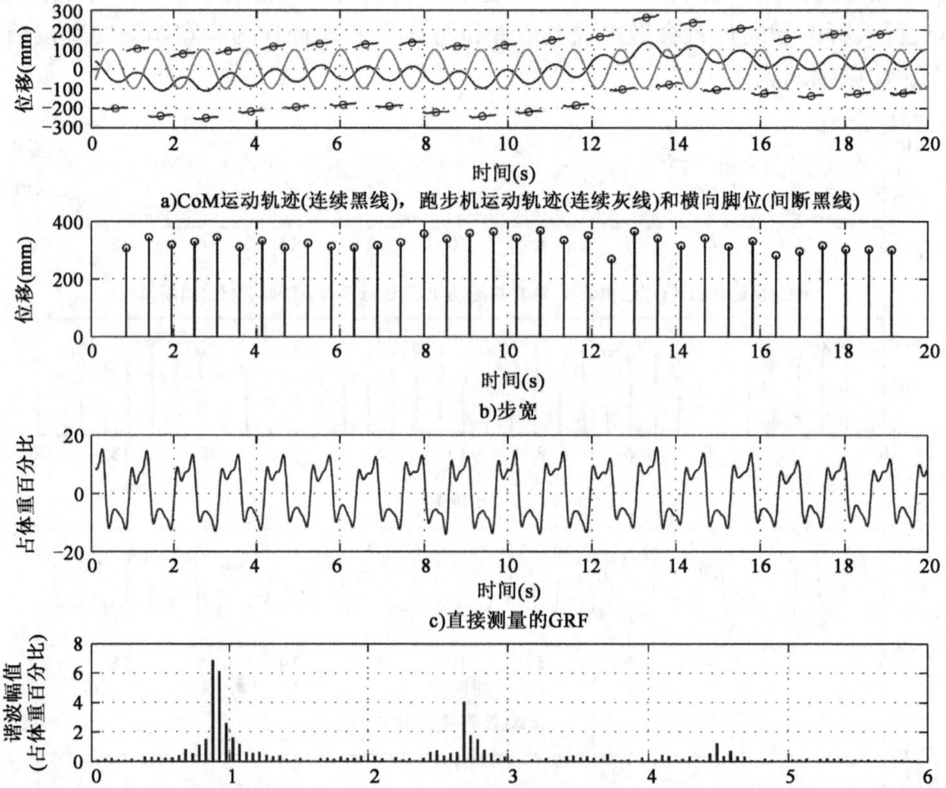

图 6.2.7　跑步机振幅为 10mm,频率为 0.9Hz 时的测试结果[44]

综上可知,行人对桥梁横向振动有两种生物力学反应:①在行人与桥梁不同步的情况下,步宽的调整将产生一个周期性调整的 GRF,其中包含了一个与跑步机横向振动产生共振的自激力分量;②在行人与桥梁同步的情况下,行人为了保持平衡将保持比正常步态更宽的步态,从而增加他们的GRF。

这两种反应中的哪一种会发生,取决于行人横向步频和跑步机横向振动之间的关系。应该注意的是,一旦行人在行走正向的稳定性受到跑步机运动的影响,这两种反应都会发生。由于视觉-听觉系统对正向运动的敏感性,在非常低的横向加速度振幅下也会发生这种情况。

综上所述,外部扰动下行人为保持身体平衡的反应是改变步态宽度,正是这种行为产生了人-结构相互作用力(自激力是其中的一部分)。图6.2.8a)(对应的工况为跑步机振幅为35mm,频率为0.6Hz)中表示脚部位置变化的方波的频率观测结果有力地证明了这一点。方波的谐波成分显示在图6.2.8b)中。可以清楚地观测到,自激力的谐波分量位于行人横向步频主导谐波两侧大约±0.3Hz处。这些结果表明了行人在行走中为保持身体平衡而产生的脚部位置调整是自激力产生的主要原因。

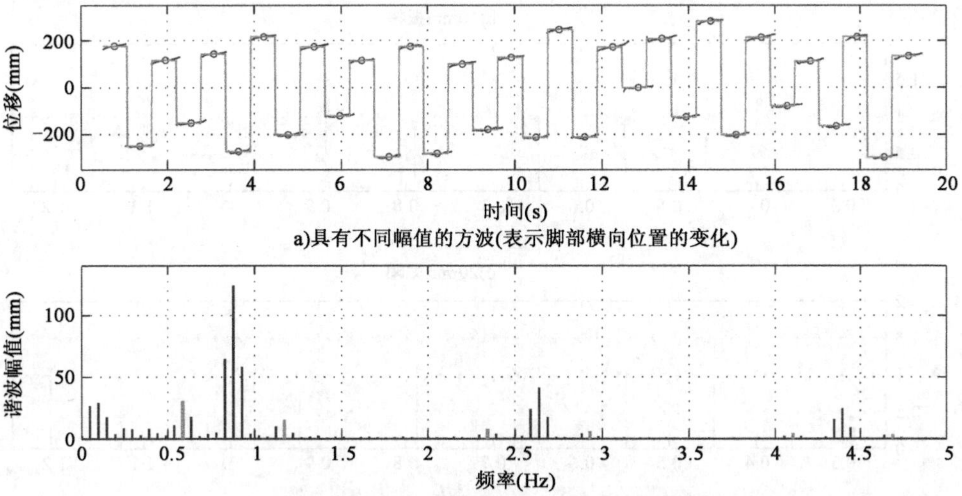

a)具有不同幅值的方波(表示脚部横向位置的变化)

b)方波谐波成分，灰色柱图表示人-结构相互作用力成分

图6.2.8　脚部位置变化方波[44]

为了从量化角度研究步宽调整频率,Carroll首次提出了调整频率比β的概念[45],即调整(脚部位置调整或步宽调整)频率f_m与跑步机横向振动频率f_b和行人横向步频f_p之差的比值:

$$\beta=\frac{f_m}{|f_b-f_p|} \tag{6.2.3}$$

如果在整个测试中$\beta=1$,则可认定调整频率f_m等于$|f_b-f_p|$,是跑步机横向振动频率和行人横向步频之间频率关系的直接结果;同时,可以比较确定地认为之前描述的步宽调整的动机(保持横向稳定性)在所有测试中都是一致的,而不是在特定测试工况中的偶然现象。

图6.2.9显示了某测试者每次测试的比率β(这里省略了$f_b\approx f_p$对应的β值)。可以看出,在大多数情况下,β为1,表明周期性的步宽调整一般发生在$f_m=|f_b-f_p|$的频率处,因此,可认为改变脚部位置的生物力学动机主要是行人对正弦惯性力的反应。此外,自激力谐波对应的频率也可以确定为$f_p\pm|f_b-f_p|$。上述结果,再次从量化的角度证实了行人保持平衡的行为和自激力产生之间的联系。

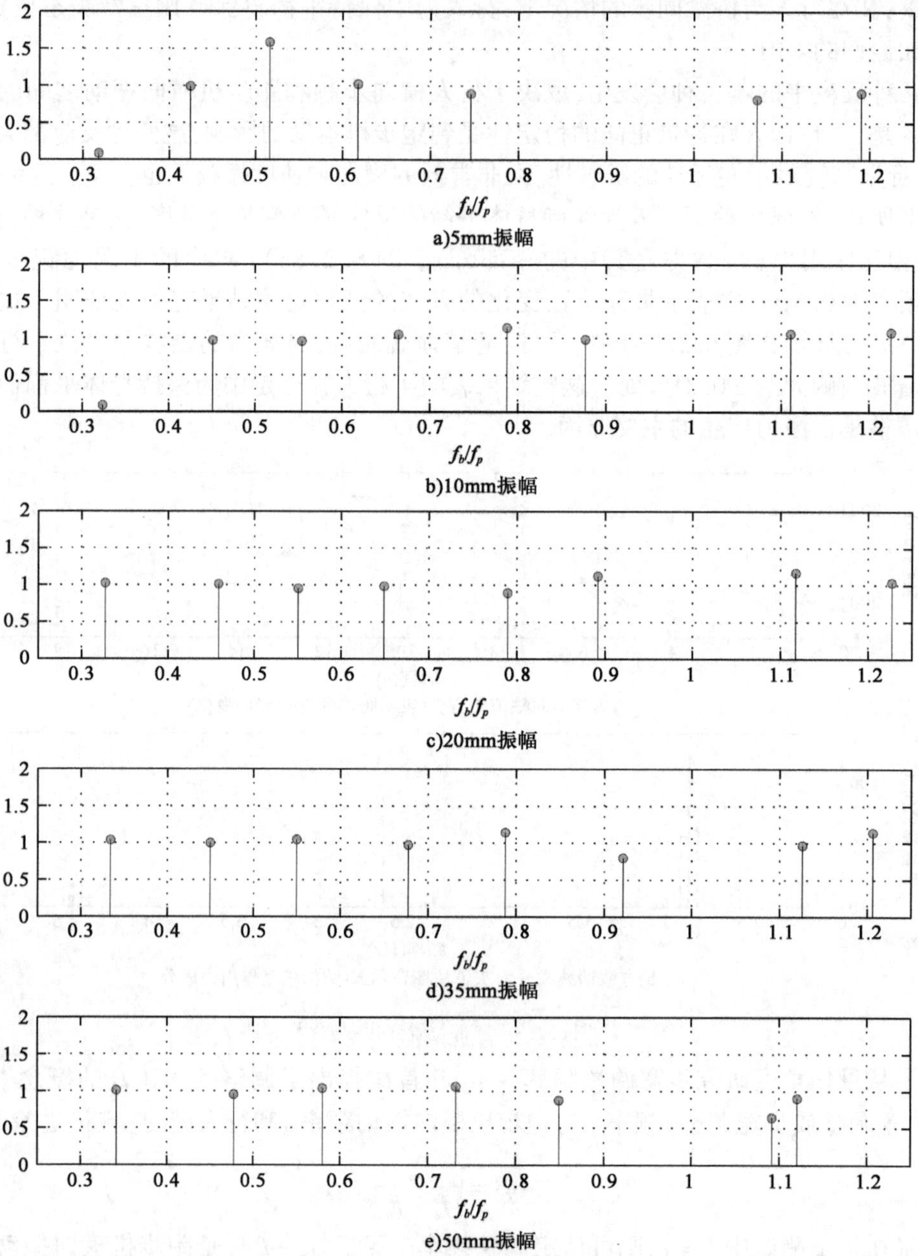

图 6.2.9　测试者的调整频率比 β[49]

6.2.5　倒摆模型和测试者 CoM 运动的对比分析

基于生物力学知识，Macdonald 提出利用倒摆模型（图 6.1.2）[37,138] 来模拟运动过程中人类额状面（图 6.1.1）内的 CoM 运动，并通过主动控制支撑（脚）的位置来实现人体平衡。倒摆模型中提出的人体平衡策略[102]，可以被视为一个半主动控制的模型，因为在支撑物置位（行人落脚）的时候会进行离散的平衡修正（即脚触地位置控制规则）。如果考虑在静止的表面上行走，脚触地位置已被证明是主要的平衡策略,而上半身围绕支撑的脚踝和臀部的旋转提供了微小的修正[46]。

在横向移动的桥上行走与在静止的地面上行走有根本的不同。在前者情况中,行人必须根据他们在放脚瞬间所拥有的感觉信息来决定把脚放在哪里。然而,在单脚站立阶段,桥梁继续摆动,提供额外的感觉刺激,可能会改变稳定的感觉或意识。在此基础上,一个合乎逻辑的假设为,振动桥梁带来的外部扰动可以通过在单脚站立阶段实施的某种形式的主动控制来加以纠正。从本质上讲,行人可以改变他们的 CoM 运动,以应对持续变化的横向惯性力,从而保持稳定。当测试者在横向振动跑步机上行走时,观察到的 CoM 运动数据提供了有效信息,可对倒摆模型的预测结果进行比对和验证。因此,倒摆模型的被动特性是否足以描述人体在振动结构上行走时的 CoM 运动,或者是否还存在其他某种形式的主动控制,是一个值得研究的问题。

Carroll 首先进行了跑步机无横向振动时的倒摆模型与测试者 CoM 运动的对比分析。Carroll 基于测试者的实验数据,建立了一个与该测试者对应的倒摆模型,倒摆模型的长度被设定为到测试者 CoM 的垂直距离,而倒摆的质量等于该测试者的身体质量。另外,将式(6.1.8)中的稳定裕度b_{min}设定为一个可变参数:首先,对倒摆模型和测试者的 GRF(绝对值)时程包含面积进行对比,其中面积对应的信号计算时长为18s;然后改变b_{min}直到面积的差异最小。通过对比分析,最终b_{min}值确定为0.026m(对应的面积差为1.1%)。

根据测试者(实验数据)和倒摆模型(预测结果)关于 CoM 位置(以及 XCoM)、CoP 位置、速度和加速度的比较结果可知,倒摆模型似乎很好地模拟了 CoM 的轨迹,模拟的振动行为的一般特征与实验观察到的一致,特别是在 CoM 的速度方面。但倒摆模型并没有模拟出在低频和高频区域的行人实际 CoM 位移响应。Carroll 认为低频和高频区域的偏差对自激力的影响可以忽略不计,他认为这仅是倒摆模型的一个小缺陷。

Carroll 进一步采用相关系数(CC)来量化倒摆模型预测结果与实验观测结果之间的线性关系,分析发现测试者数据和倒摆模型理论结果关于位置、速度和加速度的相关系数分别为0.55、0.93和0.81。同时考虑到相关系数无法评判倒摆模型预测与实验观测之间的比例差异,因此,还采用了线性度(线性回归线的斜率,m_{reg})来衡量两者的相似性。两者关于位置、速度和加速度的线性度分别为0.51、0.77和0.66,这意味着倒摆模型低估了实际位置、速度和加速度的大小。

接着,Carroll 在跑步机横向振动情况下进行了倒摆模型与测试者 CoM 运动的比较。图6.2.10显示了跑步机横向振动频率为0.5Hz、振幅为10mm时(测试者横向步频约为0.9Hz)的倒摆模型和测试者比较结果。其中比较量化指标CC & m_{reg}分别为0.64 & 0.34(CoM 位置)、0.93 & 0.66(CoM 速度)和0.81 & 0.59(CoM 加速度)。倒摆模型的被动动力特性似乎可以合理地预测测试者在面对这种较强振动刺激下的行为。特别是在$4s \leqslant t \leqslant 12s$之间,位置、速度和加速度都可以被倒摆模型较好地模拟出来。然而,有些区域的非正常行为,例如在$13s \leqslant t \leqslant 14s$之间,倒摆模型的预测效果则较差。

可以推测,外部振动刺激的加强将使得倒摆模型模拟的 CoM 运动和实验观测到的测试者 CoM 运动更趋于一致。也就是说,测试者经历的等效惯性力越强,他们在单次站立阶段的行为就越像一个被动反馈的倒摆模型。换言之,倒摆模型的被动反馈足以描述测试者在横向振动结构行走时的 CoM 运动情况,似乎没有必要在 CoM 上再增加一个主动控制元素。虽然行人在横向振动跑步机上行走过程中,主动控制平衡起着维持稳定的作用,但 CoM 的振动行为已被倒摆模型的被动控制动力特性充分描述。

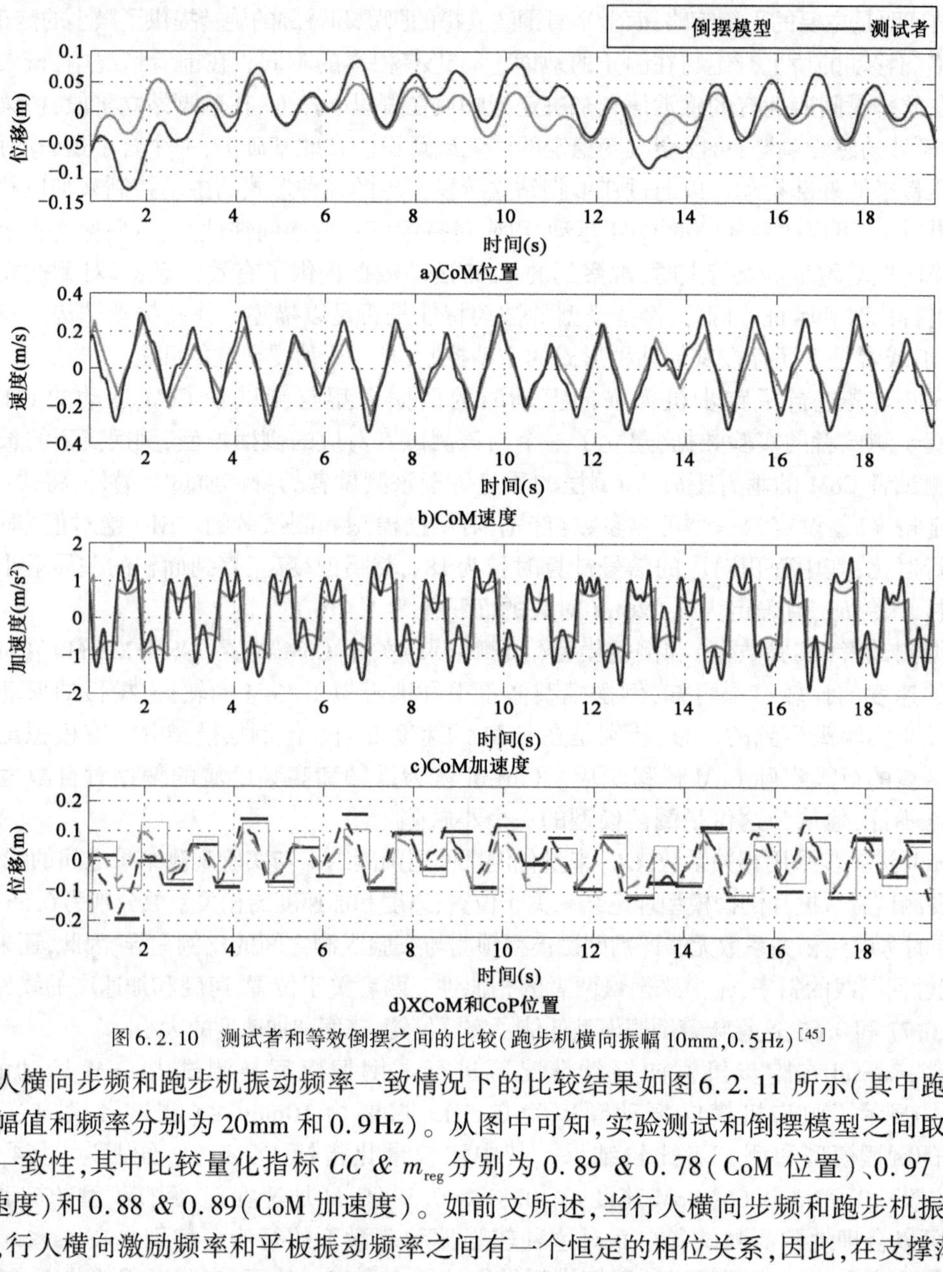

图 6.2.10　测试者和等效倒摆之间的比较(跑步机横向振幅 10mm,0.5Hz)[45]

行人横向步频和跑步机振动频率一致情况下的比较结果如图 6.2.11 所示(其中跑步机横向振动幅值和频率分别为 20mm 和 0.9Hz)。从图中可知,实验测试和倒摆模型之间取得了非常好的一致性,其中比较量化指标 CC & m_{reg} 分别为 0.89 & 0.78(CoM 位置)、0.97 & 0.93(CoM 速度)和 0.88 & 0.89(CoM 加速度)。如前文所述,当行人横向步频和跑步机振动频率一致时,行人横向激励频率和平板振动频率之间有一个恒定的相位关系,因此,在支撑落地时,施加在测试者和倒摆模型上的等效惯性力在每个步态周期间保持不变,并且没有步幅的调整。在这种特殊情况下,CoP 的位置可由式(6.1.8)对应的脚触地位置控制规则预测得到较好的结果;相应地,CoM 的位置、速度和加速度也能得到较好的预测结果。

随着基底振动速度的增长,倒摆模型中的脚触地位置控制规则的局限性开始凸显。现将式(6.1.8)进行适当调整,设$\bar{u}$为倒摆根部(CoP)相对于倒摆质量中心(CoM)的水平位置差,即:$\bar{u} = u_n - y_n^0$,则式(6.1.8)可写为:

$$\bar{u} = \frac{\dot{y}_n^0}{\Omega_p} + (-1)^n b_{\min} \tag{6.2.4}$$

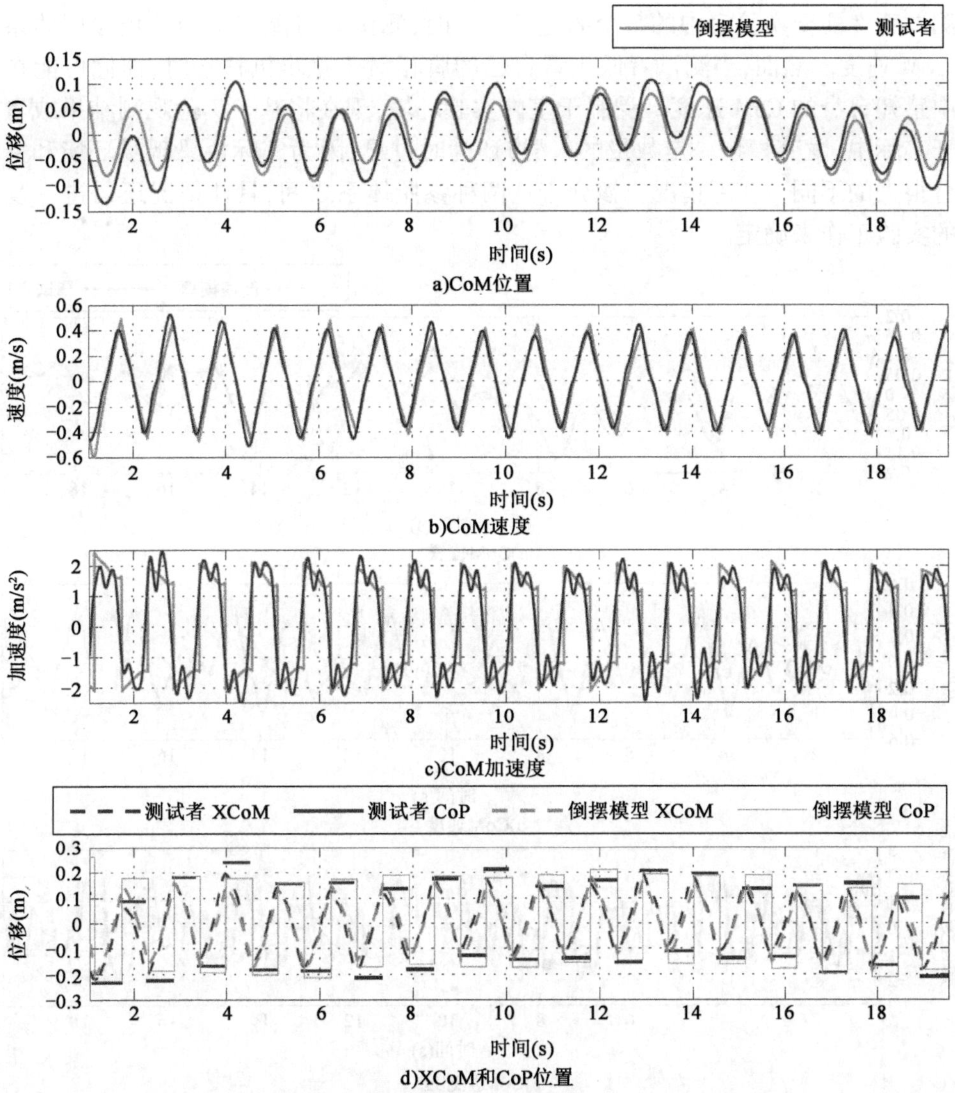

图6.2.11　测试者和等效倒摆之间的比较(跑步机横向振幅20mm,频率0.9Hz)[45]

基于式(6.2.4)可知脚触地位置控制规则中主要包含一个与CoM速度成比例的项$\dot{y}_n^0/\Omega_p$,以及稳定裕度$b_{\min}$。

在倒摆模型和足下结构(跑步机)具有相同方向的全局速度,但足下结构速度大于倒摆模型的绝对速度的情况下,倒摆模型相对于足下结构的速度将处于内侧中间方向,导致$\dot{y}_n^0/\Omega_p$将与$b_{\min}$的符号相反。随着足下结构速度的增加,$b_{\min}$将被$\dot{y}_n^0/\Omega_p$削弱,从而产生一个交叉步。交叉步代表了倒摆模型的CoP在即将到来的被置于CoM的错误一侧的情况。图6.2.12给出了跑步机横向振动频率为0.6Hz,振幅为35mm时的倒摆模型和测试者两者之间的比较结果。在图6.2.12d)中可以明显观测到交叉步行为。虽然这种行为保证了倒摆模型的稳定性,但也预示着脚触地位置控制规则的失效,因为此时倒摆模型描述的行为不再是人类运动。

对于倒摆模型而言,目前仍存在一个重要的未知数,即支撑点(CoP)落地的倒摆速度$\dot{y}_{m,0}$的参照体系:选择相对于振动结构的速度还是选择相对于全局静止体系的速度。

当测试者专注于实验室中的某个固定参考点时,测试者可能在全局静止参照体系中感知自身的 CoM 速度。然而,当测试者低头看自己的脚相对于跑步机移动时,他们可能在局部参照体系中感知自身的 CoM 速度。受制于室内实验环境,现在将基于实验观测结果或者倒摆模型应用于实际中(尤其模拟一定数量的人群)还为时过早,因为实际桥梁现场环境和室内实验环境有着很大的不同。实际情况应该介于这两种参照体系之间,具体情况还需进一步的更接近实际的实验工作来确定。

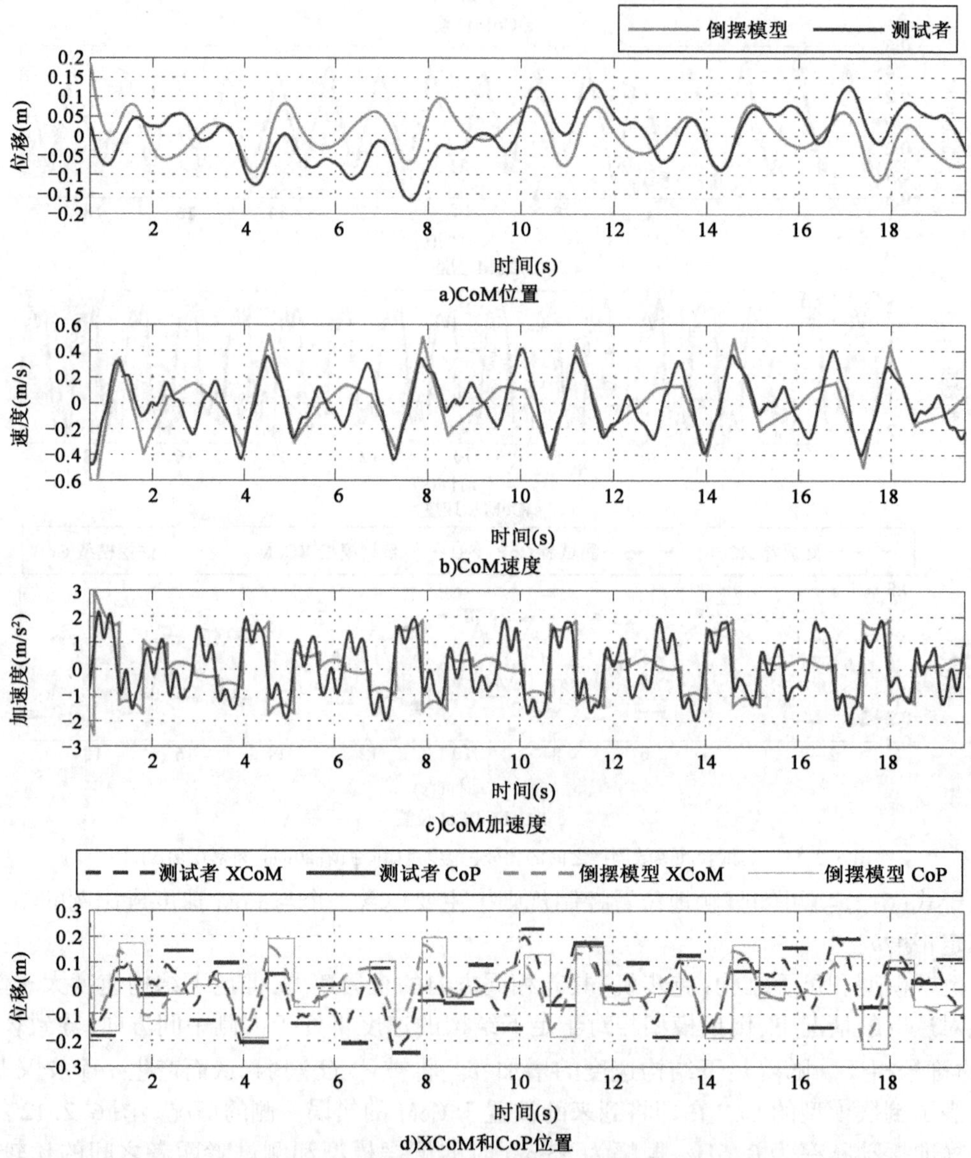

a)CoM位置
b)CoM速度
c)CoM加速度
d)XCoM和CoP位置

图 6.2.12 倒摆模型和测试者之间的比较(跑步机横向振幅 35mm,频率 0.6Hz)[45]

6.2.6 讨论

Carroll 借助三维运动跟踪摄像系统,研究了行人在静止和横向振动的跑步机上行走时的平衡行为。实验的主要目的有两个：首先是验证基于视觉标记数据来获得行人 GRF 方法的有效性，继而说明采用简单的块状质量模型来模拟在横向振动结构上行走的行人是合理的（这间接证实了倒摆模型物理结构设定的合理性）；其次是利用标记 GRF 数据来更好地了解自激力产生的原因。基于 Carroll 的研究，可以总结出以下几点结论：

①跑步机横向振动时，测试者保持身体平衡的反应和脚部横向位置变化相关。这证实了人-结构相互作用力是由脚部横向位置变化所导致的。

②行人步宽调整频率已被证实为行人横向步频和跑步机横向驱动频率之间的差值。行人步宽的调整导致了人-结构相互作用力的产生，其中含有一个自激力分量，其频率与桥梁固有频率相同，因而会导致共振的出现。

③与在静止的结构上行走相比，结构运动提供的额外刺激也已被证明会导致行人平均步宽的增加。同时发现，当行人横向步频与结构固有频率相同时（同步共振），步态宽度将稳步增加，从而使得与桥梁运动同步的 GRF 增大。

③当测试者在横向振动结构上行走时，在单一站立运动行为在振幅≤20mm 和频率≤1.1Hz 的范围内（涵盖了实桥中大部分情况），基于被动反馈控制的倒摆模型可以很好地描述。因此，在单一站立阶段需要主动平衡控制的假设已被证明无效。虽然基于感觉反馈的主动平衡控制在稳定振动结构上的运动中肯定会被利用，但它对在单一站立阶段的 CoM 运动的影响可以被忽略。

总的来说，基于被动反馈控制的单自由度倒摆模型，通过其支撑点（CoP）置位来实现稳定，表现出相当好的模拟效果。当然，通过实施额外的主动控制策略，可以实现更精确的 CoP 置位。然而，这种提高精度的方法势必会增加模型的复杂度，因此需要谨慎考虑。

6.3　Bocian 的验证实验

为了进一步揭示人行桥人致横向振动的机理和验证倒摆模型的有效性，Bocian 等人设计了一种新颖的实验装置，用于研究行人在横向振动结构上的行走行为。为了确保和实际桥梁环境感官信息的一致性和保障行人的自然行走行为，该装置中设置了一个沉浸式的互动虚拟现实环境并采用电机速度反馈控制机制。

6.3.1　实验装置

实验装置主要分为三大部分：仪器化改造的跑步机、运动捕捉系统、虚拟现实环境模拟装置。类似于 Ingólfsson 等人[27,29]和 Carroll 等人[44-45]，Bocian 等人[31]同样选择了一个仪器化改造的跑步机[图 6.3.1 和图 1.3.2f）]来测量地面反作用力（GRF）。他们将跑步机安装在一个单轴液压振动台的顶部来实现横向振动。虚拟现实则是通过头戴式显示器来实现。该显示器中，具有计算机生成的沉浸式和互动式三维环境，给人以在真实桥梁上行走的视觉印象。运动学数据由运动捕捉系统收集，并用于更新计算机生成的图像和控制跑步机皮带速度，使其自动调整到步行者感觉舒适的速度。

在仪器化改造的跑步机方面，为保障行人测试者能自主调整步态，Bocian 等人选择了一个长 2m、宽 1.5m 的宽敞步行区域。采用了较大刚度的设计，以确保跑步机的高固有频率，避免因共振和疲劳而影响测量信号。同时，选择了交流减速电机来驱动跑步机的皮带，并确保驱动机构对控制系统发出的指令具有足够的反应能力。Bocian 等人还开发了一个特定的电机速度反馈控制器,允许根据受试者的速度自动调整皮带的速度。为了避免增加实验装置的复杂性,他们利用动作捕捉系统的输出作为控制算法的输入,并基于电机加速度和测试者速度变化之间的比例关系,选择了一种简单的速度控制方法。在对增益进行适当调整后,该控制系统能够实现其设计目标,不会抑制自然行走。

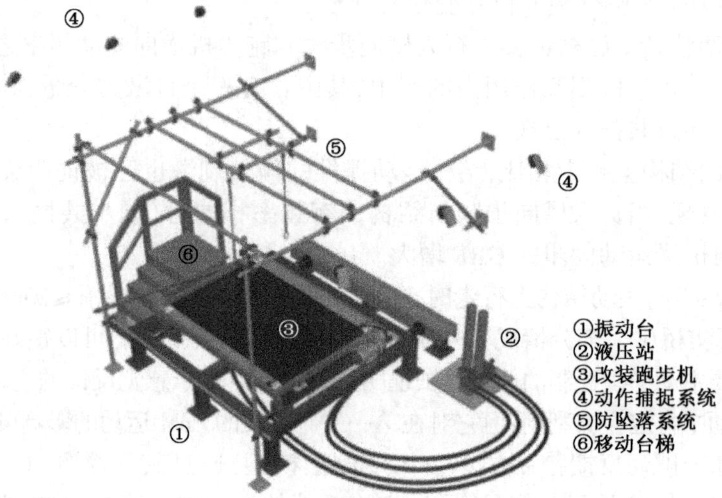

图 6.3.1 实验装置[31]

运动捕捉系统由 6 个红外相机和 1 个数据处理单元组成,可完成行人运动数据搜集工作。运动捕捉系统从放置在测试者身上的 17 个标记中获得了行人运动数据。其中 3 个标记放置在受试者胸部,用来确定受试者在跑步机上的前后位置,并应用于跑步机中的速度反馈控制。此外,运动捕捉系统还用于采集跑步机、跑步带和 VR 头盔运动的数据。

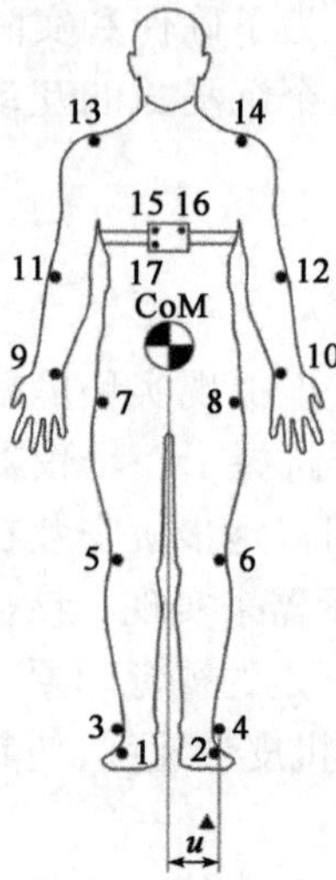

图 6.3.2 测试者身上的 17 个标记位置[31]

通过将人体视为一个装配体,基于 Winter[139] 提供的方法采集 CoM 运动数据。测试者的 9 个躯段将由 14 个标记来定义(图 6.3.2),这 14 个标记为:第四跖骨(1 号和 2 号)、外侧小腿骨(3 号和 4 号)、股骨髁(5 号和 6 号)、大转子(7 号和 8 号)、尺桡骨(9 号和 10 号)、肘轴(11 号和 12 号)和盂肱轴(13 号和14 号)。此外,图 6.3.2 还显示了用于跑步机带速度反馈控制的标记位置(15 号 ~ 17 号)。

按照 O'connor 等人[140] 的方法,从脚踝标记(图 6.3.2 中的标记 3 号和 4 号)中获取的速度信号,将被用于识别脚跟撞击事件(即触地)。由于无法获得脚压中心(CoP)位置的数据,Bocian 等人[31] 采用近似步宽$\bar{u}$的方式,其值等于脚跟撞击地面时的 CoM 位置(X_{CoM})与外踝标记点(X_{ANKLE},图 6.3.2 中的标记 3 号和 4 号)之间的横向距离差:$\bar{u}=X_{\mathrm{ANKLE}}-X_{\mathrm{CoM}}$。$\bar{u}$实质上是一个近似等效步宽(并非严格等于实际步宽),因为在步伐启动时的 CoP 与脚跟下的区域有关。在倒摆模型中,步宽被定义为脚跟着地时 CoM 和 CoP

的横向位置之间的距离,因此在使用上述近似步宽时,应注意到其与倒摆模型的差异性。

开发的虚拟现实环境(图6.3.3)由桥梁主体、桥下环境(桥下水文和地面)和天空组成。虚拟桥梁宽度设置为1.4m,它的表面被渲染成木质甲板,以增加行人行走的感知体验,从而增强了虚拟现实环境的真实感。另外还设计了一些其他桥梁构造设施,如两侧的扶手和固定柱子,其中柱子每隔4m对称地安放在桥的两边,以增加运动视差,这些柱子的绝对位置(即相对于地面)是固定的,可以认为是灯柱或周围环境的其他固定元素。

图6.3.3　投射到VR头盔上的虚拟桥梁环境[31]

6.3.2　实验方案和数据分析

15名志愿者参加了测试,每次测试持续大约3min,在摒除振动起始和终止阶段的数据后,搜集了中间大约2min的数据供进一步处理。测试者被要求以他们感觉舒适的速度行走,中间没有收到任何其他指示。在所有的实验中都使用了速度反馈控制,使跑步机的速度自动调整到步行者的速度。整个实验大致分为两个阶段。第一阶段以分析虚拟现实环境下结构振动对行人行为影响为主,分别进行无虚拟现实环境影响下行人行为测试和有虚拟现实环境影响下行人行为测试,而在考虑跑步机振动对行人行为影响方面,只使用了一组跑步机振动工况:跑步机进行正弦横向运动(振幅为10mm,振动频率$f_b=0.9\text{Hz}$)。第二阶段主要研究实桥测试和室内实验之间的较大附加阻尼差异及可能原因,在此阶段不再将虚拟现实环境视为影响因素,重点进行跑步机不同横向振幅和不同横向振动频率对行人行为的研究,采用了多组不同振幅和不同横向振动频率组合工况,其中跑步机正弦运动的振幅被设定为5mm、10mm以及15mm,频率被设置为0.54Hz、0.76Hz、0.9Hz及1.1Hz。

在数据分析方面,首先将桥梁和行人运动之间的相位角定义为:

$$\psi = 2\pi(t_{TD} - t_{b,0})f_b \tag{6.3.1}$$

式中,t_{TD}表示脚跟着地的瞬间;$t_{b,0}$是当前跑步机横向振动周期的开始时间,发生在跑步机位移为零、速度为正向最大的时候(正向定义为跑步机往测试者的右侧运动)。因此,右腿和左腿触地时的相位角相差π。如果将两条腿的相位角缩放在0~2π范围内(左腿的相位角将被移位π),可得到相位角的另一种表达方式——兼容相位角ψ_c。

其次,由于数据的不均匀采样(同一条腿连续两次脚跟着地的时间是可变的),所以不能使用FFT方法。作为替代方法,Lomb-Scargle算法[141]被应用于显示信号的频率成分。这种方法可分析不均匀采样数据,同时不需要插值操作,而且可以很容易地估计出频谱中的重要成分。

在基于实测数据的自激力识别方面,Bocian同样将自激力等效视为由以下两部分组成:一部分与桥梁速度同相,另一部分与之正交(与加速度同相)。这两部分可以作为等效附加阻尼(ΔC)和等效附加质量(ΔM)计入结构的运动方程。为了得到行人在桥梁正弦运动下产生的ΔC和ΔM,将构建加速度和相关作用力之间的传递函数。将跑步机放空(即无人在其上面行走),跑步带设置为两个不同的速度,在相同的跑步机横向运动下进行了两次测试,然后从测量数据中确定振动频率下的传递函数$\widehat{H}_{\ddot{x}_bF}(f_b)$。同样的方法用于获得行人在跑步机上行走的传递函数$H_{\ddot{x}_bF}(f_b)$。最后,行人产生的等效附加质量 ΔM 和等效阻尼 ΔC,可按下式计算得到:

$$\Delta M = -\mathrm{Re}[H_{\ddot{x}_bF}(f_b) - \widehat{H}_{\ddot{x}_bF}(f_b)] \tag{6.3.2}$$

$$\Delta C = \mathrm{Im}[H_{\ddot{x}_bF}(f_b) - \widehat{H}_{\ddot{x}_bF}(f_b)]\omega_b \tag{6.3.3}$$

式中,Re[-]和 Im[-]分别表示复数的实部和虚部;ω_b是跑步机的角振动频率;$H_{\ddot{x}_bF}(f_b)$和$\widehat{H}_{\ddot{x}_bF}(f_b)$是跑步机加速度和横向力之间的传递函数(在振动频率点处的值),基于对力和加速度信号的快速傅立叶变换的比值获得。两者不同之处在于,前者基于跑步机上有人获得的数据,而后者则基于跑步机上无人获得的数据。将 ΔC 和 ΔM 进行除以行人质量(m_p)的正则化处理,可得到:$\Delta\tilde{C} = \Delta C/m_p$和$\Delta\tilde{M} = \Delta M/m_p$。

6.3.3 虚拟现实环境下结构振动对行人行为的影响

在研究虚拟现实环境下结构振动对行人行为的影响时,Bocian 等人[31]只使用了一组跑步机振动工况:跑步机进行正弦横向运动,振幅 $A = 10\text{mm}$,振动频率$f_b = 0.9\text{Hz}$;并将跑步机振动时的行人行为测试结果和跑步机无振动时的行人行为测试结果进行比较。

图6.3.4 和图6.3.5 分别给出了虚拟现实环境影响下,跑步机无振动时的行人行为测试结果和跑步机振动时的行人行为测试结果。图6.3.4a)和图6.3.5a)显示了右腿(●)和左腿(○)的步宽$\bar{u}$的演变。图6.3.4a)中的步宽数据没有发现明显的偏差。为了测试$\bar{u}$变化的意义,对其中单条腿的数据信号进行了频域分析。由于数据不是均匀采样的,故采用 Lomb-Scargle 算法来显示信号的频率成分。

从图6.3.4b)中可以看出,频谱的任何成分都没有超过0.5 的显著性水平。这意味着,跑步机无振动时的$\bar{u}$变化没有明显的模式。而跑步机振动时的$\bar{u}$并非如此。从图6.3.5b)中可以看出,信号中存在一个频率为0.129Hz 的主导正弦分量,其显著性水平大于0.999。

图6.3.4c)和图6.3.5c)分别显示了跑步机无振动时和跑步机振动时的人致横向力(重量正则化)时程。在跑步机无振动的情况下,F_L的振幅在整个过程中相当稳定。对于跑步机振动的情况,跑步机横向运动明显影响了 CoM 的运动。由于$f_b \neq f_p$,F_L在不同的步伐中会有所不同,每一步的F_L在振幅和形状上都有较大的变化,F_L的最大幅值大约是跑步机无振动时的最大幅值[图6.3.4c)]的1.5 倍。

数据的时程分析结果表明,桥梁运动对行人的步态和行人横向力的振幅有调节作用。使用 Lomb-Scargle 功率谱算法对步宽数据进行了信号处理,并准确识别了步宽变化模式。如果联想到测试中采用的行人步频f_p,就不难理解这些频谱成分的重要性:这些主导成分的频率值是拍频(即差频),δf 在f_p(1.029Hz)和f_b(0.9Hz)之间。因此,步宽(以及横向力)根据行人和桥梁运动之间的相位而变化(对于相位自然漂移的情况,它本身就是拍频的一个函数)。这使得倒摆模型背后的假设[37,41]得到了验证。根据 Hof 等人[46]的脚触地位置控制法则,决定行人横向力大小的步宽是 CoM 速度的函数,而 CoM 的速度受桥梁运动影响。

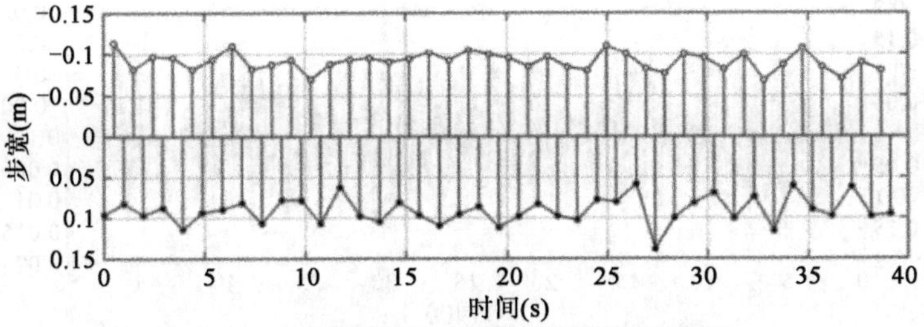

a)步宽时程(左右腿数据分别用○和●表示)

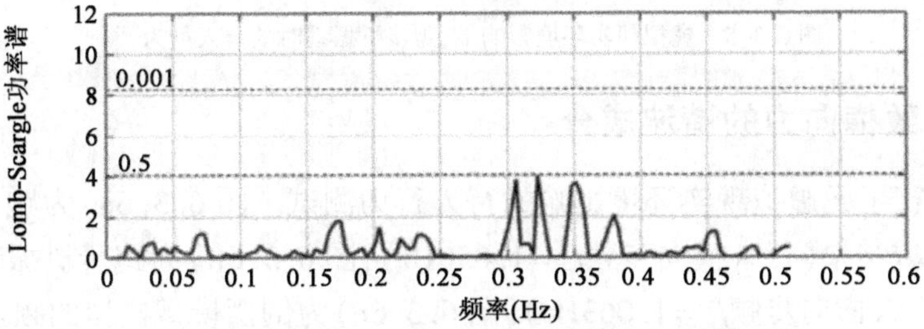

b)步宽Lomb- Scargle功率谱(显著性水平由虚线表示)

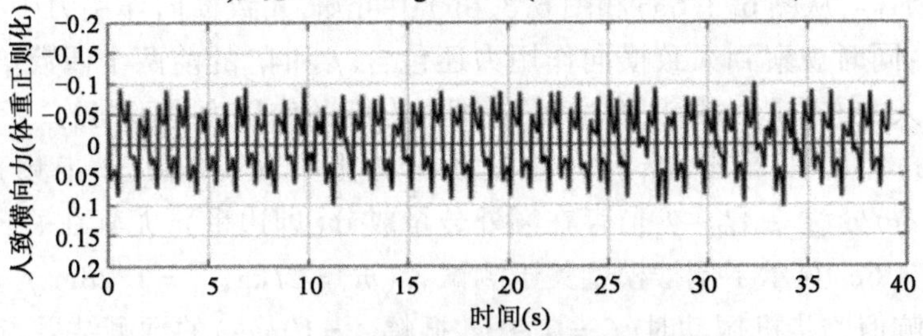

c)人致横向力(体重正则化)的时程

图 6.3.4　虚拟现实环境影响下,跑步机无振动时的行人行为[31]

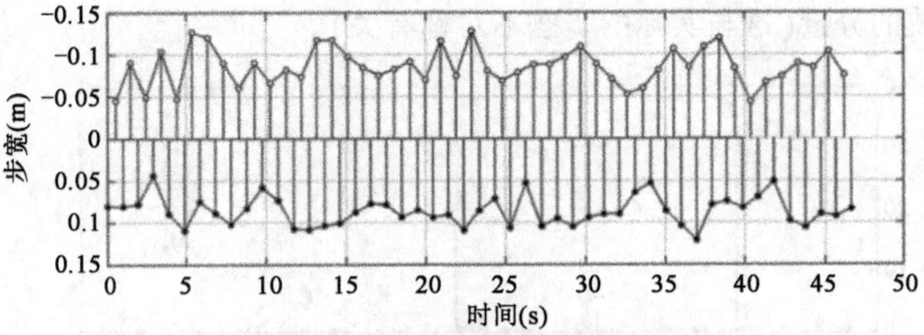

a)步宽时程(左右腿数据分别用○和●表示)

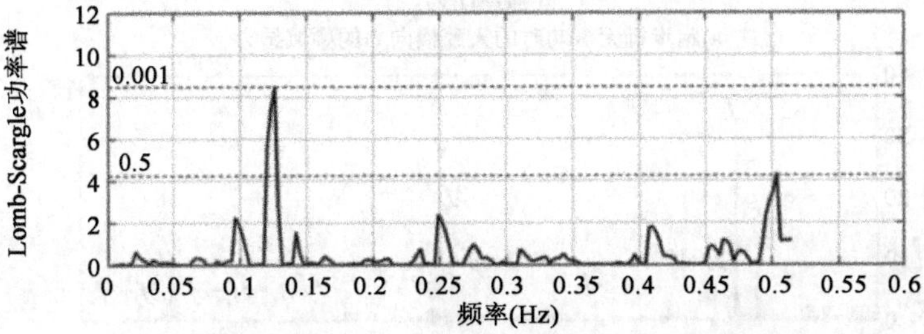

b)步宽Lomb- Scargle功率谱(显著性水平由虚线表示)

图　6.3.5

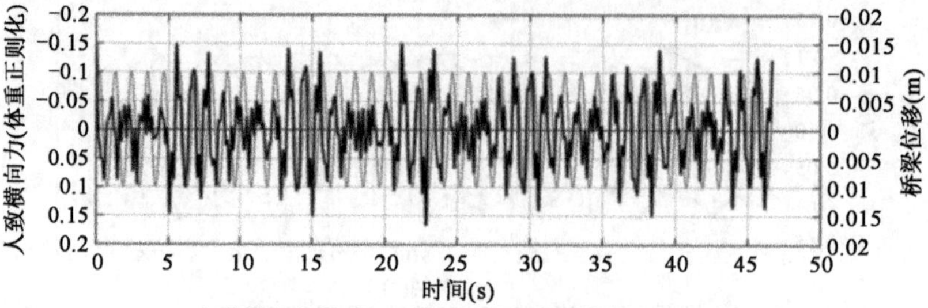

c)人致横向力(体重正则化)的时程及桥梁横向位移时程

图 6.3.5 虚拟现实环境影响下，跑步机振动时的行人行为[31]

6.3.4 人致横向力的谐波成分

Bocian 还进行了无虚拟现实环境影响的行人行为测试。图 6.3.6a) 为跑步机无振动时的人致横向力的频域结果(行人横向步频f_p = 1.056Hz)，图 6.3.6b) 为跑步机振动时的人致横向力的频域结果(行人横向步频f_p = 1.063Hz)，图 6.3.6c) 为倒摆模型模拟的频域结果。

正如预期的那样，从图 6.3.6a) 和图 6.3.6b) 中可知，人致横向作用力中存在主导步频的奇数倍谐波分量；同时观察到人致横向作用力还包含$2f_p$和$4f_p$的前两个偶数倍谐波的分量，这表明测试期间行人的左右脚力量是不对称的，即左右腿的作用力是不同的。

从图 6.3.6b) 中可以看出，当行人在振动结构上行走时，在f_p(步频)左右两侧距离$|f_b - f_p|$(即拍频 δf)处($f_p \pm |f_b - f_p|$)存在额外分量成分(即边带)，尤其在一、三阶谐波周围处特别明显。图 6.3.6c) 显示了倒摆模型关于测试者(m_p = 67kg，l_{eq} = 1.28m，f_p = 1.063Hz)在无虚拟现实环境影响但跑步机振动时(f_b = 0.9Hz，振幅 A = 10mm)的预测结果，其中 CoM 速度以桥外静止点作为参考(基于绝对速度的脚触地位置控制规则)，稳定裕度b_{min}为 0.0157m。可以看出，倒摆模型的预测结果与图 6.3.6b) 中的测量数据相当吻合，唯一的区别是图 6.3.6b) 中存在步频偶数倍谐波的分量(这与实际的步态不对称有关)。

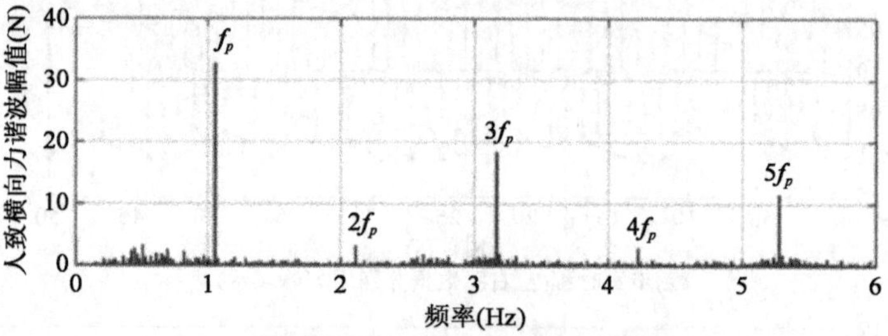

a)跑步机无振动时的人致横向力的频域结果

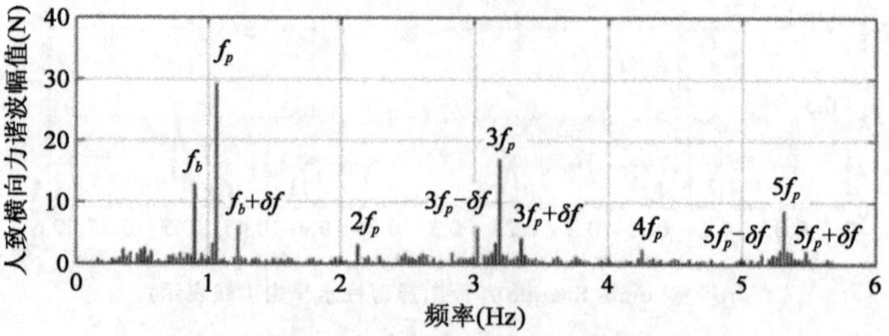

b)跑步机振动时的人致横向力的频域结果

图 6.3.6

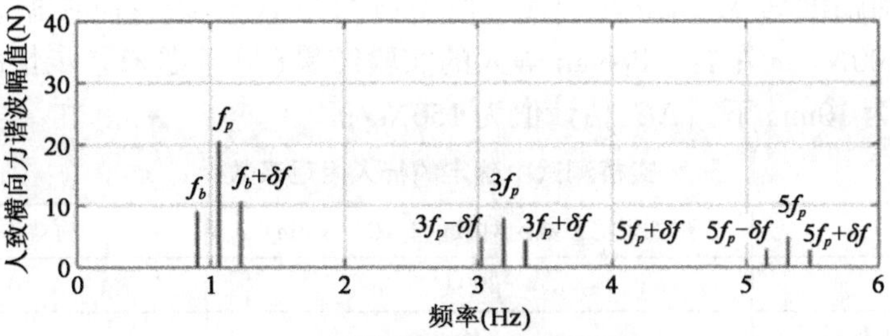

c)倒摆模型模拟的频域结果

图 6.3.6　虚拟现实环境影响下，人致横向力的频域结果[34]

6.3.5　视觉环境的影响

Bocian 基于无虚拟现实环境影响和有虚拟现实环境影响下的测试对比结果，指出：

①无论行人是在实验室还是在虚拟桥梁的视觉环境下，考虑结构横向运动都会导致行人步行速度的增加，从而证明了在实验装置中加入速度反馈控制机制的合理性。

②在静止结构行走时，视觉条件的不同不会导致任何参数有统计上的显著差异。

③在虚拟现实环境影响下，自激力、步态周期、步长和行走速度将发生统计学上的差异。

④有虚拟现实环境影响下的附加质量 $\Delta\tilde{M}$和附加阻尼 $\Delta\tilde{C}$高于无虚拟现实环境影响下的结果。

⑤引入虚拟现实环境，在保持其他环境不变的情况下，通常会减少步时（从而增加步频，24 对测试中有 21 对是这种情况）和增加步宽（24 对测试中有 17 对是这种情况），平均值分别增加 1.3% 和 2.2%。除个别情况外，在 NVR 和 VR 中引入结构横向运动会导致步宽的更大差异性。

值得指出的是，虚拟现实环境虽然会对行人步伐行为造成影响，但正如 Bocian 所言，影响程度并没有预期设想的那么大，主要原因还是实验方案不够精细和全面，虚拟现实环境给行人的刺激与现实环境带来的真实刺激之间还存在较大的差距，因此在未来的实验研究中应进一步提升虚拟现实环境的模拟效果，提供更逼真的视觉环境（增加视觉环境对步态参数和自激力的影响），同时应提供行人自由调整步态的能力，以便更好地重现行人自然步行行为。

6.3.6　实桥测试和室内实验之间的附加阻尼差异

行人自激力中与速度和加速度同相的分量分别可以表示为结构的等效附加阻尼 ΔC（含义等同于 Dallard 模型[1,11]及 Ingólfsson 模型[27-28]中的c_p，但符号相反，即 $\Delta C=-c_p$）和等效附加质量 ΔM（含义等同于 Ingólfsson 模型[27-28]中的$\rho_p m_p$，但符号相反，即 $\Delta M=-\rho_p m_p$），用这种简洁的形式来表征行人自激力已经成为一种惯例。ΔC 如何取值仍是一个待商榷的问题。因为从实桥测试中获得的 ΔC 测量值（自上而下推算，宏观模型）和实验室基于单个行人步行测试（自下而上推算，微观模型）的结果之间存在明显差异。

表 6.3.1 总结了多座实桥测试中获得的 ΔC 测量值。在实桥测试中，主要是利用测量的结构反应来反算出 ΔC。可以看出，除了克利夫顿悬索桥外，其他桥梁的 ΔC 绝对数值都在 300Ns/m 左右或者更高，比 Ingólfsson 等人[27]及 Bocian 等人[31]的实验结果高得多。Ingólfsson

等人观测到在振动幅度为 4.5mm 时，$|\Delta C|$最小值约为 200Ns/m；但在振动幅度超过 20mm 时，$|\Delta C|$减小到 100Ns/m 左右。Bocian 等人的实验结果（只考虑未同步情况）表明在振动频率为 0.9Hz、振幅为 10mm 下，$|\Delta C|$估计值为 150Ns/m。

实桥测试中确定的行人阻尼系数　　表 6.3.1

桥　名	附加阻尼系数绝对数值 $\|\Delta C\|$（Ns/m）	桥梁振动频率（Hz）
伦敦千禧桥	300	0.5 ~ 1.0
新加坡樟宜机场人行桥	376	0.9
克利夫顿悬索桥	160	0.52
	210	0.74
科英布拉桥	300	0.91

值得注意的是，在前文提到的仪器化改造跑步机行人测试中，行人的速度要么是强加的（行人按照指定速度行走），要么是由于应用跑步机皮带速度反馈控制机制而自我选择的（即不受约束）。所有这些速度可能都不是行人在密集人群中行走的速度。Macdonald 提出的倒摆模型的预测表明，当行人步频接近于表 6.3.1 所列的结构固有频率时（即发生同步），$|\Delta C|$将变得更大，而这可解释在表 6.3.1 中所列的实桥大多数具有较大$|\Delta C|$结果的现象。对于宏观模型和微观模型之间的 ΔC 差异，另一个解释是选择性相位频率夹带机制（即 Strogatz 提出的相位同步模型[34]）。在这种机制下，行人运动将与结构振动同步，并调整他们的相对相位，以输入更多的能量到受激结构模态中，相比未同步行走的行人，此机制将产生更不利的 ΔC 值。

为了揭示宏观模型和微观模型获得的自激力之间的差异，Bocian 等人[42]进一步开展了第二阶段测试，增加了多组不同跑步机振幅和不同振动频率组合工况，并基于实测相位角数据［式(6.3.1)］的分析，对实验中发现的五种不同类型的步态行为进行了分析。这些步态行为包括相位自然漂移、相位拉动、持续频率锁定、间歇频率夹带和相位角非均匀分布。其中相位角非均匀分布对应的实验数据没有明确的规律性且随机性明显，故下文不作具体介绍。

需要指出的是，频率夹带和频率锁定这两个术语有时候表示的是同一个意思，然而这里将有所区分：这里所指的频率夹带仅指一阶的同步，即$f_p/f_b=1$（有任何相位差），而频率锁定更普遍，指任何一阶的同步，如$f_p/f_b=[1,2,\cdots]$（有任何相位差）。另外，此处所指频率夹带又分为持续频率锁定中的持续频率夹带和间歇频率夹带，前者具有连续的相位角变化过程，而后者相位角变化不连续，相位角变化规律需要较长时间才能显现。

Bocian 重点研究了相位拉动和同步机制（频率锁定和频率夹带）。他发现当行人脚步时长发生规律性变化时，就会发生相位拉动。Bocian 认为相位拉动可以用于解释上述实桥测试和室内实验之间的附加阻尼差异。Bocian 还分析了同步发生的可能性和同步对结构稳定性的影响。

6.3.7 相位自然漂移

在实验中，Bocian 发现相位自然漂移是出现频率最高的一种行走行为。实验中观测到的相位自然漂移特点有：行人的步频和桥梁振动频率不同，行人与桥梁的相对相位以几乎恒定的速度演变；同时，在行人脚触地间隔时长的频谱分析中，除了平均步频，没有发现其他重要分量。相位自然漂移正是倒摆模型设定的行人行走行为[72]，因此这为倒摆模型中的合理性提供了有利证据。图6.3.7显示了一个相位自然漂移的例子（工况为$f_p=1.09\text{Hz}$，$f_b=0.9\text{Hz}$，$A=5\text{mm}$）。左右腿触地时相位角分别用（○）和（●）表示，并用黑线连接每一个步伐。图中的四条节点连线表示相位角演化周期中左右腿触地时相位角结果的线性拟合。可以看出，这些拟合线的梯度基本相同，表明了相位演变的速率几乎是恒定的。

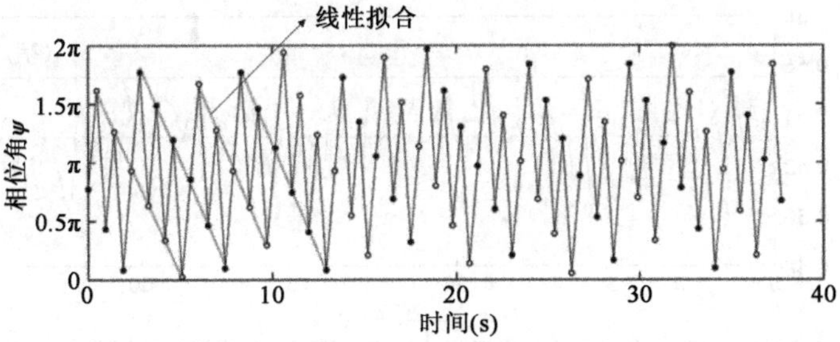

图6.3.7　相位自然漂移下的行人行为[42]

6.3.8　相位拉动

除了相位自然漂移，Bocian在实验中还观测到：行人在行进中存在步时（如脚触地间隔时长）自适应调整行为，这使得在行人和结构运动之间的相对相位演变过程中，相位角将非均匀分布但会有序演变。Bocian将此行为称为相位拉动。与相位自然漂移相比，这种对步时的微调可以使自激力的大小发生明显变化。

在四种不同的跑步机振动工况下行走，发现了五个相位拉动的案例，整体可以分为两组：平均步频略高于跑步机的横向振动频率（即$f_p>f_b$）；平均步频略低于跑步机的横向振动频率（即$f_p<f_b$）。图6.3.8a）给出了一个$f_p>f_b$的例子，测试工况为$f_b=0.9\text{Hz}$，$A=10\text{mm}$，$f_p=0.94\text{Hz}$，$h=1.81\text{m}$，$m_p=75\text{kg}$。从中可知，右腿触地时和左腿触地时的相位角并不是以相等的增量演变，而是非线性的变化[图6.3.8a)中的拟合线]。图6.3.8b)给出了脚触地间隔时长T_D结果，从图可知，在11～20s等部分时段区域，脚触地间隔时长一直低于平均值（图中虚线），这些时段区域对应于图6.3.8a)相位角分布中具有较陡负梯度（相位角变化快）的区域。另外，在0～11s等部分时段区域，脚触地间隔时长则高于平均值，对应于在图6.3.8a)中较平负梯度（相位角变化较慢）的区域。图6.3.8c)显示了右腿和腿部触地时的相位角直方图。两条腿触地时的相位角分布显然是不均匀的，右腿触地时的相位角主要分布在π/8～17π/16范围内，左腿触地时的相位角主要分布在0～π/16和13π/16～18π/16范围内。在后续的频域分析中，Bocian利用Lomb-Scargle算法得到了关于脚触地间隔时长的正则化功率谱。在频域中发现存在一个频率为0.037Hz的主导成分，其显著性水平大于0.999。这个频率成分为跑步机横向振动频率和行人横向步频之间的差频（拍频），其对应于图6.3.8b)中脚触地间隔时长的整体波浪状分布（位于低值区域并以固定间隔出现）。

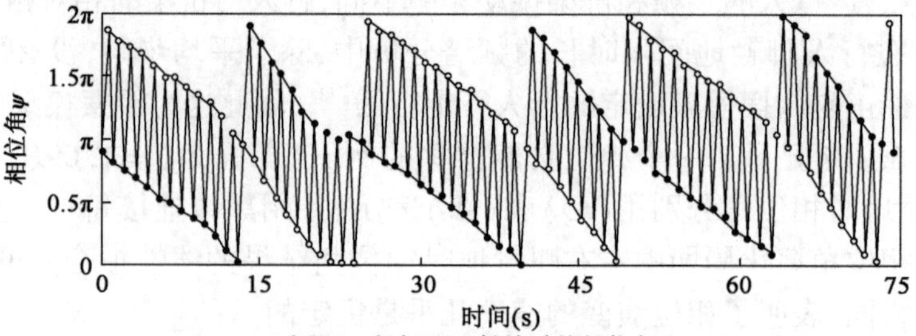

a)右腿(●)和左腿(○)触地时的相位角

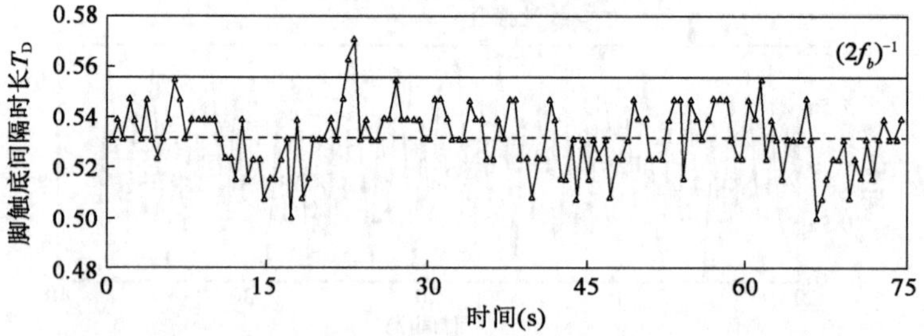

b)脚触地间隔时长，虚线代表平均值，连续线代表跑步机振动周期的一半

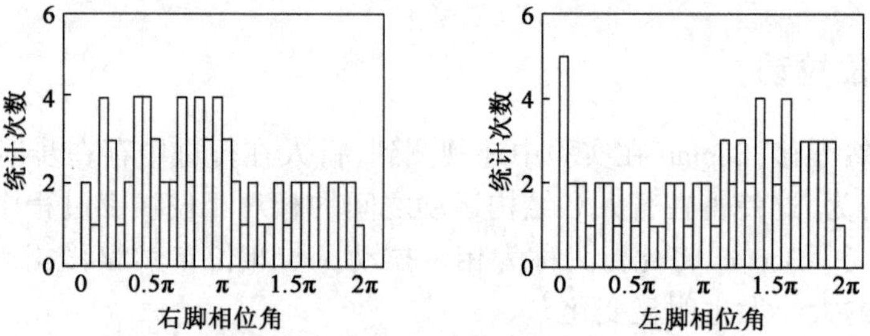

c)腿触地时的相位角直方图，区段大小为π/16

图 6.3.8　相位拉动情况下的行人行为及其分析结果 1[42]

图 6.3.9 给出了另外一个不同的相位拉动例子($f_p < f_b$)，测试工况为$f_b = 0.9\text{Hz}$，$A = 5\text{mm}$，$f_p = 0.87\text{Hz}$，$h = 1.76\text{m}$，$m_p = 56\text{kg}$。与图 6.3.8a)中的数据不同，此处的相位角变化梯度一般都是正值(因为$f_p < f_b$)。与前文类似，桥梁和行人运动之间的相位角 ψ 的演变随着区段不同而变化，由此产生了相位角分布不均匀[图 6.3.9c)]。在相应的 Lomb-Scargle 功率谱中，同样发现一个频率为 0.033Hz 的主导成分(其显著性水平大于 0.999)，对应于跑步机横向振动频率和行人横向步频之间的差频。

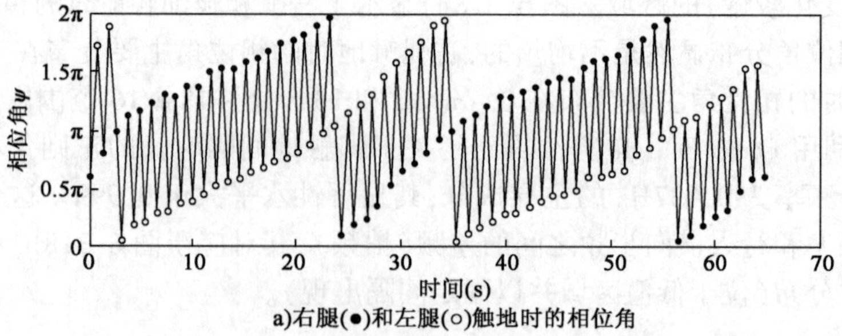

a)右腿(●)和左腿(○)触地时的相位角

图　6.3.9

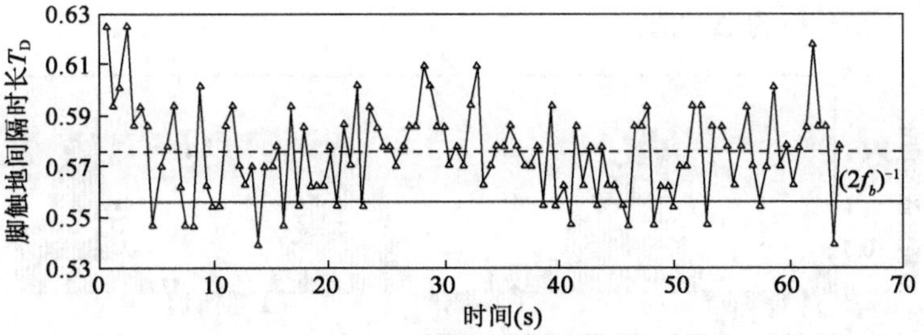

b)脚触地间隔时长

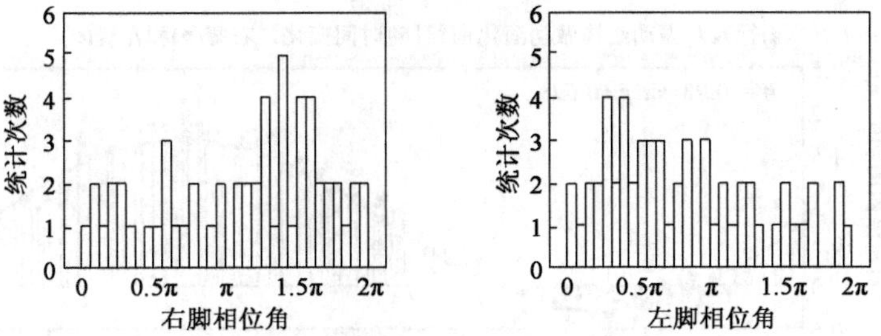

c)腿触地时的相位角直方图

图6.3.9　相位拉动情况下的行人行为及其分析结果2[42]

为了更好地理解相位拉动的意义，需要从行人-结构系统各组成部分之间的能量流动的角度来分析实验数据。为此，图6.3.10显示了在工况$f_b=0.9$Hz，$A=10$mm，$f_p=0.94$Hz（即$f_p>f_b$，对应于图6.3.8结果）下，行人每一步（即左右脚的触地间隔）对桥梁所做的功：

$$W_n = \int_{t_{T_{D,n}}}^{t_{T_{D,n+1}}} F_L \dot{x}_b \mathrm{d}t \tag{6.3.4}$$

式中，W是行人对桥梁做的功；n是步数；F_L是人致横向力。在测试中，F_L为跑步机负载时（其上有行人）测得的横向力与跑步机空载时（其上无行人）测得的横向力之间的差值。从右腿和从左腿触地开始的步伐分别用●和○表示。

图6.3.10a）显示了W的时程。可以看出，W以正负相间的规律演变，但正值区域所占比重明显比负值区域大许多。因此，从整体平均角度来看，行人对结构做正功。由于附加阻尼系数$\Delta\tilde{C}$和W只在符号和比例因子上有差异，所以在这种情况下，可认为行人产生了一个自激净负阻尼力。图6.3.10b）中给出了W与兼容相位角ψ_c的关系。在ψ_c为$\pi/8\sim17\pi/16$的区域内，数据点的密集反映了图6.3.8中展示的相位拉动[见图6.3.8c）的直方图]。可以看出，数据点的分布可用一个正弦波来近似拟合[图6.3.10b）中的黑色曲线]。同时，还可以观测到W分布具有明显的不对称性[当然这一点在图6.3.10a）中也清晰可见]：W主要为正的ψ_c范围（$0\sim0.16\pi$和$0.76\pi\sim2\pi$）比W主要为负的ψ_c范围（$0.16\pi\sim0.76\pi$）宽得多；此外，W在$\pi/2$附近密集分布[与图6.3.8c）结果一致]。

为了进行比较，图6.3.11给出了$f_p<f_b$下（对应工况为$f_b=0.9$Hz，$A=5$mm，$f_p=0.87$Hz，与图6.3.9的数据相对应）行人每步对桥梁所做的功。相比图6.3.10a）（$f_p>f_b$），图6.3.11a）中的W正值区域所占比重更大，几乎整个区域都是正值，因此行人对桥梁做的正功更多。同时可知，$f_p<f_b$情况下的兼容相位角ψ_c分布不均匀性与$f_p>f_b$情况不同：$f_p<f_b$情况下的兼容相位角ψ_c通常落入高值区域，如图6.3.11b）所示。因此，在大多数步伐中，行人在桥上做的是正功，

由此产生对振动非常不利的 $\Delta\tilde{C}$值。

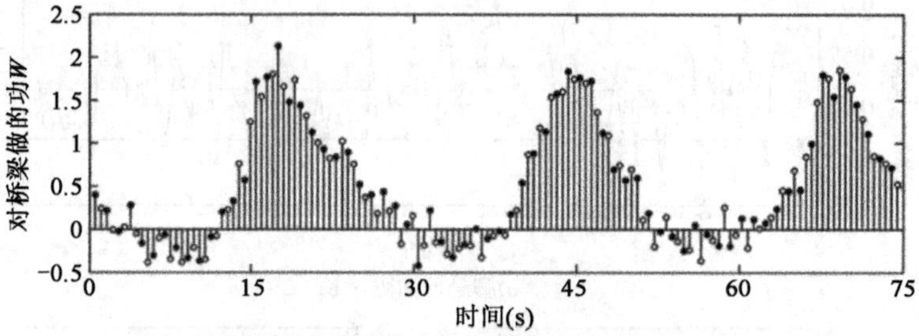

a)行人对振动结构做功演化曲线[随时间变化，右腿(●)和左腿(○)]

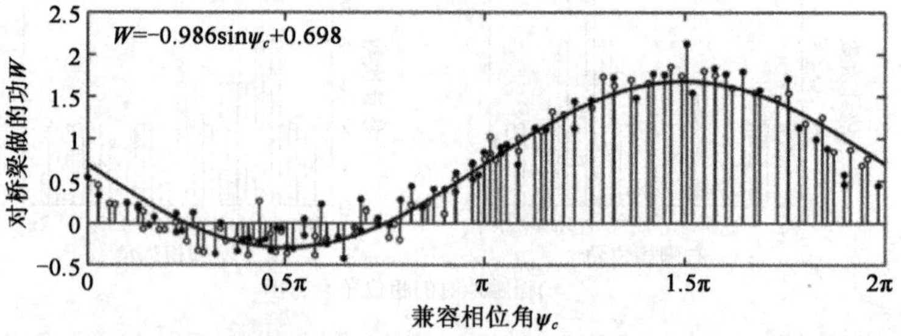

b)行人对振动结构做功演化曲线(随兼容相位角ψ_c变化)。黑色曲线表示数据的最佳正弦曲线(图中左上角的方程式)

图 6.3.10　$f_p > f_b$时,行人对桥梁所做的功[42]

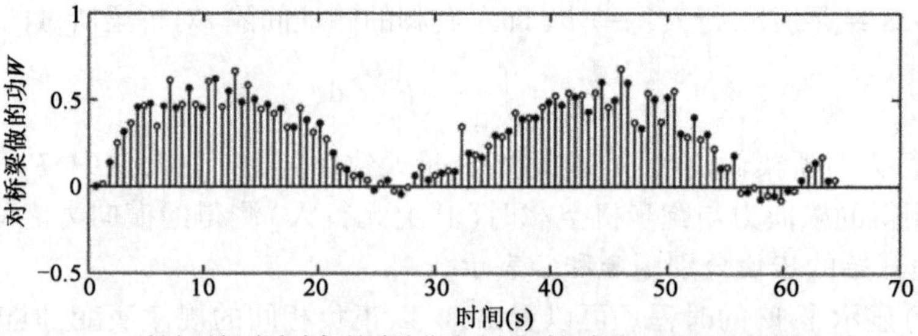

a)行人对振动跑步机做功演化曲线[随时间变化，右腿(●)和左腿(○)]

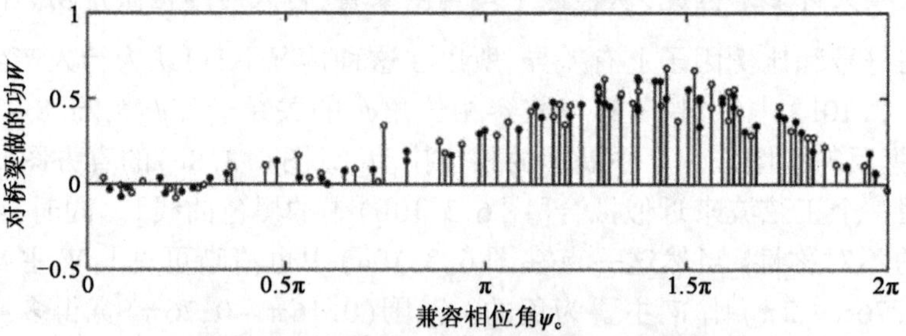

b)行人对振动跑步机做功演化曲线(随兼容相位角ψ_c变化)

图 6.3.11　$f_p < f_b$时,行人对桥梁所做的功[42]

综上可知,相位拉动机制可引起不同的步时调整,这取决于步频低于还是高于结构横向振动频率。当步频低于结构横向振动频率时,行人行走会对桥梁稳定性产生不利的影响。这时的等效附加阻尼 ΔC 绝对值会远远高于在实桥上测量得到的数值,其数值约为 $-9\times m_p$Ns/m。由此 Bocian 认为当行人的速度降低时,桥梁的稳定性可能会迅速降低。

Bocian 基于上述结果讨论了相位拉动发生的可能性。他认为,当行人的平均横向步频在足下结构横向振动频率的 0.05Hz(6%)范围内时,就会发生相位拉动,而跑步机横向振动频率和行人横向步频之间的最大差异幅度达到 0.1Hz(11%)。因此,当桥梁结构振动频率落在典型的步频范围内时,相位拉动发生的可能性还是较大的。人群中行人的平均行走速度随着人群密度的增加而降低,而且行走速度与行走频率有正相关关系。因此,Bocian 认为在相位拉动影响下,当人群速度降低时,结构振动振幅可能会突然增加,从而导致行人的步幅频率下降到低于结构激励模态的频率,并认为这种效应或许可以解释伦敦千禧桥的大幅横向振动事件:千禧桥开放当天录像显示,在桥梁振动失稳期,行人似乎与桥梁的横向运动有交替的同步和非同步运动的现象。此外,倒摆模型(基于步频不变的假设)的输出结果表明,行人步频较低时具有较大的 ΔC 和 ΔM,由此会产生更不利的负阻尼效应。因此 Bocian 指出,人群中行人的行走速度(亦或行走步频)可能是决定动态结构振动稳定性的一个重要因素。

Bocian 所发现的相位拉动机制与之前用于模拟竖向振动结构上行人行走的倒摆模型行为非常相似[142]。在后者研究中发现:当行人的步频和激励模态频率相对接近时,非同步和同步的行人运动会发生间歇性分离。在这个动态系统中,当行人步频交替地接近结构振动频率时(但在后期一段较长时间内与之脱离),瞬时相位角的演变速度在不同的相位角范围内会发生周期性变化,这与前文所述的相位拉动是一致的。McRobie 等人推测[48],类似的行为在横向振动结构上的行走中也可能发生,同时,随后结构振动幅值增大可能诱发的选择性相位频率夹带会使平均 ΔC 偏向更不利的值(如果此假设成立,则 ΔC 将与实桥测量值相符)。

6.3.9　持续频率锁定(同步)

对于持续频率锁定是整个实验过程中的主要行走行为的情况,Bocian 在测试中发现了两例:$f_p/f_b=1$ 和 $f_p/f_b=2$。

6.3.9.1　频率夹带($f_p/f_b=1$)

图 6.3.12a)显示了频率夹带情况下相位角的演变过程。图 6.3.12b)显示了脚触地间隔时长,可以看出,脚触地间隔时长较为紧密地分布在平均值附近。如果发生持续频率锁定,可以预计每条腿的相位角几乎是恒定值。图 6.3.12c)给出了相位角的分布,从中可以看出,相位角集中在右脚触地的 $19\pi/16\sim23\pi/16$ 和左脚触地的 $2\pi/16\sim7\pi/16$ 的窄带中。在关于脚触地间隔时长的 Lomb-Scargle 正则化功率谱分析中,发现只有一个频率为0.9Hz的主导成分,这意味着脚触地间隔的频率为 0.9Hz,即每个步态周期一次。基于图6.3.12中展示的数据结果可知,行人将向结构持续输入能量。右脚触地发生在跑步机开始向右运动之前,左脚触地发生在跑步机开始向左运动之前,因此行人在每一步产生的作用力基本上与跑步机的速度同相。这种情况下的附加阻尼 ΔC 将达到 -1008Ns/m,对桥梁振动稳定非常不利。

6.3.9.2　频率锁定($f_p/f_b=2$)

另一个频率锁定的例子如图 6.3.13 所示,其中实验工况为$f_b=0.54$Hz,$A=10$mm 和$f_p=1.08$Hz。由图 6.3.13a)可以看出,左脚触地和右脚触地时的相位角分布在以 π 为间隔的两个不同范围内,意味着行人横向步频是跑步机振动频率的两倍。图 6.3.13b)显示了脚触地间隔时长,均值为跑步机振动周期的四分之一(图中虚线)。图 6.3.13c)为相位角分布,从中可以看出,相位角集中在两条窄带内,其中右腿的相位角分布在 $0 \sim 3\pi/16$ 和 $9\pi/16 \sim \pi$,左腿的相位角分布在 $8\pi/16 \sim 11\pi/16$ 和 $24\pi/16 \sim 27\pi/16$。在 Lomb-Scargle 正则化功率谱分析中,发现有一个频率为 0.54Hz 的主导成分(与跑步机横向振动频率一致)。

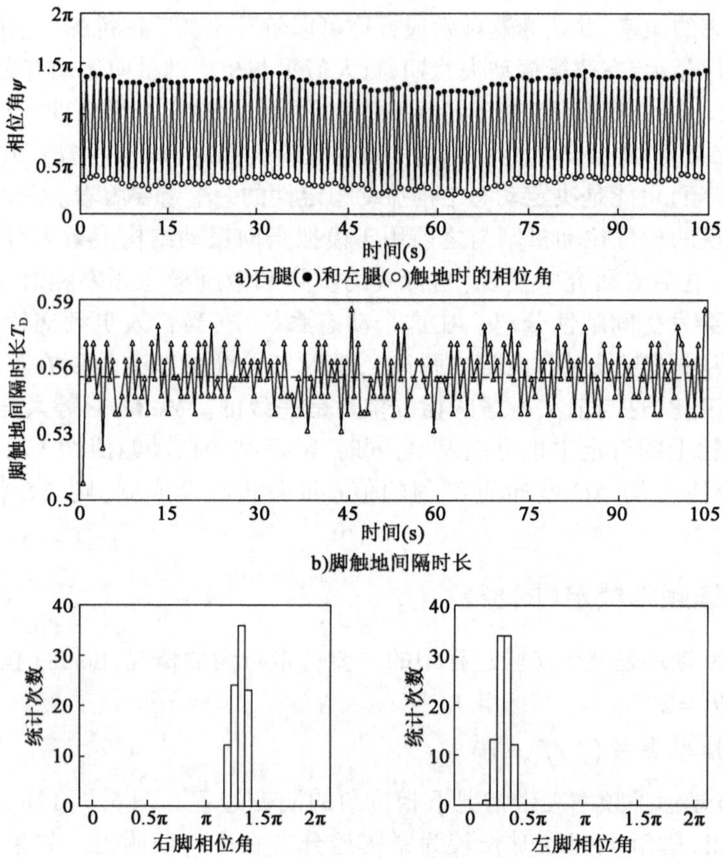

a)右腿(●)和左腿(○)触地时的相位角

b)脚触地间隔时长

c)腿触地时的相位角直方图

图 6.3.12 频率夹带情况下的行人行为及其分析结果[42]

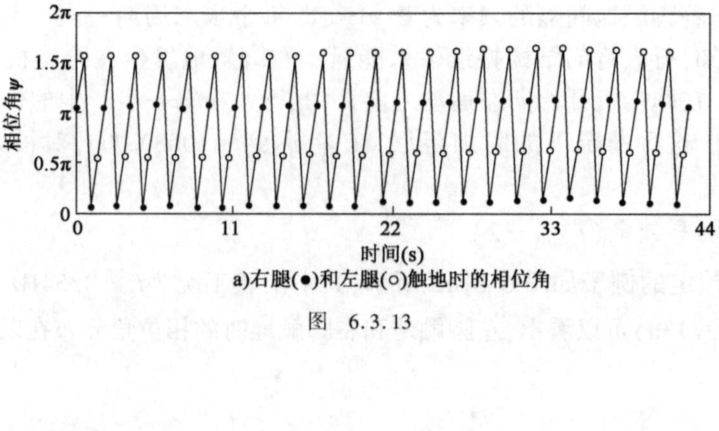

a)右腿(●)和左腿(○)触地时的相位角

图 6.3.13

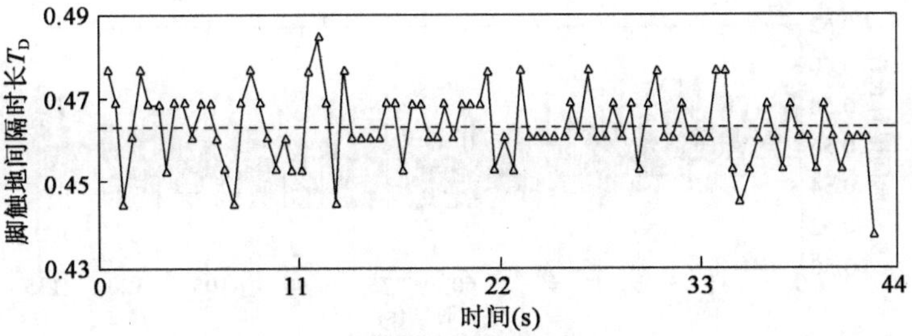

b)脚触地间隔时长

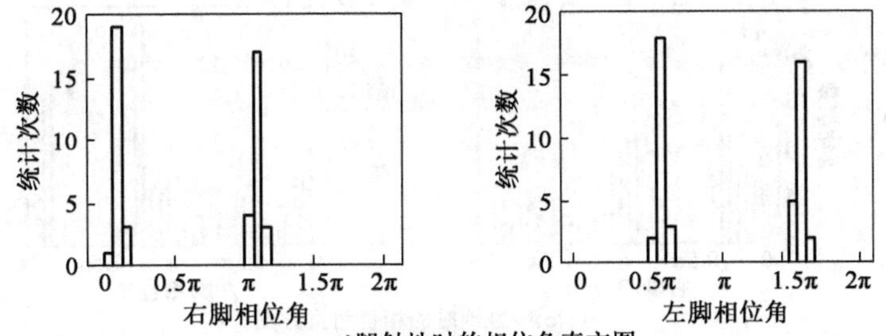

c)腿触地时的相位角直方图

图 6.3.13　频率锁定情况下的行人行为及其分析结果[42]

6.3.10　间歇频率夹带

这种类型的行为发生在相位角演化不规则时(相位角的变化情况需要较长时间才能显现),行人的步频表现出间歇频率夹带。图 6.3.14 给出了f_b = 0.9Hz 和 A = 10mm 时的间歇频率夹带的例子。在图 6.3.14a)中可以看出,频率夹带现象出现在右腿相位角接近 0.29π 和 0.99π的区域。这些区域被部分特定周期(其相位角的平均变化率显著偏离零)分隔。相位角变化具有最高正梯度和最低负梯度,分别对应于行人以最低步频和最高步频行走的情况,即分别低于和高于跑步机的横向振动频率。这可以从图 6.3.14b)中看出(脚触地间隔时长变化)。图 6.3.14c)中的相位角分布直方图显示了相位角不规则的模式,分布最集中的区段对应于两条腿的夹带相位角。然而,与图 6.3.12c)(f_p/f_b = 1)和图 6.3.13c)(f_p/f_b = 2)不同的是,相位角分布并不局限于少数几个区段,而是分布在相对较多的相邻区段。在随后 Lomb-Scargle 正则化功率谱分析中,发现存在着多个具有统计学意义(显著性水平大于 0.5)的分量:0.008Hz、0.877Hz、0.885Hz 和 0.9Hz。

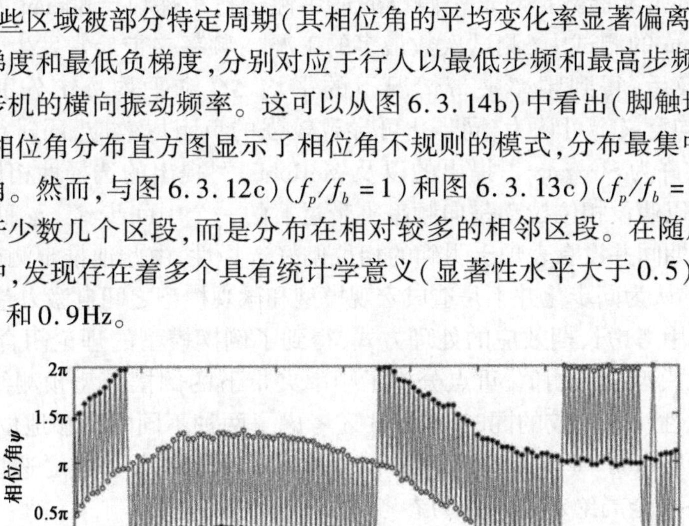

a)右腿(●)和左腿(○)触地时的相位角

图　6.3.14

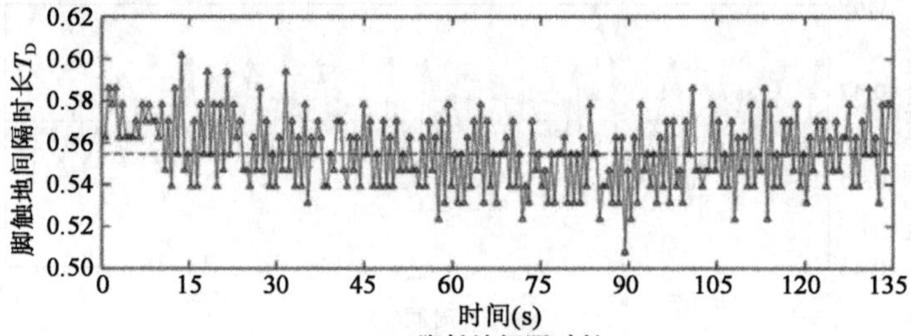

b)脚触地间隔时长

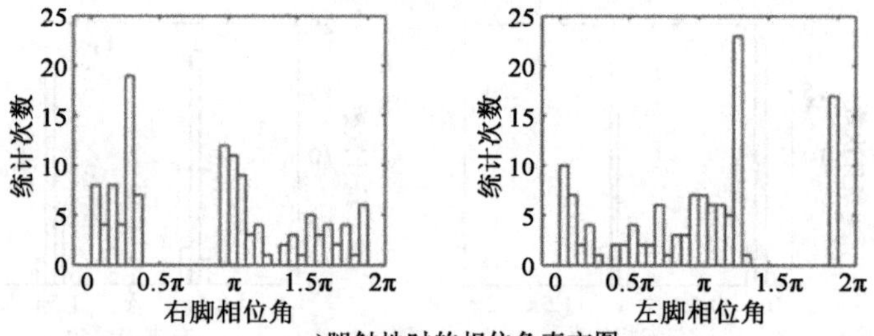

c)腿触地时的相位角直方图

图 6.3.14 间歇频率夹带情况的行人行为及其分析结果[46]

6.3.11 频率夹带下的倒摆模型结果与实验数据结果的比较

选择性相位频率夹带(等同于 Strogatz 提出的相位同步耦合模型[34]),即行人将自身步频与结构振动频率同步,其间调整相位以增加对结构振动的能量输入使得结构振动进一步增强,已被假设可用于解释宏观模型(基于实桥测试结果)和微观模型(基于室内单人实验)之间的 ΔC 差异。Bocian 根据实验数据对这一假设的适用性进行了探讨。Bocian 发现在实验工况为 $f_b=0.9\text{Hz}$、$A=10\text{mm}$ 的测试中(测试次数最多的工况),频率夹带最常发生。将频率夹带测试数据进行适当转换后,得到频率夹带情况下的平均 ΔC 和平均 ΔM 分别为 -415Ns/m 和 -42kg,因此在平均意义上可认为,同步化可导致较强的负阻尼效应,同时行人将有效减少振动模态质量。这或许为 Strogatz[34] 提出的以及 McRobie[48] 提出的选择性相位夹带概念提供了一些支持。或许可以假设相位拉动是向频率夹带过渡的一个中间步骤。然而,Bocian 认为测试数据中的行人同步期间并没有表现出明确的相位偏好选择性,由此他推定测试对象与跑步机振动同步是偶然的,并认为同步化并不是造成宏观模型和微观模型之间自激力差异的主要机制。

McRobie[47] 采用考虑长期效应的处理方式,得到了倒摆模型的理论闭合解,Bocian 将其理论闭合解作为倒摆模型的预测值,重点分析了频率夹带下的倒摆模型预测结果与实验数据结果两者之间的可比性。在比较的同时,Bocian 还考虑了两种不同的脚触地位置控制规则:相对速度控制规则(行人 CoM 横向速度以桥梁相对体系作为参考)和绝对速度控制规则(行人 CoM 横向速度以桥外全局绝对体系作为参考)。

在频率夹带的情况下,通过实验结果和倒摆模型关于附加阻尼 $\Delta\tilde{C}$ 和附加质量 $\Delta\tilde{M}$ 的比较结果可知,实验结果与倒摆模型结果的符号基本一致,如果采用绝对速度控制规则,倒摆模型预测的 $\Delta\tilde{C}$ 和 $\Delta\tilde{M}$ 和部分测试者的结果相当一致,但在跑步机横向振动幅值较大的测试工况中,相比绝对速度控制规则,基于相对速度控制规则得到的倒摆模型预测结果更接近实验测试数据。

换言之,频率夹带下自激力和结构振幅相关,并取决于脚触地位置控制规则。通过自激力的相位相关性分析,发现在兼容相位角ψ_c较低值分布区间,实验结果和倒摆模型对于$\Delta\tilde{C}$和$\Delta\tilde{M}$具有不错的匹配性,而在ψ_c较高值分布区间,两者的$\Delta\tilde{C}$相差较大。另外,在其他几组频率夹带测试工况中发现:对于附加阻尼$\Delta\tilde{C}$,基于相对速度控制规则的倒摆模型结果与实验结果较为吻合;而对于附加质量$\Delta\tilde{M}$,似乎只有采用绝对速度控制规则才能使两者结果保持一致。

总体而言,在预测频率夹带下的自激力趋势方面倒摆模型表现良好,尽管模拟结果和实验数据在部分区域有较大偏差(Bocian 认为是由整个测试中行人步态变化导致的)。一个仍然需要解决的问题是在倒摆模型中应该使用何种脚触地位置控制规则,这需要进一步的分析研究。毋庸置疑的是,倒摆模型是模拟横向振动结构上行人行为的一个不错选择,它也是目前唯一一个被证明在单一模态[31]和多模态[143]运动存在的情况下,能够描述横向振动结构上人致横向荷载的所有组成部分的模型。此外,该模型的低维特性意味着可容易对其进行改进,比如考虑相位拉动机制的改进。

6.3.12　讨论

Bocian 通过实验确定了行人在横向振动结构上的各种步行行为。首先是相位自然漂移,其中行人的步频与结构运动的频率不同,因此相对相位以几乎恒定的速度演变,这是最常见的行为,也是倒摆模型设定的行人行走行为,这为倒摆模型中的合理性提供了有利证据。

同时,实验结果表明行人在行进中存在步时自适应调整,并由此被归类为相位拉动。在这种行为中,行人和结构运动之间的相位演变模式为相位变化率在特定的相位范围内有规律地变化。与相位自然漂移的情况相比,这种对步时的微弱调整可以使自激力的大小发生明显变化。相位拉动机制可引起不同的步时调整,这取决于步频低于还是高于结构横向振动频率。当步频低于结构横向振动频率时,会对结构稳定性产生最不利的影响。这时的等效附加阻尼的绝对数值会远高于在实桥上测量得到的数值,约为$-9\times m_p$ Ns/m。由此 Bocian 认为当行人的速度降低时,结构的稳定性可能会迅速降低。

Bocian 也发现了持续和间歇性频率锁定的证据,虽然这些行为相对罕见。在这些行为下,行人和桥梁运动之间的夹带阶段缺乏连贯性,表明行人可能没有一个明确的偏好同步模式。在频率夹带的情况下,实验数据和倒摆模型的结果比较表明,倒摆模型可以捕捉到自激力和运动振幅、夹带相位的相关性。然而,需要进一步研究在行人横向振动结构上行走的脚触地位置控制规则,以便最终修正倒摆模型。

Bocian 的主要论点是:行人与横向结构运动同步的趋势很弱,而且同步化不是导致结构失稳的主要机制。相反,相位拉动可能解释了倒摆模型中负阻尼系数的低估结果(相比与实桥测试结果)。但需要指出的是,这些结论仅限于室内实验测试结果。

6.4　倒摆模型在人行桥人致横向振动中的应用

6.4.1　振动稳定界限的估计

考虑桥梁振动单自由度模式,相应的模态方程可以写成:

$$M_b\ddot{X}+C\dot{X}+KX=\sum_{j=1}^{N_p}(F_{L_{st}}+F_{L_{se}})_j\phi_j \tag{6.4.1}$$

式中，M_b、C 和 K 分别是桥梁的模态质量、阻尼系数和刚度；X 是桥梁的模态位移；ϕ_j是第 j 个行人位置的模态振幅；N_p是行人总数；$F_{L_{st}}$为桥梁无振动时的横向人致力；$F_{L_{se}}$为桥梁振动时由人-桥相互作用引起的自激力。在很短的时间内，每个行人都可以从桥上输入或收回能量，这取决于他们的步伐和桥的运动之间的相对相位。然而，动态稳定性只与潜在的作用合力相关。因此，为了分析系统的动态稳定性，需要考虑桥梁振动频率下的平均自激力分量$F_{L_{se}}$，该分量可以用桥梁的等效附加阻尼和附加质量来表示。此外，每个行人所经历的桥梁局部速度和局部加速度分别由$\phi_j\dot{X}$和$\phi_j\ddot{X}$给出（在增加的阻尼和质量项中引入因子ϕ_j），因此，式(6.4.1)变成：

$$\left[M_b+\sum_{j=1}^{N_p}\Delta M_j(\omega_b)\phi_j^2\right]\ddot{X}+\left[C+\sum_{j=1}^{N_p}\Delta C_j(\omega_b)\phi_j^2\right]\dot{X}+KX=0 \tag{6.4.2}$$

式中，$\Delta M_j(\omega_b)$和$\Delta C_j(\omega_b)$表示等效附加阻尼以及等效附加质量（和振动响应频率ω_b具有相关性）。可知桥梁基频$\omega_n=\sqrt{K/M_b}$，阻尼比$\zeta=C/(2M_b\omega_n)$，应用傅立叶变换，式(6.4.2)变为：

$$-\left[1+\frac{1}{M_b}\sum_{j=1}^{N_p}\Delta M_j(\omega_b)\phi_j^2\right]\omega_b^2+\left[2\zeta\omega_n+\frac{1}{M_b}\sum_{j=1}^{N_p}\Delta C_j(\omega_b)\phi_j^2\right]\mathrm{i}\,\omega_b+\omega_n^2=0 \tag{6.4.3}$$

式中，$\mathrm{i}=\sqrt{-1}$。为简单起见，假设所有行人以相同的步频行走，并且有相同的腿长。质量比$\mu=M_p/M_b$，M_p是行人的模态质量，由以下公式计算：

$$M_p=\sum_{j=1}^{N_p}m_{p,j}\phi_j^2 \tag{6.4.4}$$

式中，$m_{p,j}$是第 j 个行人的质量。如果桥梁和行人的质量分布相同（如均匀分布），μ 可以被看作行人总质量与桥梁总质量的比率。在分离了实部和虚部之后，引入行人单位质量的等效附加阻尼 $\Delta C_u(\omega_b)=\Delta C(\omega_b)/m_p$，以及行人单位质量的等效附加质量 $\Delta M_u(\omega_b)=\Delta M(\omega_b)/m_p$。由式(6.4.3)可同时得到以下两个方程：

$$\omega_n=\omega_b\sqrt{1+\Delta M_u(\omega_b)\mu} \tag{6.4.5}$$

$$\zeta=\frac{-\Delta C_u(\omega_b)\mu}{2\omega_n} \tag{6.4.6}$$

这两个方程可以按顺序很容易求解。式(6.4.5)和式(6.4.6)定义了横向大幅振动开始的稳定边界条件。式(6.4.5)给出了桥梁基频ω_n（没有行人的情况）和系统响应频率ω_b（有行人的情况）之间的关系。注意 ΔM_u是ω_b的一个非线性函数。尽管在实际情况下，ω_n是已知的，ω_b最初是未知的，但根据式(6.4.5)可以很容易地求出一系列ω_b值对应下的ω_n值。

6.4.2 桥梁多模态振动

在伦敦千禧桥（激发的横向振动频率为 0.48Hz 和 0.95Hz[1]）和克里夫顿悬索桥（激发的横向振动频率为 0.53Hz 和 0.76Hz[72]）上观察到了行人作用下的多模态横向桥梁振动。为了将倒摆模型应用到桥梁多模态振动中，Bocian 等人[41]提出了以下桥梁运动形式：

$$x(t)=A_1\sin(\omega_{b1}t)+A_2\sin[\omega_{b2}(t-\tau)] \tag{6.4.7}$$

式中，ω_{b1}是桥梁的第一阶横向振动频率；ω_{b2}是第二阶横向振动频率；A_1和A_2是相应模态的振幅；τ 是两个模态之间的初始时滞，与式(6.1.4)类似，此时式(6.1.1)的解为：

$$y(t)=u_n+\{y_n^0-u_n+\alpha_1\sin(\omega_{b1}t_n^0)+\alpha_2\sin[\omega_{b2}(t-\tau)]\}\cosh[\Omega_p(t-t_n^0)]+\left\{\frac{\dot{y}_n^0}{\Omega_p}+\frac{\omega_{b1}}{\Omega_p}\alpha_1\cos(\omega_{b1}t_n^0)+\frac{\omega_{b2}}{\Omega_p}\alpha_2\cos[\omega_{b2}(t-\tau)]\right\}\sinh[\Omega_p(t-t_n^0)]-\alpha_1\sin(\omega_b t_n^0)-\alpha_2\sin[\omega_{b2}(t-\tau)] \tag{6.4.8}$$

式中，$\alpha_1=\dfrac{A_1}{1+(\Omega_p/\omega_{b1})^2}$；$\alpha_2=\dfrac{A_2}{1+(\Omega_p/\omega_{b1})^2}$。

使用与之前相同的脚触地位置控制规则[式(6.1.8)]进行模拟，并再次从式(6.1.6)中获得施加在桥梁上的人致横向力。由于没有该模型的闭合解形式，所以，Bocian 等人[41]在分析中采用了数值模拟方法。图6.4.1 显示了人致横向力的傅立叶分量，该结果来自多个桥梁振动周期(或行人运动周期)数据，其中采用了从克里夫顿悬索桥[78]测量中获得的桥梁参数，并设定 $f_p=0.6\text{Hz}$，$l=1.167\text{m}$。

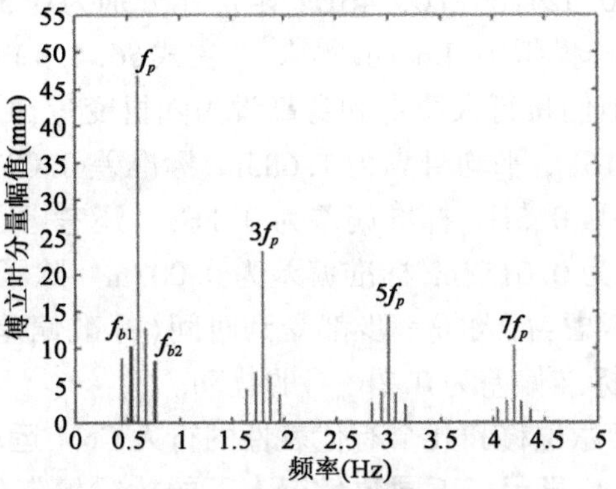

图6.4.1　人致横向力的傅立叶分量

根据图6.4.1 结果，可知桥上的人致横向力可以分为以下几个部分：静态力，它与行人在静止结构上行走产生的力相同(在 f_p 及其奇数谐波处有分量)；以及来自每个频率附近的两个模态对应的自激力分量，每个自激力分量与该模态单独考虑时的自激力相同[在 $af_p\pm(f_{b1}-f_p)$ 处有分量，其中 a 是奇数整数，对于 f_{b2} 同样成立]。考虑每一步解的形式[式(6.4.8)]，以及每一步的解取决于初始条件(上一步中 CoM 的最终横向位移和速度)，因此，无法很明显地看出某个桥梁频率处的力分量必然与另一个频率处的桥梁运动无关。然而，模拟结果显示情况确实如此。因此，该模型可以提供两个桥梁振动频率下的同步自激力，而且，由于发现不同桥梁频率处的自激力并不耦合，因此可以方便地将每个桥梁模态分开考虑。

6.4.3　完整的行人-结构模拟

为了测试所提方法的稳健性，并证明其在现实中的适用性，Bocian 和 Macdonald 等人[41]开发了一个完整的行人-结构数值模拟程序。首先为每个行人定义了以下运动方程：

$$\ddot{y}_j+\frac{g}{l_j}(u_{j,n}-y_j)=-\sum_{j=1}^{N_p}\phi_{q,j}\ddot{X}_q \tag{6.4.9}$$

而对于每个桥梁模态，有：

$$\ddot{X}_q+2\zeta_q\omega_q\dot{X}_q+\omega_q^2X_q=-\frac{1}{M_{b,q}}\sum_{j=1}^{N_p}\frac{\phi_{q,j}m_{p,j}g}{l_j}(u_{j,n}-y_j) \tag{6.4.10}$$

式中,j 表示行人数;n 表示步数;q 表示模态号;N_p为考虑的模态总数。

这组耦合常微分方程在时域中可使用 Matlab 中的求解器 ODE45 进行数值求解。在计算过程中,每当任何一个行人迈出一步,分析就会停止,在继续分析前,应用行人脚触地位置控制规则来设置行人下一步的初始条件。模拟中使用的桥梁结构参数来自克里夫顿悬索桥。振动稳定临界条件由式(6.4.5)和式(6.4.6)确定。这些方程对模态参数的唯一依赖是μ,即行人模态质量与桥梁模态质量之比(M_p/M_b)(这两个模态质量都涉及对模态振型的平方和)。如果行人质量和桥梁质量沿桥梁长度方向的分布相同(如均匀分布),则无须进行模态振型平方的求和。因此,此时振动稳定临界条件与模态振型无关。需要注意的是,从式(6.4.9)和式(6.4.10)中,可知模态振型将影响单个行人的行为以及模态力的权重。因此,均匀的模态形状假设将导致桥梁响应和实际有些偏差。桥梁的横向运动被模拟为两个振动模态的总和,每个模态的质量为1150t(即等于基于均匀模态形状假设的桥梁实际总质量),桥梁固有频率(在没有行人的情况下)为0.524Hz 和0.746Hz,阻尼比分别为0.58%和0.68%。

在随后的完整行人-结构模拟中,Bocian 等人[41]在式(6.4.9)和式(6.4.10)的基础上,考虑了其他参数的随机性。他们将行人质量和身高设为随机变量,并假设其服从正态分布:质量均值为76.9kg,标准差16.16kg;平均身高为1.683m,标准差0.097m。同样,行人的横向步频也被视为正态分布,平均值为0.6Hz,标准偏差为0.1Hz。还考虑了b_{min}的随机变化性,假设该参数为正态分布,其平均值为0.0157m,标准偏差为0.007m。除了行人之间的差异性,行人自身内部的差异性也得到了考虑:行人每一步都受到时间(标准偏差为0.05s)和脚部位置的正态分布误差[式(6.1.8)中标准偏差为$0.2b_{min}$]的扰动。

图6.4.2a)显示了桥梁总位移和几个有代表性的行人 CoM 运动位移时程以及脚部位置曲线。图6.4.2b)~图6.4.2d)显示了不同数量行人下的桥梁模态位移响应。从图6.4.2b)中可以看出,在180人作用下桥梁没有明显的大幅振动(只有一些来自行人静态力产生的低振幅响应)。图6.4.2c)显示,在210名行人的作用下,第一阶横向模态的振幅不断增加,表明这种模态处于不稳定状态,而第二阶横向模态仍然稳定。这主要是由于第一阶横向模态的结构固有阻尼刚刚被行人整体等效负阻尼超过,而第二阶横向模态的结构阻尼却仍大于行人整体等效负阻尼。在图6.4.2d)中,行人增加到400人,此时桥梁的两个模态振幅呈指数级增长。作为比较,根据现场观测[78],克里夫顿悬索桥的第一阶横向模态的初始大幅振动发生在大约200名行人时,而第二阶横向模态在超过大约400名行人时被激发。如果对这两个模式进行单独分析,振动幅度的基本增长仍然是相同的,表明这两个模式的稳定性可以分开考虑。综上,Bocian 和 Macdonald 等人[41]认为倒摆模型分析结果与克里夫顿悬索桥的实测结果具有可比性,因为它能较为准确地估计出激发第一阶横向模态大幅振动以及后续同时激发第二阶横向模态所需的人数。

尽管倒摆模型取得了相当好的模拟效果,但也存在着不少局限性:①图6.4.2d)显示了振动振幅呈指数级增长;但在现实中,每个模态的振动振幅不会趋于无限大,一旦振动振幅过大,对行人来说感到太不舒服而无法继续行走时,行人就会放缓脚步而使得振动平息下来。②Bocian和 Macdonald 等人[41]为了使模拟结果和现场观测结果接近,使用了一个不太合乎常理的非常缓慢的行人横向步频(0.6Hz),但目前为止并没有证据表明行人在正常行走时会有如此低的步频(即使在拥挤的情况)。

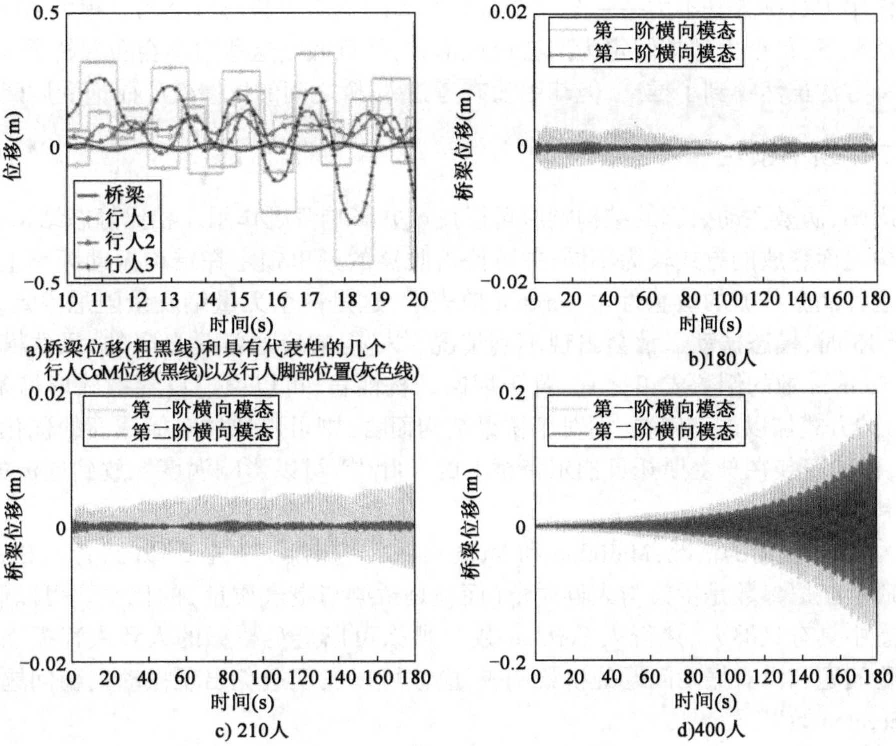

图 6.4.2　位移时程和不同数量行人下的桥梁模态位移[41]

6.5　McRobie 猜想(受风荷载和人致荷载的相似性启发)

McRobie[48]认为柔性桥梁在风作用下与在人群作用下的动力响应有着相似之处,因此可以进行相互借鉴分析。McRobie 以风荷载中颤振和涡振的相互作用为参考,提出了一种可考虑人-桥相互作用的分析框架。研究发现,基于倒摆模型[37](对应于相位自然漂移)得到的人致力在桥梁振动频率处分量力与风致颤振力相似,而 Strogatz 等人[34]的相位同步模型(对应于选择性相位频率夹带)与涡流所致的同步锁定相似。受到颤振力和涡激振动可以相互作用的启发,McRobie 对倒摆模型进行了细微调整,将同步模型思想引入其中(允许行人与桥梁发生同步锁定)。计算表明,这两种模型结合后得到的c_p值和 Arup 实桥实测c_p值(0.5 ~ 1Hz 区间内)相当接近。

6.5.1　静态结构上的基本力

行人施加在一个静态结构(无振动)上的横向力近似为方波形式,频率接近 1Hz。在桥梁前期设计阶段,设计者可能会以桥梁对行人荷载第一阶成分的反应作为桥梁横向振动的敏感性指标,这也是处理桥梁竖向振动的传统方法。相似的风荷载问题是涡流脱落。气流绕过桥面产生涡度,形成剪切层脱落,继而向下游传播,并通过开尔文-亥姆霍兹不稳定性卷起,形成熟悉的冯-卡门涡流,产生周期性的横向风力,可激发桥梁的垂直或扭转反应。

上述作用力被称为基本力——与每个步伐相关的横向力和与每个涡流相关的纵向力。在最简单的情况下,每个力都被假定为谐波荷载形式,并且假定这些力不会随着桥梁运动而发生变化。这种方法虽然得到了推广,但却因没有考虑人-桥之间的反馈效应而饱受质疑。

6.5.2 频率锁定

众所周知,涡激振动引起的结构响应可以反馈并影响激励作用。相比静态结构表面,涡流在运动结构表面释放的方式较为不同,并可使得脱落的频率锁定在结构振动频率上。结构振动模态对这种涡激共振的敏感性由 Scruton 数表示,这是一个无量纲质量阻尼参数。当 Scruton 数低于 15 时,模态振动通常会出现不利情况[144](但响应通常是自限的,风致横向位移振幅大致与 Scruton 数的倒数成正比)。对于烟囱结构而言,可以通过设置螺旋形箍条(破坏展向相关性)的方式加以改善解决;而对于桥梁结构而言,则可以通过对横截面的优化调整加以改善解决,比如安装在丹麦斯托贝伯尔特桥上的导叶[145]可以影响涡度释放到尾流的方式,从而产生有利的效果。

对于人-结构振动的情况,McRobie 和 Morgenthal[146]提出了一个类似的“行人 Scruton 数”,其无量纲质量阻尼参数是桥梁与人群质量(而不是桥梁与空气质量)的比率。可以假设,如果在振动模态中具有足够大的“行人 Scruton 数”,那么可以避免桥梁的人致失稳振动。通过对有振动失稳问题和没有振动问题的桥梁调查,应该可以发现避免出现振动失稳问题所需的临界“行人 Scruton 数”。

Strogatz 等人[34]提出了相位同步模型,并首次将同步锁定的概念应用于人-结构振动的情况:起初,行人在随机步频下产生横向力,随着桥梁振动的影响,他们将调整步伐时长,并与桥梁运动相位同步(继而形成行人相互之间的同步)。这种振动反馈被认为可以用于解释桥梁横向振动失稳(在 1Hz 附近)。该模型认为:起初桥梁响应比较小,随机作用的人致力不足以克服结构阻尼。然而,随着越来越多的人走上桥,更多的行人被卷入桥梁的横向振动频率中,此时结构振幅开始增长,一旦人数超过临界值,人致力的增长速度超过了其被结构阻尼克服的速度,桥梁横向振动幅值将开始发散性地震荡增长。

6.5.3 结构固有频率处的自激力

在 Barker[101]的想法基础上,Macdonald[37]将每个行人建模为连续脚位之间的倒摆模型,脚触地位置控制规则为行人行走提供了稳定的长期平衡。该模型认为,即使行人的步频和桥梁横向振动频率不一致,也会由脚触地位置偏移调整(相对于桥梁),在桥梁振动频率处产生某个分量力(即自激力)。简而言之,Macdonald 的模型模拟出了与桥梁运动同步的人致分量力,尽管行人并没有和桥梁振动同步。

倒摆模型成功地描述了行人在低频振动结构上的步态,预测了行人质量中心(CoM)以某个特定频率(等于桥梁振动频率)完成一个起伏的轨迹,而脚步则在该轨迹的两侧以较高步频运动(图 6.5.1)。从 CoM 运动可以看出,在桥梁横向振动频率处存在一个分量力。该分量力的某些部分将与桥梁速度同相,并可能向桥梁提供能量,而如果该分量力超过结构固有阻尼,则会出现振动失稳现象。

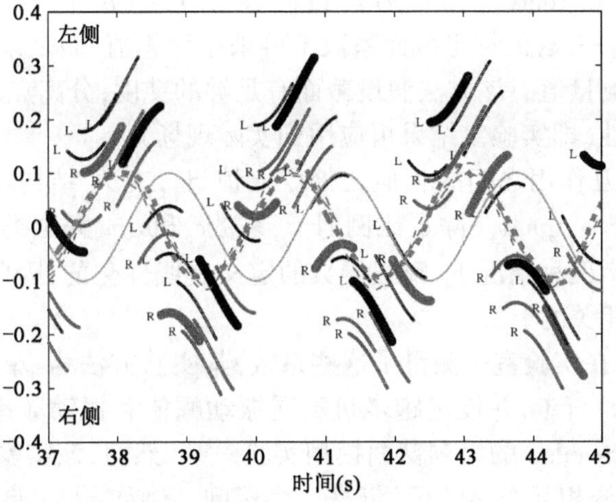

图 6.5.1　基于倒摆模型得到的 4 个行人的脚步位置(桥梁横向频率为 0.4Hz,行人横向步频为 0.9Hz)

注:行人质量中心(中心虚线近)以桥梁振动(中心实心正弦波)的频率进行起伏波动。[48]

一般采用附加阻尼系数c_p(或用 $-\Delta C$ 表示)来表示与桥梁速度同相的分量力,它是人致力分量f_v与桥梁局部速度$\dot{x}$之间的比例常数(即$f_v=c_p\dot{x}$)。还有一个不太重要的分量,与桥梁加速度同相,$f_a=\rho_p m_p\ddot{x}$,$\rho_p m_p$为附加质量(或用 $-\Delta M$ 表示)。在流体结构中,与这些分量力类似的是颤振中的强迫激励分量。颤振一般包含一个扭转(俯仰)模态和一个竖向(垂荡)模态,与由运动引起的升力及力矩耦合。对于对称截面,动力方程为:

$$\ddot{h}+2\xi_h\omega_h\dot{h}+\omega_h^2 h=\frac{L_h}{m} \tag{6.5.1}$$

$$\ddot{\theta}+2\xi_\theta\omega_\theta\dot{\theta}+\omega_\theta^2\theta=\frac{M_\theta}{I} \tag{6.5.2}$$

式中,h 和 θ 分别为垂荡位移和俯仰角;ω 和 ξ 分别为相应的无阻尼固有频率和临界阻尼比;m 和 I 为单位长度质量和质量惯性矩。耦合将通过升力L_h和力矩M_θ来实现。如果假设振动是简谐形式,则式(6.5.1)可以线性化为:

$$\begin{bmatrix}\dfrac{2L_h}{m\rho U^2 B}\\ \dfrac{2M_\theta}{m\rho U^2 B}\end{bmatrix}=\begin{bmatrix}H_1^* & H_2^* & H_3^* & H_4^*\\ A_1^* & A_2^* & A_3^* & 4\end{bmatrix}\begin{bmatrix}\dfrac{K\dot{h}}{U}\\ \dfrac{KB\dot{\theta}}{U}\\ K^2\theta\\ \dfrac{K^2 h}{B}\end{bmatrix} \tag{6.5.3}$$

式中,ρ、U、B 分别为空气密度、入射风速和截面弦长。参数 $K=B\omega/U$ 为简约频率,是结构频率 ω 的无量纲表达式。简约速度$v_r=2\pi/K$,是入射风速的无量纲值。

对于板类截面,西奥多森理论给出了相关的颤振导数,即将运动振幅与运动诱导力联系起来的无量纲频率相关系数$H_i^*(K)$和$A_i^*(K)$。西奥多森理论假设尾流(闭合涡旋)为单一剪切层,并具有正弦形式;同时假设不存在开尔文-亥姆霍兹不稳定性,即尾流不会进一步卷起。西奥多森理论被 Scanlan 和 Tomko[147]扩展应用到了阻流体结构(非流线性结构),所采用的状态方程基本和式(6.5.2)一致,但特定截面系数不再采用计算值,而是采用在风洞截面模型实验的特定频率范围内的测量值。该方法假设截面有足够的钝度,分离点将由轮廓角确定,这样可以保证雷诺数的普适性(即实验室结果可应用到实际现场)。

颤振与人-结构相互作用之间的相似之处令人惊讶。在人-结构相互作用情况下,桥梁的人致横向自激力$f = c_p \dot{x} + \rho_p m_p \ddot{x}$。除了比例因子,系数$c_p$和$\rho_p m_p$完全类似于颤振导数$H_i^*(K)$和$A_i^*(K)$。在风致和人致两种情况下,颤振导数的定义是线性化的,因此,这两个系数至少在理论上和桥梁振幅是不相关的。

Ingólfsson 等人[27]在实验室中测量了这些系数,其实验方法为:单个行人在仪器化改造跑步机上(横向简谐振动)行走,并设定跑步机不同振动幅值和振动频率的实验工况(4.1 节)。这种方法完全类似于 Scanlan 的风洞截面模型实验[147]。然而,该实验结果是否能像对风洞那样适用于实际的人-结构相互作用情况,仍是一个疑问。例如:①实验室中相邻物体的视差会产生心理影响,可能会影响行人脚部的摆放规律;②在匀速跑步机上行走,调节行走速度和脚的位置的选项更少;③行人独自行走与在人群中行走截然不同,行人在人群中需要避开迎面而来的行人,同时在人群中,可能会有许多微妙的心理影响,因为单个行人周围还存在着其他行人。值得注意的是,Ingólfsson 等人的c_p测量值大大低于 Arup 测量值[11],因此设计师可能会偏于保守态度而使用后者(即较高值)。

在 0.5 ~ 1Hz 的频率范围内,倒摆模型预测的"行人颤振导数"(即附加阻尼)与 Arup 测量值($c_p = 300$Ns/m)的结果一样存在不相匹配的问题。Macdonald 提出了脚触地位置规则的两种可能性,脚位放置的选择取决于 CoM 的绝对速度或其相对于桥面的速度。对于绝对速度控制规则,该模型在 0.5Hz 预测出$c_p = 220$Ns/m,和 Arup 测量值较为接近。然而,在 1Hz 附近,倒摆模型预测出$c_p = 140$Ns/m(无论是哪种速度控制规则),这还不到 Arup 测量值的一半。如果进一步扩展脚触地位置规则,使脚的放置更普遍地依赖于桥的运动,可以使得行人在 1Hz 区域产生更大的c_p。另外,如 Strogatz 等人[34]所述,如果一些行人让他们的脚步与桥的运动同步,则也可能出现更大的c_p值。

6.5.4 颤振-涡激振动相互作用

图 6.5.1 和图 6.5.2 的比较也许最能说明流体-结构和人-结构之间的相似关系。两者都对应于桥面的谐波运动(相应的频率低于人类步频或低于冯-卡门脱落频率)。图 6.5.1 显示了根据倒摆模型得到的脚部位置,其中脚部在低频起伏的行人质量中心的两侧以较快频率运动。相比之下,图 6.5.2 显示了法国米洛高架桥振动截面的尾流结果,其中中间部分为与低频桥梁运动相关的长波正弦波结果(低频的西奥多森式正弦波颤振尾流从左侧延伸到右侧),两边为交替脱落于结构的高频率冯-卡门涡流(这些涡流以更高的频率从桥面的上下角和表面脱落)。

基于图 6.5.1 和图 6.5.2 的结果可知,在每一种情况下,都有两种不同频率的分量力:高频基本力(频率为行人步频和冯-卡门涡流频率)和低频运动诱发力(来自 CoM 的正弦波和来自西奥多森式正弦波颤振尾流)。此时会产生一个问题:如果颤振尾流的波长变得与冯-卡门涡流间距一致,或者如果行人步频与桥梁固有频率接近,那么不同频率的分量力(或者对应的现象)是否会相互影响?

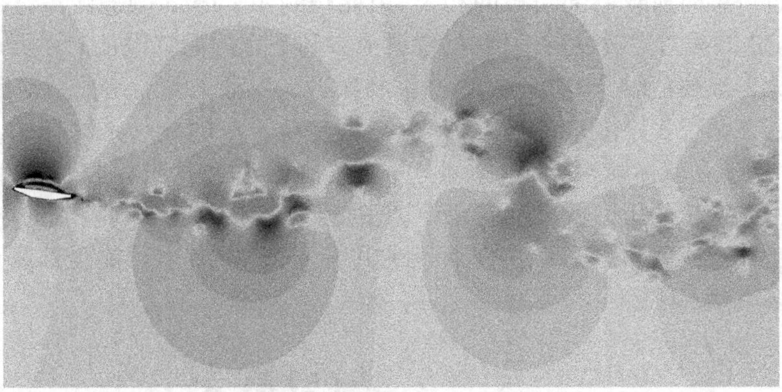

图6.5.2　法国米洛高架桥振动截面的尾流[48]

对于桥梁截面,涡激和颤振通常是分开处理的,因为它们在特定的风速下往往各自占主导地位,低风速下涡激振动占主导地位,高风速下颤振占主导地位。然而,在某些情况下,这种简单的划分并不合理。Deniz 和 Staubli[148]发现了颤振-涡激振动相互作用的实验证据,并给出了在指定谐波横风作用下矩形截面的升力曲线,其基本特征是在涡旋脱落频率和颤振频率接近的区域内,振幅非相关的颤振曲线由一系列振幅相关曲线组成。他们由此提出了范德波尔模型,得到了锁定时的限幅极限环[149],并将非线性项纳入颤振导数公式,得到了具有颤振-涡激振动相互作用的模型[150]。Scanlan[151]给出了颤振-涡激振动相互作用的另一种描述,与阻流体颤振基本导数公式一样,提供了一种将风洞结果应用到实际工程中的方法。

塔科马海峡大桥在倒塌前经历了多种大振幅响应,包括在导致其倒塌的主要扭转反应之前的纯竖向振动。早期许多物理学教科书错误地将坍塌解释为共振机理,Billah 和 Scanlan[152]纠正了这个错误观点,之后在风工程领域普遍认可的解释是,塔科马海峡大桥坍塌的机理为单自由度的扭转颤振(当A_2^*导数改变符号,运动诱导力克服扭转模态阻尼时,就会出现这种情况)。直到 Larsen 提出使用旋涡粒子(或离散旋涡)的分析方法[153],才最终给出了关于塔科马海峡大桥坍塌的物理学解释。Larsen 对流体进行了详细且高度可视化的建模,揭示了大型涡流如何由振动结构的前缘产生,然后沿着桥面对流的过程(图6.5.3)。这些涡流在桥面上下前缘交替产生,并与桥面振动同步释放,由此在梁体的下风部分产生周期性的作用力,进而导致桥梁振动幅值进一步加大。桥梁周围的压力分布(以及相关的力)可在涡流粒子框架内精确计算,借此计算出颤振导数。图6.5.4 给出了基于 Morgenthal 所提 VXFLOW[154]获得的关于H截面(类似于塔科马海峡大桥截面)的A_2^*导数结果。对于板状截面,西奥多森理论预测A_2^*总是负的(对应于正值气动阻尼)。然而,对于阻流体断面,A_2^*可以变成正值(对应于负值气动阻尼),如果其超过了结构阻尼,就会导致桥梁扭转振动发散失稳。

基于 Morgenthal 所提 VXFLOW 计算得到的静态塔科马式截面的 Strouhal 数,对应于大约1.4的简约速度,首次表明一旦结构运动开始,颤振和涡流锁定可能会发生相互作用。计算出的A_2^*(图6.5.4)在相关区域表现出了部分振幅相关性(但对于小振幅振动,A_2^*为零)。虽然这与最简单的观点(即颤振-涡激振动相互作用)一致,但它不能解释塔科马海峡大桥坍塌现象,因为塔科马海峡大桥的发散失稳振动对应于A_2^*符号发生剧烈变化的情况(简约速度在3

以上)。在前缘垂直边缘产生的较大涡流是理解塔科马海峡大桥坍塌的关键,Larsen[153]分析了每个涡流通过桥梁时所致局部力矩的相位,由此得到了Larsen的涡流漂移假说:当简约速度大约是Strouhal共振对应速度的两倍时,桥梁上方和下方的漂移涡流对桥梁不做扭转净功;而当简约速度大于前述值时,净功将输入结构,桥梁开始发散失稳。这种振动是否被描述为涡激、颤振或驰振,在某种程度上来说是无所谓的(涡旋粒子法的核心是物理学,因此超越了术语定义范畴)。涡流在流体结构界面上产生,并根据比奥-萨瓦特定律和开尔文循环定理进行对流。结构对由此产生的压力做出反应,所产生的运动将反过来影响涡流的产生。将这种复杂性归类为涡激共振或颤振是不合适的,因为它可能不属其中,也可能全部属于,甚至还有可能属于其他更多类型。

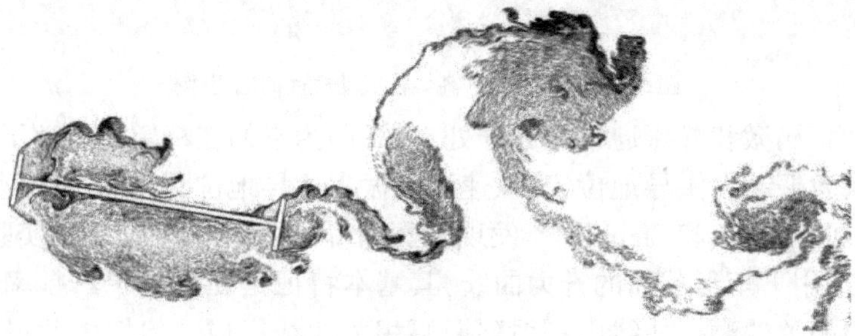

图6.5.3 模拟塔科马海峡大桥大幅周期扭转运动的涡旋粒子[154]

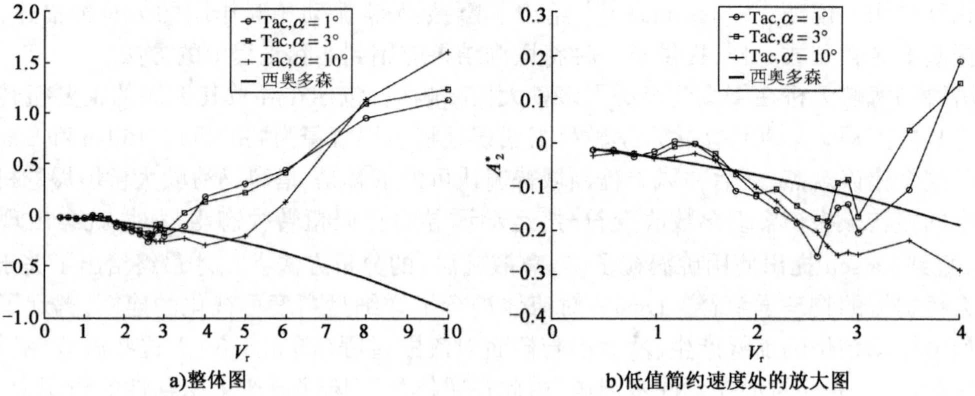

图6.5.4 塔科马式H截面的颤振导数A_2^*[154]

6.5.5 人-结构相互作用

目前有两种不同关于人-结构相互作用的模型理论:①倒摆模型——行人步频保持不变,但作用力幅值可变(非谐波);②Strogatz同步模型——作用力幅值不变,但允许行人步频和相位发生演化。McRobie综合采用了Macdonald提出的基于生物力学的倒摆模型,但放宽了关于行人步频固定的要求,从而允许一些行人的步态与桥梁的运动同步。提出这种思想的主要原因在于Arup实测结果[11]、Ingólfsson等人[29]实验结果以及上述两个理论模型预测结果之间存在差异。

当桥梁具有一定的振动幅值时,行人将以脚步交叉的形式行走。当观察到行人在振动结构上交叉双脚行走时,可以假设行人会调整他们的步态,特别是当他们感觉到有可能失去平衡时,他们会调整到更正常、更舒适的步态,并保持双脚不交叉。倒摆模型在理想调谐(1Hz附近)情况下预测得到$c_p=140$Ns/m(不管是哪一种脚部放置规则),却忽略了一个事实,即这是一个所有相对相位的平均值。在一般频率下,行人准周期地通过所有可能的相对相位,会得到一个单一的长时间平均c_p值。然而,在理想调谐下(即行人步频和桥梁振动频率一致时的共振),没有准周期性可供平均,而产生的c_p取决于行人和桥梁之间的相对相位。对于步频为0.86Hz的行人,其c_p随桥梁振动频率的变化情况如图6.5.5a)所示(图中还给出了各种实测结果)。图6.5.5b)给出了理想调谐时c_p随相位变化的结果,从中可知当理想调谐时,倒摆模型可以提供比140Ns/m(相位平均值)更大的c_p值。由此McRobie认为,一些行人可能调谐到桥梁振动频率,并选择性地采用那些c_p较大的步态。

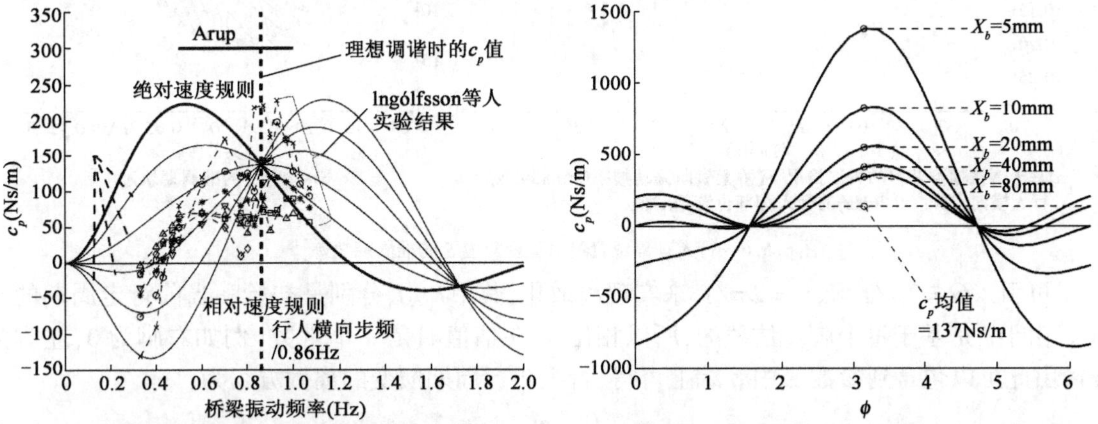

a)c_p随桥梁振动频率的变化结果，基于绝对速度控制规则和相对速度控制规则(以及两者之间的四种变异模式)；图中还给出了Arup实测结果[11]和Ingólfsson 等人[27]实验结果

b)理想调谐时c_p随相位变化的情况(基于绝对速度控制规则)[48]

图6.5.5 倒摆模型预测的c_p曲线(行人质量74.4kg,步频为0.86Hz,其他参数按文献[72])

图6.5.6a)显示了一个行人的脚部位置绝对值曲线,其步频与桥梁振动频率并不一致(失谐情况)。图6.5.6b)显示了倒摆模型中一个自定义变量S的轨迹结果,其中S是$s=y+\dot{y}/\Omega+(C_0+1)x+C_1\dot{x}/\Omega$的复数形式,其中$x$是桥梁振动位移,$y$是行人质量中心相对于桥梁振动的位移,$C_0$、$C_1$是脚部放置控制规则的系数(这里取$C_0=0$,$C_1=1$,对应绝对速度控制法)。选择$s$的原因是它是连续的和具有准周期性。可知,在放置脚的瞬间,$s=z_0\mp b$,其中z_0是脚部位置绝对值,b为稳定裕度,由此可从图中观测到脚部位置的绝对值(最多到$\pm b$)。对每个右脚位置进行的关于流抽样S的庞加莱截面分析结果显示,倒摆模型包含一个底层圆映射——右侧大圆上的一组点集合。由于这种映射的存在,同步模型可认为具有以下构造:其将对步伐周期进行细微调整,使得准周期轨迹收敛到附近圆映射上的周期不动点(周期为1)。该模型可以通过对Strogatz等人[34]所提连续方程的离散化来获得。该连续方程用于描述人致横向力相位Θ的演变过程:

$$\dot{\Theta}=\omega_w+CX_b\sin(\Psi-\Theta+\alpha) \tag{6.5.4}$$

式中,ω_w是行人初始步频;Ψ是桥梁振动相位;α是相位偏移常数值;系数C用于衡量行

人对同步的敏感度;X_b为桥梁振幅。随着桥梁振幅的增长,行人运动相位 Θ 将发生演变,由于正弦函数的作用,其将逐渐远离其初始步频ω_w,这种演变取决于桥梁和行人之间的相对相位值 $\Psi-\Theta$。

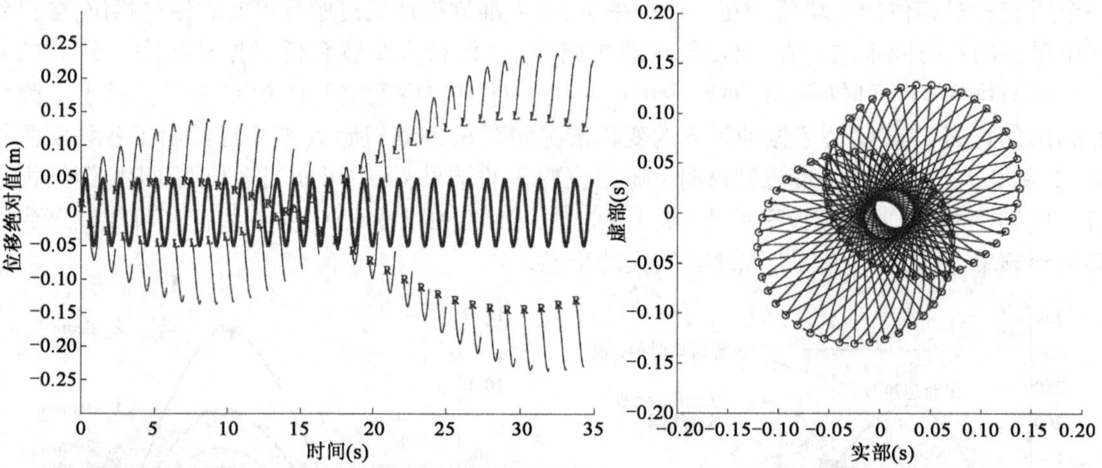

a)基于倒摆模型获得的失谐情况下(桥梁横向振动频率f_b=0.839Hz,行人横向步频f_p=0.86Hz)的行人脚部位置绝对值

b)复变量S的准周期轨迹

图6.5.6　行人脚部位置绝对值及对应 S 的准周期轨迹[48]

可引入$\dot{\Theta}=2\pi/T_i$和$\omega_w=2\pi/T_0$来实现离散化,其中T_0、T_i分别是初始和当前行走周期的时长。由于T_i是基于每个脚步估值的,所以相位 Θ 在估值时是一个常数(例如右脚为0,左脚为π),由此可以包含到参数 α 中。综上可得,行人步行周期演变的离散方程为:

$$T_i=T_0-\frac{C\,X_bT_0^2}{2\pi}\sin(\Psi+\alpha) \tag{6.5.5}$$

其中,对式中最后一项进行了近似处理,处理时近似认为$T_i\approx T_0$。McRobie 建议同步灵敏度系数 C 取值为 10/ms,刚好是 Strogatz 等人[37] 建议数值的一半。这里提出较低的值是因为在 Arup 中$c_p=300$Ns/m(1Hz 附近)的一半左右是由非同步行人的自激力(类似颤振力)贡献的。

零振幅、小振幅和大振幅下的桥梁简谐运动(即 $\Psi=\omega t+\psi_0$)对应的行人相位演化过程如图6.5.7 所示,其中行人/桥梁的频率比最初为1.07。图6.5.7a)对应于静态桥梁(无振动)情况,其频率比保持不变;在每个周期内,行人相位相对于桥梁滑动一个恒定的角度。对于桥梁小振幅情况[图 6.5.7b)],每个周期的相位滑动程度不同,当行人步频长时间接近桥梁频率时,会出现间歇性行为。对于较大的桥梁振幅[图 6.5.7c)],存在两个不动点,其中一个为吸引点。不管初始相位差如何,吸引点都将使行人步频收敛到桥梁振动频率(带有一个特定的相位偏移)。基于倒摆模型,行人步伐周期微小调整带来的影响如图 6.5.8 所示。先前的行人准周期轨迹(长时间的脚步交叉演变),将收敛到与桥梁频率(与步频最近的某阶频率)同步的脚步未交叉步态。

对于那些步频和桥梁振动频率相差较远(不会与桥梁振动相近调谐)的行人,演化方程不会带来什么影响,他们将继续以接近其原来的步频行走(这些人将按照倒摆模型产生自激力)。

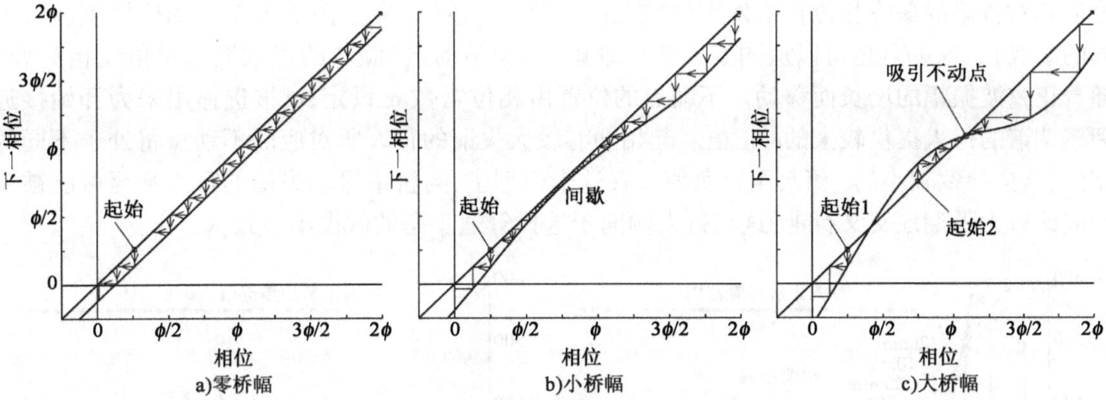

图 6.5.7　零桥幅、小桥幅、大桥幅时，行人相位的演化[48]

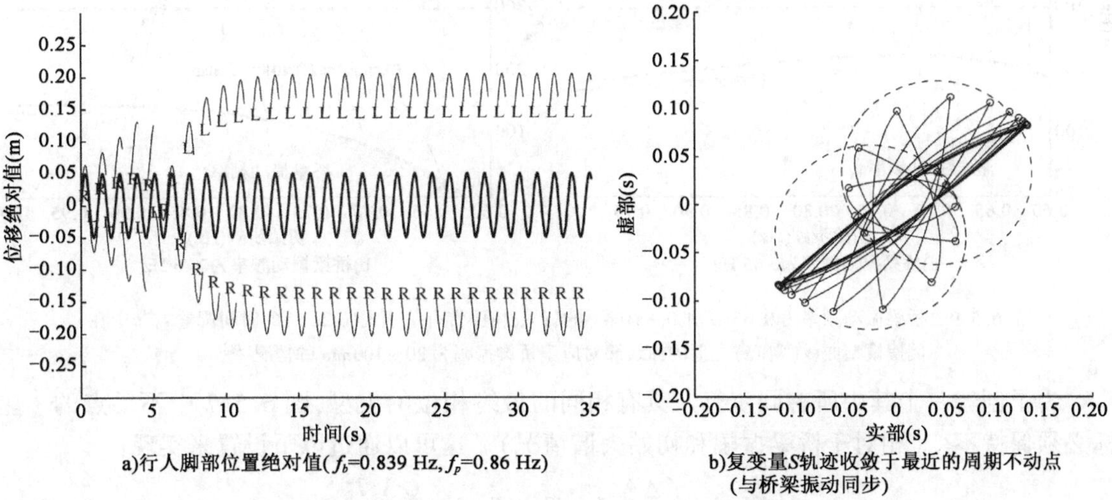

图 6.5.8　当考虑行人步伐时长调整时的情况[48]

图 6.5.9 显示了行人步伐时长调整对最终c_p值的影响(横轴为初始步频)，其中桥梁振动频率分别为 0.65Hz[图 6.5.9a)]和 0.85Hz[图 6.5.9b)]。没有考虑同步效应的倒摆模型曲线在图中显示为黑体实线，对应的参数为：行人质量 74.4kg，倒摆频率参数 $\Omega = g/L$($L = 1.2$m，$g = 9.81$m/s)，稳定裕度 $b = 15.7$mm，脚触地位置控制规则为绝对速度控制规则。从图中可知，在每种情况下，倒摆曲线都被行人与桥梁同步对应的曲线(不同振幅，范围为 0 ~ 100mm)环绕，表明了先前与桥梁振动失谐的行人是如何随着桥梁振幅的增加而被连续夹带到调谐同步状态的。对于桥梁振动频率为 0.65Hz 的情况，极少行人会被夹带，整体c_p值(基于初始步频分布所得的平均值)接近于倒摆模型预测值——约为 200Ns/m。对于桥梁振动频率为 0.85Hz 的情况，其频率位于行人步频正常分布范围内，此时由于考虑到同步行人的贡献，倒摆模型预测值($c_p = 140$Ns/m)将被放大——此时整体c_p值将增大到约 300Ns/m，而这一结果已和 Arup 实测结果[11]十分接近(在整个 0.5 ~ 1Hz 范围内)。

虽然前文所述考虑同步效应可产生更高的c_p值(整体平均)，但图 6.5.9 显示，有一些特殊行人的步频值刚好达到频率敏感边缘(即会受到同步调谐影响的频率值)，会被频率夹带，而他们相对桥梁的最终相位会引发产生较低甚至负的c_p值(对应于图 6.5.9 中倒摆模型曲线下方的虚线)。这一点也可以从图 6.5.7 中理解,因为不动点(倾斜的正弦波与对角线相交处)随着正弦波振幅的增长而移动。不动点的位置由相位常数 α 设定,α 被选择用来为开始接近理想调谐的行人提供较大的c_p正值。起始便有较大失谐的行人所对应的不动点将处于不同的相位,这会导致较小的c_p值甚至是负值。在这个模型中,与桥梁振动失谐的行人甚至可能被夹带成此后无限期地交叉行走,这与行人倾向于选择舒适步态的假设不一致。

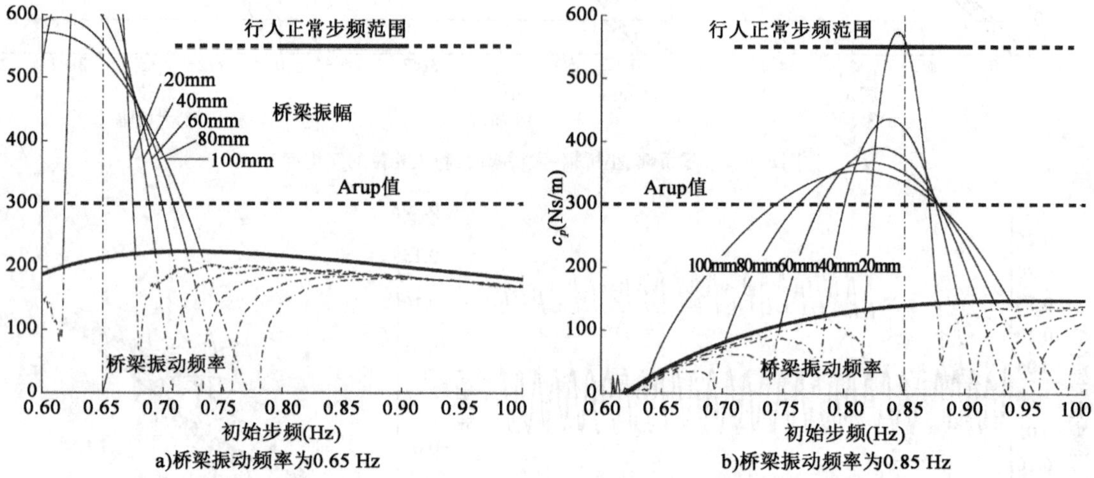

图 6.5.9　桥梁振动频率为 0.65Hz 和 0.85Hz 下的行人c_p值[带有基于式(6.5.5)的时间调整],其中在倒摆模型曲线(实心)之上的曲线簇对应于桥梁振幅为 20～100mm 的情况[48]

为了创建一个其中所有同步行人具有相同的最终相位的模型,图 6.5.7 中不动点的 x 坐标必须保持不变(相对于桥梁振幅和初始失谐情况)。这可以通过以下设置来实现:

$$\alpha = \sin^{-1}\left(\frac{\Delta}{K}\right), \Delta = T_0 - T_b, K = \frac{C X_b T_0^2}{2\pi} \tag{6.5.6}$$

下一个脚步持续时间$T_i/2$ 的离散方程为:

$$T_i/2 = T_0/2 \pm K\sin(\Psi + \alpha)/2 \tag{6.5.7}$$

式中,± 对应于右脚或左脚。行人相位 Θ 在这里被定义为右脚触地时为零,左脚触地时为 π,而桥梁振动相位为 $\Psi = \omega t + \Psi_0$,$x = X_b\cos\Psi$,其中设定在第一次右脚触地时 $t=0$。根据这个模型,所有同步行人都将达到 $\Theta - \Psi = \pi$ 的最终相位(对应于双脚间隔良好的非交叉步态,并使行人无须担心失稳问题)。上述方程只对 $\Delta < K$ 的区域有效,也就是说,如果图 6.5.7 的正弦波与对角线相交,那么就会存在一个最终不动点。对于超出这一区域的失谐情况,可以忽略间歇性行为,并认为$T_i = T_0$,由此可让行人只服从倒摆模型,除非振幅增长到足以夹带他们的步频到桥梁振动频率中。

图 6.5.10 显示了不同振幅下,桥梁振动频率为 0.65Hz 和 0.85Hz 时的c_p值。其中,通过基于式(6.5.8)的脚步时间调整,可使得所有同步行人都达到相同的最终相位 π(相对于桥梁)。所有被频率夹带的行人都将收敛到相同最终相对相位,同时在每组给定的桥梁振动频率和桥梁振幅工况中都会得到相同的最终c_p值。图中每条高原状水平线的高度可以基于倒摆模型推导得到[将该模型应用于调谐行人,并将行人脚步放置在 π(相对于桥梁振动的相对相

位)处]：

$$c_p = \frac{2m\,\Omega^2 A^2}{\pi\omega}(1 + e^{\Omega T/2})\left(1 + \frac{b}{AX_b}\right) \tag{6.5.8}$$

式中，$A = 1/[1 + (\Omega/\omega)^2]$。每个高原状水平线的宽度由 Strogatz 等人模型的同步敏感参数 C 决定(这里 $C = 10/\text{ms}$)。

图6.5.10两幅图的右半部分需要特别关注，因为它们涵盖了0.75～1Hz的行人典型步频。对于桥梁振动频率为0.85Hz的情况，非同步行人(基于倒摆模型)提供的c_p值约为140Ns/m，但同步行人可以提供额外的c_p加成效应，使总的c_p值约为300Ns/m。

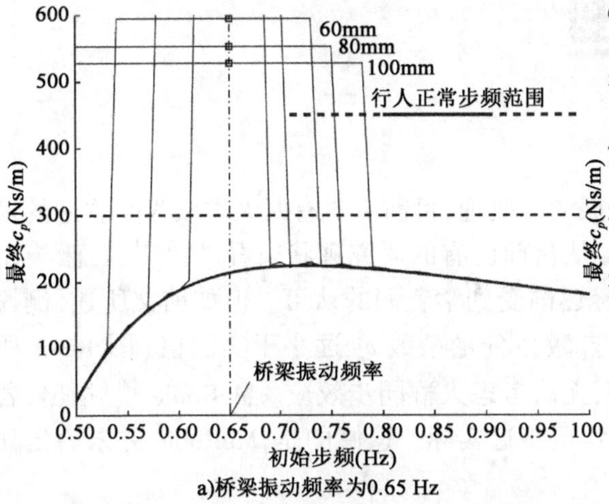

图6.5.10　桥梁振动频率为0.65Hz和0.85Hz的行人c_p值

用c_p值来描述同步行人的效果，掩盖了同步行人施加作用力的简单性。在理想调谐情况下，与速度相同相力大小为$c_p \omega X_b$，c_p由式(6.5.8)给出。因此，每个同步行人可以表示为一个调谐的简谐力[其幅值从静态桥梁上的约30N线性上升到大幅振动桥梁上(振幅约为100mm)的约180N]。由此可知，随着更多的行人被频率夹带，桥梁的作用总力大小(桥梁频率处)将随着振幅增加而超线性地上升。

对行人步伐时长(或周期)如何演变的准确描述并不重要，重要的是确认它可以演变。对Strogatz模型和倒摆模型的综合分析，打破了以前对这两种机制的强迫划分，表明了两者如果综合考虑则可以产生和Arup实测值接近的人致力。

第7章

基于 kuramoto 理论的新型人致横向振动模型

根据前文所述，可知关于人行桥横向大幅振动的机理，目前主要有两大类较为受欢迎的模型：一种是同步锁定模型，另一种是自激模型。从目前已有的研究现状来看[31, 40-45]，自激模型（尤其是自激模型中的倒摆模型）的合理性已经逐渐受到学者们的认可。但如前文所述，倒摆模型得到的对应于正常步频范围的速度同相自激力分量系数 c_p 远小于实测值（图 1-3-3 所示）。主要原因在于倒摆模型针源于单人模型，无法考虑人群同步效应。McRobie [48]指出，若能在倒摆模型中结合人群同步效应，预测结果将更接近实际。遗憾的是，McRobie 并未给出如何将两者结合的具体方法。

在 McRobie 的工作基础上，贾布裕等人[49, 127]提出了一种新型的人行桥人致横向振动模型：IP-K（Inverted Pendulum-Kuramoto）模型。IP-K 模型将倒摆模型和能考虑人群同步效应的 Kuramoto 生物同步模型进行有机结合，所预测的结果与实际更为接近。主要内容分为两部分：一是建立只考虑人-桥同步的一元 IP-K 模型[只将桥梁振动（幅值）视为刺激源]；二是建立能考虑人-桥同步和人-人同步的二元耦合 IP-K 模型[将桥梁振动（幅值）和周围人群分布作为二元刺激源]。

7.1 倒摆长期效应解析解

倒摆模型近似地把行人等效为一个由两个交替的刚性杆支撑的质量体（图 6.1.2），其主要运动控制方程为式（6.1.1），由此产生的作用在桥上的人致横向力可由式（6.1.6）得到。而决定行人在桥上行走的步伐位置演变过程由行人为保持身体平衡的脚触地位置控制规则所决定[式（6.1.8）]。在式（6.1.8）基础上，McRobie 提出了一种扩展的行人脚触地位置控制规则[47]：

$$u = y_0 + \frac{\dot{y}_0}{\omega_l} + \kappa_0 x_0 + \kappa_1 \frac{\dot{x}_0}{\omega_l} \pm b_m \tag{7.1.1}$$

式中，y_0和$\dot{y}_0$表示行人当前脚步开始时的行人质量中心（CoM）的初始位置和速度，等于前一步的最终值；x_0和$\dot{x}_0$则是与y_0和$\dot{y}_0$（当前脚步）同一时刻对应的桥梁瞬时横向位移和速度；

$\omega_l=\sqrt{g/l}$为与倒摆有关的类频参数；b_m为稳定裕度，右脚行进时取正，左脚行进时取负；κ_0和κ_1表示u和桥梁振动位移和振动速度的相关性系数。在Macdonald初始模型中，只考虑了两种类型的行人脚触地位置控制规则：①相对速度控制规则，$[\kappa_0,\kappa_1]=[0,0]$；②绝对速度控制规则，$[\kappa_0,\kappa_1]=[0,1]$。McRobie对Macdonald原先提出的行人脚触地位置控制规则进行了改进：通过κ_0和κ_1的设置，实现了u和桥梁振动更广泛的相关性。

从另外一个角度，行人施加的横向力F又可视为由桥梁频率处对应的结构速度同相分量力和结构加速度同相分量力组成[27,30,37]，F可写为：

$$F_{eq}=c_p\dot{x}+m_p\rho_p\ddot{x} \tag{7.1.2}$$

式中，c_p为速度同相分量系数；ρ_p为加速度同相分量系数；m_p为行人质量。如前文所述，当c_p为正时，行人将会输入能量到桥梁振动系统中，导致振动加强；c_p正值超过桥梁自身阻尼时，桥梁振动将失稳发散。ρ_p与加速度相关，当ρ_p为正时，等效于行人对桥梁贡献了一个额外的负质量。

在倒摆模型中，由于施加了行人脚触地位置控制规则，其运动轨迹是间断的，相应地，横向力F在行人步伐转换时也是不连续的，伴有一个突变的现象。然而，可以考虑行人对桥梁振动的长期影响，即通过求解桥梁频率处对应的这些分量的长期解，来消除横向力F不连续带来的影响。McRobie通过一系列巧妙的推导，给出了一般情况及行人步频ω_p和桥梁频率ω_s一致这两种情况下的c_p和ρ_p的长期解表达式[47]：

①一般情况。

$$c_p=\frac{2\,m_p\omega_l^{\,2}\lambda}{\omega_s^{\,2}T}(H_1\alpha_1-H_2\alpha_2) \tag{7.1.3}$$

$$\rho_p=-\frac{\omega_l^{\,2}\lambda}{\omega_s^{\,2}}+\frac{2\,\omega_l^{\,2}\lambda^2}{\omega_s^{\,3}T}(H_1\alpha_2+H_2\alpha_1) \tag{7.1.4}$$

②频率一致情况（$\omega_p\cong\omega_s$）。

$$c_p=\frac{2\,m_p\omega_l^{\,2}\lambda^2\alpha_3}{\pi\,\omega_s}\left(\frac{b_m}{A\lambda}\sin\Psi_\Delta-H_1\sin^2\Psi_\Delta-H_2\sin\Psi_\Delta\cos\Psi_\Delta\right) \tag{7.1.5}$$

$$\rho_p=-\frac{\omega_l^{\,2}\lambda}{\omega_s^{\,2}}+\frac{2\,\omega_l^{\,2}\lambda^2\alpha_3}{\pi\,\omega_s^{\,2}}\left(\frac{b_m}{A\lambda}\sin\Psi_\Delta+H_2\sin^2\Psi_\Delta-H_1\sin\Psi_\Delta\cos\Psi_\Delta\right) \tag{7.1.6}$$

式中，$\lambda=1/(1+\omega_l^{\,2}/\omega_s^{\,2})$；$\omega_s$为桥梁结构频率；$A$为桥梁结构振幅；$T$表示步频周期；$\Psi_\Delta$为行人运动和桥梁振动之间的相位差；$H_1=1-k_0/\lambda$，$H_2=(1-k_1/\lambda)\omega_s/\omega_l$；$\alpha_1=1-e^{\omega_lT/2}\cos(\omega_sT/2)$，$\alpha_2=e^{\omega_lT/2}\sin(\omega_sT/2)$，$\alpha_3=1+e^{\omega_lT/2}$。式（7.1.5）是式（7.1.3）的特殊情况：若对式（7.1.5）中的Ψ_Δ在分布域内取平均，式（7.1.5）便可转为式（7.1.3）。类似的，式（7.1.6）也是式（7.1.4）的特殊情况。

7.2　Kuramoto模型

Kuramoto模型最初起源于集体同步现象研究：一个规模较大的振子系统自发地锁定在一个共同的频率上，尽管每个振子的固有频率存在着差异[155]。生物学上的例子包括心脏起搏器细胞网络，同步闪烁的萤火虫群，蟋蟀齐声鸣叫。在物理学和工程学中也有许多例子，如激光阵列和微波振荡等。集体同步现象在自然界中无处不在，一般认为它与大脑中阿尔法节奏的产生有关。对集体同步问题研究具有开创性贡献的是日本学者 Kuramoto，他用摄动平均法证明了任何弱耦合的动力长期演变系统都可由以下的一般性相位方程给出[156]：

$$\dot{\Theta}_i=\omega_i+\sum_{j=1}^{N}\Gamma_{ij}(\Theta_j-\Theta_i)\quad i=1,2,\cdots,N \tag{7.2.1}$$

式中，Θ_i和ω_i分别表示第 i 个振子的相位和初始频率，而每个Θ_j通过敏感函数（或敏感系数）Γ_{ij}对所有其他剩余的Θ_i振子施加一个相位相关的影响。考虑到平均场的易处理性，并认识到敏感函数的单调线性，Kuramoto 给出了平均场下基于正弦敏感函数形式的简单表达式[156]：

$$\dot{\Theta}_i=\omega_i+\sum_{j=1}^{N}\frac{K}{N}\sin(\Theta_j-\Theta_i)\quad i=1,2,\cdots,N \tag{7.2.2}$$

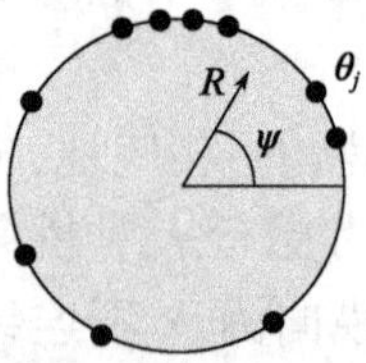

图7.2.1　序参量示意图

式中，$K\geqslant 0$ 表示耦合强度。为了进一步提高演变系统的可分析性，Kuramoto 引入了复平面中的序参量表示形式[156]（图7.2.1）：

$$R\mathrm{e}^{\mathrm{i}(\Psi-\Theta_j)}=\frac{1}{N}\sum_{j=1}^{N}\mathrm{e}^{\mathrm{i}(\Theta_j-\Theta_i)} \tag{7.2.3}$$

序参量是一个宏观量，可以解释为整个系统的集体节奏，相当于相的质心。图7.2.1 中半径 R 表示各个振子的相位相干性，而 $\Psi(t)$ 表示相平均。R 越大意味着相干性越强，反之，当$R\approx 0$时则意味着各个振子无相干性，将均匀地分散在圆环上。基于式(7.2.3)，式(7.2.2)可进一步写为：

$$\dot{\Theta}_i=\omega_i+KR\sin(\Psi-\Theta_i)\quad i=1,2,\cdots,N \tag{7.2.4}$$

7.3　一元 IP-K 模型

7.3.1　基于单刺激源（桥梁振动）Kuramoto 模型的桥上行人相位演化

相位同步耦合模型的基本思想是：系统中的各个振子频率最初是随机分布的，但如果外部刺激足够强大或者初始频率接近于中心控制频率时［如式(7.2.4)中的 KR］，各个振子频率将会与中心控制频率同步，并被锁定。行人作为一个生物体，受到桥梁振动或者周围行人运动刺激时，同样会发生人-桥同步锁定或者人-人同步锁定。此处将只注重人-桥同步锁定，暂不考虑人-人同步锁定。在人-桥同步锁定中，桥梁振动响应（幅值、速度、加速度）是对行人产生影响的刺激源，因此，在式(7.2.4)的基础上，基于单刺激源 Kuramoto 模型的桥上行人相位演化可写为：

$$\dot{\Theta}_i=\omega_i+Z(A,\dot{x},\ddot{x})\sin(\Psi-\Theta_i)\quad i=1,2,\cdots,N \tag{7.3.1}$$

式中，ω_i为行人初始步频；Θ_i为行人运动当前相位，Ψ 为桥梁振动相位。Strogatz 将桥梁振幅 A 视为刺激源[34]［$Z(A,\dot{x},\ddot{x})=EA$］：

$$\dot{\Theta}_i=\omega_i+E_iA\sin(\Psi-\Theta_i)\quad i=1,2,\cdots,N \tag{7.3.2}$$

式中，E_i为行人对桥梁振幅 A 的敏感系数。Eckhardt 则将桥梁振动加速度$\ddot{x}$视为刺激源[35]：$Z(A,\dot{x},\ddot{x})\sim\ddot{x}$。本研究只考虑将桥梁振幅 A 视为刺激源的情况，同时设每个行人对桥梁振幅的敏感系数相等，即$E_i=E$。

7.3.2　人-桥振动控制系统方程

首先，直接给出桥梁振动的模态方程：

$$M_s\ddot{X}+C_s\dot{X}+K_sX=F_s \tag{7.3.3}$$

式中，M_s、C_s、K_s、F_s分别为模态质量、模态阻尼、模态刚度、模态荷载。仅考虑人行桥横向振动第一阶振型，并设定振型函数为正弦形式：$\varphi(u)=\sin(\pi u/L)$，L为桥梁长度。桥上行人按全长均匀分布考虑。如前文所述，考虑到式(7.1.2)中行人施加等效横向力中的加速度同相分量对整个振动系统的影响有限，此处只考虑速度同相的等效分量$c_p\dot{x}$［对式(7.1.2)完整的考虑见下文式(7.4.36)］，故F_s可写为以下表达式：

$$F_s=\left[\frac{N_p}{L}\int_0^L\varphi^2(u)\mathrm{d}u\right]\langle c_{p,i}^s\rangle\dot{X} \tag{7.3.4}$$

式中，N_p为桥上人数；$\langle c_{p,i}^s\rangle=\frac{1}{N_p}\sum_{i=1}^{N_p}c_{p,i}^s$，其中⟨ ⟩表示取平均。本研究将考虑同步效应对$c_p$进行修正，为和 McRobie 提出的原始$c_p$有所区分，下文中将采用$c_p^s$符号来表示速度同相分量系数。若考虑到行人运动相位演化导致的步频调整，则可知$c_{p,i}^s$是$\dot{\Theta}_i$（即ω_{pi}）的函数：$c_{p,i}^s=c_{p,i}^s(\dot{\Theta}_i)$。接着，将式(7.2.3)进行整理，同时结合行人运动相位演化控制方程——式(7.2.2)，整个人-桥振动控制系统方程将由下式组成：

$$\ddot{X}+2\zeta\omega_s\dot{X}+\omega_s^2X=\beta_0\langle c_{p,i}^s(\dot{\Theta}_i)\rangle\dot{X} \tag{7.3.5}$$

$$\dot{\Theta}_i=\omega_{p0i}+EA\sin(\Psi-\Theta_i)\quad i=1,2,\cdots,N_p \tag{7.3.6}$$

式中，$\zeta=\frac{C_s}{2\omega_sM_s}$为阻尼比；$\omega_s$为桥梁振动频率；$\beta_0=\frac{\left[N_p\int_0^L\varphi^2(u)\mathrm{d}u\right]}{M_sL}$；$\omega_{p0i}$为行人初始步频。

7.3.3　一元 IP-K 模型中的人桥部分同步状态的稳态密度

通过式(7.3.7)，将式(7.3.6)转换为旋转坐标系中：

$$\begin{cases}\theta_i=\Theta_i-\omega_st\\ \varphi=\Psi-\omega_st\end{cases} \tag{7.3.7}$$

设定

$$\omega_{p0i}/\omega_s=1+\epsilon\omega_i \tag{7.3.8}$$

式中，$\epsilon=E/\omega_s$。同时，引入一个新的时间尺度参量$\bar{t}=\omega_st$，式(7.3.6)重新写为：

$$\frac{\mathrm{d}\theta_i}{\mathrm{d}\bar{t}}=\epsilon\omega_i+\epsilon A\sin(\varphi-\theta_i) \tag{7.3.9}$$

继续引入另一个慢时间尺度参量$\bar{\bar{t}}=\epsilon\omega_st$，式(7.3.9)变为：

$$\dot{\theta}_i=\frac{\mathrm{d}\theta_i}{\mathrm{d}\bar{\bar{t}}}=\omega_i+A\sin(\varphi-\theta_i) \tag{7.3.10}$$

一般来说,φ 的相应条件是$\dot{\varphi}=\vartheta$,其中 ϑ 是一个未知的常数,在这里只考虑$\dot{\varphi}=0$ 的特殊情况(即假设桥梁振动相位不随时间发生变化),同时由于平均方程具有全局旋转对称性(即使 $\varphi\to\varphi+\varphi_0,\theta_i\to\theta_i+\varphi_0$,结果不会发生改变),因此可以将 φ 设定为任何一个值。这里,不失一般性,设定 $\varphi=0$,式(7.3.10)变为:

$$\dot{\theta}_i=\omega_i-A\sin\theta_i \tag{7.3.11}$$

显然,桥上行人由部分未同步锁定人群和另一部分同步锁定人群组成,因此人群可视为处于部分同步状态。未同步锁定人群和同步锁定人群对c_p的贡献不同,需分开讨论。对于未同步锁定人群,由于这部分人群的初始步频离桥梁振动频率太远,其步频分布区域位于$|\omega_i|>A$,不能被锁定,无法与桥的振动同步;相反,他们将远离那些锁定区域并在相位空间持续漂移[157]。而对于同步锁定人群,他们的原始步频离桥梁振动频率足够近,满足$|\omega_i|\leqslant A$(只有这样才能保证$\dot{\theta}_i=0$),将逐渐被吸引到锁定区域,与桥梁振动同步,而最终锁定的同步相位值为:

$$\theta_i{}^{*}=\arcsin\left(\frac{\omega_i}{A}\right) \tag{7.3.12}$$

接下来,假设$N_p\gg1$,可将离散方程转化为有限连续表达式:

$$\langle c_{pi}\rangle=\int_{-\infty}^{+\infty}\left[\oint c_p(\theta,\omega)\rho(\theta,\omega)\,\mathrm{d}\theta\right]f(\omega)\,\mathrm{d}\omega \tag{7.3.13}$$

$$\dot{\theta}=\omega-A\sin\theta \tag{7.3.14}$$

式中,$\rho(\theta,\omega)$是这些人群振子在相位空间中的稳态密度;$f(\omega)$为控制人群步频分布的概率密度函数。这里假设 ω 服从柯西-洛伦兹分布,其概率密度函数为

$$f(\omega)=\frac{r}{r^2+(\omega-\omega_0)^2} \tag{7.3.15}$$

式中,ω_0为$f(\omega)$峰值对应处的 ω 值(即中心值,或称之为均值点);r 为峰值一半处对应的 ω 轴一半宽度的尺度参数。r 控制着行人步频分布的变异性,r 越小,则柯西-洛伦兹分布曲线越陡(步频分布区域越窄,且集中在中心点ω_0附近处);r 越大,柯西-洛伦兹分布曲线越平坦(步频分布越均匀)。

基于交通流或流体力学的连续方程$\frac{\partial\rho}{\partial\bar{\bar{t}}}+\frac{\partial\rho}{\partial\theta}(\rho\,\dot{\theta})=0$,可知稳态的条件需满足给定 θ 处的密度与对应的速度$\dot{\theta}$成反比,于是可得:

$$\rho(\theta,\omega)\sim\frac{1}{\omega-A\sin\theta_i} \tag{7.3.16}$$

比例常数可由归一化条件确定$\oint\rho(\theta,\omega)\,\mathrm{d}\theta=1$,最后可得出非同步锁定和同步锁定的$\rho(\theta,\omega)$表达式:

$$\rho(\theta,\omega)=\begin{cases}\dfrac{\sqrt{\omega^2-A^2}}{2\pi|\omega-A\sin\theta|} & |\omega|>A\\ \delta\left[\theta-\arcsin\left(\dfrac{\omega}{A}\right)\right] & |\omega|\leqslant A\end{cases} \tag{7.3.17}$$

7.3.4　一元 IP-K 模型中考虑人桥部分同步的c_p修正

7.3.4.1　未和桥梁振动同步锁定人群的c_p^s

将未同步锁定人群对c_p^s的贡献简记为$\langle c_p^s\rangle_u$。回到 IPM 的长期解，显然这类人群的c_p长期解可采用式(7.1.3)。结合式(7.1.3)、式(7.3.13)以及式(7.3.17)，$\langle c_p^s\rangle_u$可表示为：

$$\langle c_p^s\rangle_u = \int_{|\omega|>A}\left[\oint\frac{2m_p\omega_l^2\lambda}{\omega_s^2 T}(H_1\alpha_1 - H_2\alpha_2)\rho(\theta,\omega)\,\mathrm{d}\theta\right]f(\omega)\,\mathrm{d}\omega \tag{7.3.18}$$

直接对式(7.3.18)积分是相当困难的，通过对式(7.1.3)的多次数值模拟分析，可知在行人常规步频 0.9Hz 左右，式(7.1.3)中的c_p(即未修正前)与行人横向步频ω_p有着明显的一次线性关系。因此，这里采用近似拟合方法(一次ω_p和三次ω_s多项拟合)：

$$\begin{aligned}&\frac{2m_p\omega_l^2\lambda}{\omega_s^2 T}(H_1\alpha_1 - H_2\alpha_2)\\ &\approx p_{00}+p_{10}\omega_p+p_{01}\omega_s+p_{11}\omega_p\omega_s+p_{02}\omega_s^2+p_{12}\omega_p\omega_s^2+p_{03}\omega_s^3\end{aligned} \tag{7.3.19}$$

将ω_p设为主变量，并记$s_0=p_{00}+p_{01}\omega_s+p_{02}\omega_s^2+p_{03}\omega_s^3$；$s_1=p_{10}+p_{11}\omega_s+p_{12}\omega_s^2$，式(7.3.18)可写为：

$$\langle c_p^s\rangle_u = \int_{|\omega|>A}\left[\oint(s_0+s_1\omega_p)\rho(\theta,\omega)\,\mathrm{d}\theta\right]f(\omega)\,\mathrm{d}\omega \tag{7.3.20}$$

根据式(7.3.17)，式(7.3.20)可进一步表示为：

$$\langle c_p^s\rangle_u = \int_{|\omega|>A}\left[\oint(s_0+s_1\omega_p)\frac{\sqrt{\omega^2-A^2}}{2\pi|\omega-A\sin\theta|}\mathrm{d}\theta\right]f(\omega)\,\mathrm{d}\omega \tag{7.3.21}$$

根据式(7.3.8)～式(7.3.11)，可知$\omega_p=\omega_s+\epsilon\omega_s(\omega-A\sin\theta)$，由此得$s_0+s_1\omega_p=s_0+s_1\omega_s+s_1\epsilon\omega_s(\omega-A\sin\theta)$，进而设定$b_0=s_0+s_1\omega_s$以及$b_1=\epsilon s_1\omega_s$，得到：

$$s_0+s_1\omega_p=b_0+b_1(\omega-A\sin\theta) \tag{7.3.22}$$

于是式(7.3.21)变为：

$$\langle c_p^s\rangle_u = \frac{1}{2\pi}\int_{|\omega|>A}\left\{\oint[b_0+b_1(\omega-A\sin\theta)]\frac{\sqrt{\omega^2-A^2}}{|\omega-A\sin\theta|}\mathrm{d}\theta\right\}f(\omega)\,\mathrm{d}\omega \tag{7.3.23}$$

完成θ的积分后得到：

$$\langle c_p^s\rangle_u = \int_{|\omega|>A}\left[b_0+b_1\sqrt{\omega^2-A^2}\,\mathrm{sign}(\omega)\right]f(\omega)\,\mathrm{d}\omega \tag{7.3.24}$$

将式(7.3.24)中的$\sqrt{\omega^2-A^2}$在$A=0$处泰勒展开，可得：

$$\begin{aligned}\langle c_p^s\rangle_u &= \int_{|\omega|>A}\left(b_0+b_1\omega-\frac{b_1A^2}{2\omega}\right)f(\omega)\,\mathrm{d}\omega\\ &= \underbrace{\int_{|\omega|>A}(b_0+b_1\omega)f(\omega)\,\mathrm{d}\omega}_{\langle c_p^s\rangle_{u,a}} - \underbrace{\int_{|\omega|>A}\frac{b_1A^2f(\omega)}{2\omega}\mathrm{d}\omega}_{\langle c_p^s\rangle_{u,b}}\end{aligned} \tag{7.3.25}$$

考虑柯西-洛伦兹反常积分的特点，$\langle c_p^s\rangle_{u,a}$积分上限可取一个较大值$\eta$(远大于其一半峰值对应宽度即可，如取一半峰值对应宽度的10倍)：

$$\langle c_p^s \rangle_{u,a} \approx \int_{\eta > |\omega| > A} (b_0 + b_1\omega) f(\omega)\mathrm{d}\omega \tag{7.3.26}$$

对式(7.3.26)进行积分,并略去微小量,得:

$$\langle c_p^s \rangle_{u,a} \approx \frac{B_\eta}{\pi} \tag{7.3.27}$$

其中,$B_\eta = \left[\mathrm{atan}\left(\frac{\eta - \omega_0}{r}\right) + \mathrm{atan}\left(\frac{\eta + \omega_0}{r}\right)\right](b_0 + b_1\omega_0) + \frac{b_1 r \ln(\eta^2 - 2\eta\omega_0 + r^2 + \omega_0^2)}{2} - \frac{b_1 r \ln(\eta^2 + 2\eta\omega_0 + r^2 + \omega_0^2)}{2}$。

关于$\langle c_p^s \rangle_{u,b}$,其结果可进一步写为:

$$\langle c_p^s \rangle_{u,b} = \frac{b_1 A^2}{2}\mathrm{PV}\int_{-\infty}^{+\infty} \frac{f(\omega)}{\omega}\mathrm{d}\omega \tag{7.3.28}$$

其中,积分前的PV表示取柯西主值,考虑积分项形式,可知这个柯西主值积分就是希尔伯特变换的定义(比例系数为π),因此,结合式(7.3.15),式(7.3.28)可整理为:

$$\langle c_p^s \rangle_{u,b} = \frac{\pi b_1 \mathcal{H}[f(0)]}{2}A^2 = -\frac{\omega_0 b_1}{2(r^2 + \omega_0^2)}A^2 \tag{7.3.29}$$

式中,$\mathcal{H}[\cdots]$表示希尔伯特变换。联合式(7.3.27)和式(7.3.29)可得:

$$\langle c_p^s \rangle_u \approx \frac{B_\eta}{\pi} + \frac{\omega_0 b_1}{2(r^2 + \omega_0^2)}A^2 \tag{7.3.30}$$

7.3.4.2 和桥梁振动同步锁定人群的c_p^s

将同步锁定人群对c_p的贡献简记为$\langle c_p^s \rangle_l$。由于这类人群的步频和桥梁振动频率将趋向于一致,因此这类人群的c_p长期解可采用式(7.1.5)。结合式(7.1.5)、式(7.3.13)以及式(7.3.17),$\langle c_p^s \rangle_l$的连续表达式可写为:

$$\langle c_p^s \rangle_l = \int_{|\omega| \leq A} \left(\mu_0 \sin^2\theta^* - \mu_1 \sin\theta^* \cos\theta^* + \frac{\mu_2}{A}\sin\theta^*\right)\left(1 + \mathrm{e}^{\frac{\omega_l \pi}{\omega_p}}\right) f(\omega)\mathrm{d}\omega \tag{7.3.31}$$

式中,$\mu_0 = \frac{2m_{ps}{\omega_l}^2\lambda^2}{\pi\,\omega_s}\left(1 - \frac{\kappa_0}{\lambda}\right)$;$\mu_1 = \frac{2m_{ps}\omega_l\lambda^2}{\pi}\left(1 - \frac{\kappa_1}{\lambda}\right)$;$\mu_2 = \frac{2m_{ps}{\omega_l}^2\lambda b_m}{\pi\,\omega_s}$;$e_0 = (1 + \mathrm{e}^{\omega_l\pi/\omega_p})$;$m_{ps} = \frac{N_p m_p}{L}$。考虑同步锁定人群状态时,$\omega_s \approx \omega_p$,因此$e_0$可取值为$e_0 \approx (1 + \mathrm{e}^{\omega_l\pi/\omega_s})$。将$\sin\theta^* = \omega/A$代入式(7.3.31)可得:

$$\langle c_p^s \rangle_l = \int_{|\omega| \leq A} \left(\mu_0 \frac{\omega^2}{A^2} - \mu_1 \frac{\omega\sqrt{\omega^2 - A^2}}{A^2} + \frac{\mu_2 \omega}{A^2}\right) e_0 f(\omega)\mathrm{d}\omega \tag{7.3.32}$$

将$f(\omega)$在$\omega = 0$处一次泰勒展开,进一步得到:

$$\langle c_p^s \rangle_l \approx \int_{|\omega| \leq A} \left(\mu_0 \frac{\omega^2}{A^2} - \mu_1 \frac{\omega\sqrt{\omega^2 - A^2}}{A^2} + \frac{\mu_2 \omega}{A^2}\right) e_0 [f(0) + f'(0)\omega]\mathrm{d}\omega \tag{7.3.33}$$

式(7.3.33)积分后得到:

$$\langle c_p^s \rangle_l \approx \frac{2}{3}[f(0)\mu_0 + f'(0)\mu_2] e_0 A - \frac{\pi}{8} e_0 f'(0)\mu_1 A^2 \tag{7.3.34}$$

7.3.4.3 整个人群的c_p修正结果

结合式(7.3.30)和式(7.3.34),得到整个人群的c_p修正结果:

$$\begin{aligned}\langle c_p^s \rangle &= \langle c_p^s \rangle_u + \langle c_p^s \rangle_l \\ &= \frac{B_\eta}{\pi} + \left[\frac{2}{3}f(0)\mu_0 e_0 + \frac{2}{3}f'(0)\mu_2 e_0\right]A + \\ &\quad \left[\frac{\omega_0 b_1}{2(r^2+\omega_0^2)} - \frac{\pi}{8}e_0 f'(0)\mu_1\right]A^2 \end{aligned} \tag{7.3.35}$$

将式(7.3.35)代入式(7.3.5):

$$\begin{aligned}&\ddot{X} + 2\zeta\omega_s \dot{X} + \omega_s^2 X \\ &= \beta_0 \left\{\frac{B_\eta}{\pi} + \left[\frac{2}{3}f(0)\mu_0 e_0 + \frac{2}{3}f'(0)\mu_2 e_0\right]A + \right. \\ &\quad \left.\left[\frac{\omega_0 b_1}{2(r^2+\omega_0^2)} - \frac{\pi}{8}e_0 f'(0)\mu_1\right]A^2\right\}\dot{X} \end{aligned} \tag{7.3.36}$$

式(7.3.36)可用于后续的稳定分析中。

7.3.5 算例分析

假设每个行人质量为75kg,现采用上述方法对伦敦千禧桥北边跨横向振动进行分析。分别采用三种模型:①Macdonald 提出的原始倒摆模型(这里标记为 IPM-1 模型);②McRobie 提出的倒摆模型长期解模型(这里标记为 IPM-2 模型);③前文所提模型(即 IP-K 模型),计算了伦敦千禧桥北边跨的c_p值。由于 Macdonald[37] 只给出了 IPM-1 的$[\kappa_0,\kappa_1]=[0,0]$(相对速度控制规则)和$[\kappa_0,\kappa_1]=[0,1]$(绝对速度控制规则)这两种脚触地位置控制规则的结果,因此这里先给出这两种脚触地位置控制规则的比较结果(图7.3.1)。采用的其他主要参数设定如下:桥上行人数量$N_p=170$;行人对桥梁振幅A的敏感系数$E=12$,柯西-洛伦兹分布尺度参数$r=0.02$(以上参数在后文不变,除非特殊声明——如参数分析)。

7.3.5.1 不同模型的c_p结果比较

首先,忽略式(7.3.35)中的一次项和二次项,只考虑常数项对c_p的贡献,这里不妨将其称为 IP-K0 模型。这样处理的目的在于暂不考虑桥梁振幅对行人激励的影响(即不考虑同步效应),但这并不意味 IP-K0 模型将等同于 IPM-2 模型,尽管两者都是采用长期解模型,但必须指出的是,IP-K0 模型虽然忽略了同步效应,但仍考虑了人群分布效应(行人步频的柯西-洛伦兹分布设定),而 IPM-2 是单人模型,无法考虑人群分布效应(IPM-1 同样如此)。图7.3.1a)给出了 IP-K0 模型与 IPM-1 以及 IPM-2 的c_p-f_{r0}(f_{r0}为行人步频和桥梁横向基频之比的平均值)结果。总体上,三者曲线形状及趋势较为一致;且在$f_{r0}\approx1$(即行人横向步频接近桥梁振动频率时,或可称之为步频比分布中心,为简便,后文一律采用分布中心来指代$f_{r0}\approx1$位置)处附近,三者大小相差较小。尽管如此,不同模型间的c_p值还是存在一定差距(尤其是 IP-K0 和 IPM-2)。首先,在图中可观测到,不同模型结果大致在分布中心处交汇,而f_{r0}一旦稍离分布中心,IP-K0 和 IPM-2 的c_p值将拉开差距;其次,相比 IPM-2,IP-K0 模型得到的 c_p 结果较小,这主要是因为 IP-K0 模型包含人群分布效应(行人步频通过概率曲线分布,每人步频的分布区间不尽相同),

换言之，IP-K0 模型得到的是一个人群平均的结果，这间接表明了考虑人群分布效应的必要性。

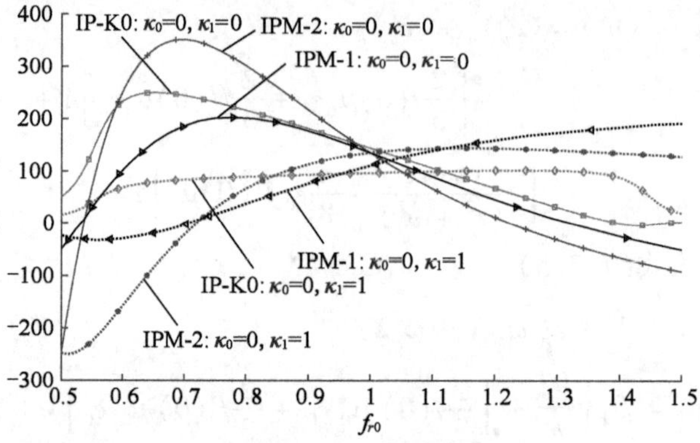

a) IP-K0 vs IPM-1 vs IPM-2

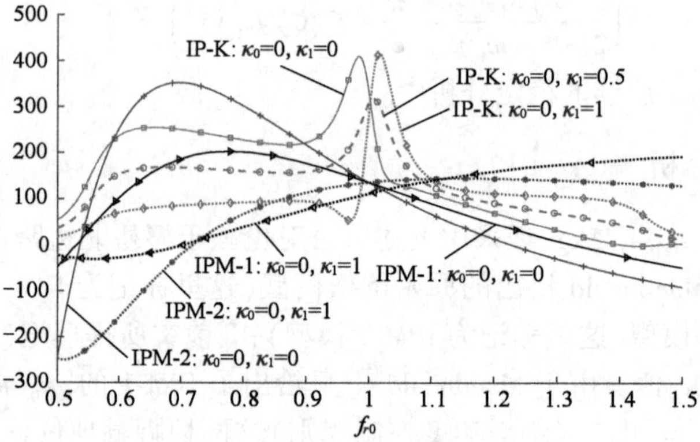

b) IP-K vs IPM-1 vs IPM-2

图 7.3.1　不同模型的c_p结果比较

图 7.3.1b)给出了完整 IP-K 模型值［即式(7.3.35)，考虑人群分布效应以及同步效应］与 IPM-1 以及 IPM-2 的比较结果。从图中可知，当$[\kappa_0,\kappa_1]=[0,0]$，IPM-2 在较低步频的区域(并非行人正常步频区域，行人正常步频为$f_p\approx(0.9\sim1.1)\mathrm{H_z}$，桥梁结构振动频率为$f_s=1.03$，$f_{r0}\approx1$ 附近区域才是行人正常步频区域)具有较高的c_p值，而在行人正常步频区域却偏低，远远小于实桥测试得到的值，IPM-1 同样有这个现象，而这正是 IPM 模型被诟病的地方，因为用非行人正常步频区域的c_p去分析桥梁振动临界条件是不合理的。McRobie 在其文中指出[47]："Bocian[41]为了维护 IPM-1 的合理性，提出在密集人群中行人可能减慢步频，可能低至 0.6Hz，以获得较高的c_p值。然而，这和新加坡樟宜机场的测试结果相矛盾[18-19]：樟宜机场测试得到的c_p值较高，而现场照片表明人群密度低，在相关的频率图中也没有证据显示行人步频有较大异常的减低。此外，认为密集人群会降低步伐的观点与 IPM-1 模型支持者认为的行人步频总是很快因而无法与结构低频模式同步的观点相矛盾。这说明不应该忽视某些同步的可能性，而 IPM 模型完全忽视人群同步现象对桥梁大幅横向振动的潜在影响的设定并不一定合理。"从图中可以看出，本研究所提的考虑同步效应的 IP-K 模型结果为一波峰形曲线，尽管在较低步频的区域($f_{r0}\approx0.7$ 附近)，IP-K 模型的c_p值仍然低于 IPM-2 模型的结果，但在分布中心区域，

IP-K模型的c_p值却大幅提高，接近400Ns/m，明显高于IPM-2模型的结果。显然，这个结果更合理，也更接近实测结果（图1.3.3），有力证明了考虑同步效应的合理性。

当$[\kappa_0,\kappa_1]=[0,1]$时，在$f_{r0}<1$区域[图7.3.1b)的左侧区域]，IPM模型（IPM-2和IPM-1）的c_p值很小，且大部分出现负c_p值（相当于行人施加了正阻尼作用，进一步抑制振动），而到了$f_{r0}>1$区域[图7.3.1b)的右侧区域]，c_p值有所上升，但都偏少，离实测值较远。而IP-K模型c_p结果仍然为一波峰形曲线，在分布中心附近出现较大的峰值c_p值，虽然在左侧区域也都较低，但没有出现负c_p值的情况。

7.3.5.2　脚触地位置控制规则参数κ_0，κ_1的影响

从$[\kappa_0,\kappa_1]=[0,0]$和$[\kappa_0,\kappa_1]=[0,1]$这两种行人脚触地位置控制规则的对比结果中可知，这两者结果存在一定相似性，但也存在着较大差异性。在左侧区域，$[\kappa_0,\kappa_1]=[0,0]$的$c_p$值明显大于$[\kappa_0,\kappa_1]=[0,1]$的结果，而在右侧区域，前者却小于后者。Macdonald在提出IPM-1模型时[37]，曾指出实际的行人脚触地位置控制规则应该介于相对速度控制规则和绝对速度控制规则之间，即$[\kappa_0,\kappa_1]$的实际合理值应该在$[0,0]$和$[0,1]$之间。不过在IPM-1模型中，没有引入κ_0，κ_1的量化参数，只能给出相对速度控制规则（$[\kappa_0,\kappa_1]=[0,0]$）和绝对速度控制规则（$[\kappa_0,\kappa_1]=[0,1]$）这两种极端情况下的结果。后来McRobie[47]引入了κ_0，κ_1这两个量化参数，并分析了$\kappa_0\in[-1,1]$ & $\kappa_1\in[-1,1]$多种组合工况的结果。在图7.3.1b)中，额外增加了一组IP-K模型在$[\kappa_0,\kappa_1]=[0,0.5]$规则下的结果。从图中可看出：首先，$[\kappa_0,\kappa_1]=[0,0.5]$的结果介于$[\kappa_0,\kappa_1]=[0,0]$和$[\kappa_0,\kappa_1]=[0,1]$之间；其次，$[\kappa_0,\kappa_1]=[0,0.5]$的$c_p$峰值有所下降，但其峰值仍然高达320Ns/m，与伦敦千禧桥的现场实测值基本一致（图1.3.3），且位于行人正常步频区域；还有，相比$[\kappa_0,\kappa_1]=[0,0]$和$[\kappa_0,\kappa_1]=[0,1]$，$[\kappa_0,\kappa_1]=[0,0.5]$峰值处的频率更接近$f_{r0}\approx1$Hz。

为进一步研究κ_0，κ_1取值对IP-K模型c_p的影响，选取了κ_0，κ_1分别取0、0.5、1时的8种组合[图7.3.2a)]；同时选取$[\kappa_0=0:0.2:1,\kappa_1=0.5]$[图7.3.2b)]、$[\kappa_0=0.5,\kappa_1=0:0.2:1]$[图7.3.2c)]10种$\kappa_1$和$\kappa_0$分别固定时的组合工况。各种工况的$c_p$结果如图7.3.2所示，可知：

①$[\kappa_0,\kappa_1]=[1,1]$的结果看上去是最不合理的，这意味着在行人脚触地位置控制规则中完全包含桥梁振动位移和桥梁振动速度是不合理的。

②在图7.3.2a)中观测到，κ_1不超过0.5时，c_p值在低频段（左侧）一般高于高频段（右侧），峰值一般位于低频段，而当κ_1为1时结果则相反。这意味着κ_1取较大值时会改变曲线形状，产生不合理的结果，因此κ_1值不应取太大。

③考虑κ_1固定为0的情况，可以发现，在步频中间大部分区域，$\kappa_1=0$所对应的三条曲线大致平行，且c_p随着κ_0的增大而减小。类似地，考虑κ_1固定为1的情况，在除了左右两端的步频中间大部分区域，三种组合下的c_p曲线大致平行，且c_p随着κ_0的增大而减小，这说明在步频中间区域，c_p值和κ_0呈一定的递减线性关系[这一现象在图7.3.2b)的$\kappa_1=0.5$固定组合工况结果中显得更为清楚]。

④从图7.3.2a)中和图7.3.2c)中可知，当κ_0固定，不同κ_1值的曲线间则不存在这种平行关系，它们会交叉于同一个点，间接说明c_p与κ_1之间存在较强的非线性关系。

⑤从图7.3.2a)、图7.3.2b)、图7.3.2c)中，可知κ_0，κ_1取值对曲线峰值位置具有不同的

影响。可以观测到，当κ_1取值为0时，峰值对应的频率比位于分布中心的左侧，而当κ_1取值为1时峰值对应的频率比位于分布中心的右侧，当κ_1取值为0.5时峰值对应的频率比位置介于$\kappa_1=0$和$\kappa_1=1$这两种结果的中间；而固定κ_1，改变κ_0对峰值位置分布并不产生影响[图7.3.2b)的结果尤为清楚]。综上可知，κ_0会对c_p值产生影响，但这种影响是“线性”影响：随着κ_0变化，曲线会整体上升或下降，对曲线整体形状的改变影响很小；而κ_1除了会对c_p值产生影响，对曲线峰值位置的改变也具有重要影响。

由上述分析可知，κ_0和κ_1取较大值会偏离实际，参考McRobie的做法，采取一种折中的方式，同时综合图7.3.2的结果，这里将$[\kappa_0,\kappa_1]=[0,0.5]$视为一组较为合理的值，并将其应用于后续分析中。

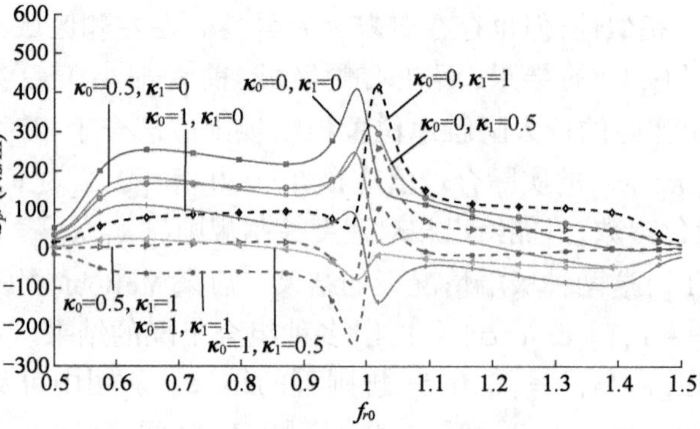

a)一般组合

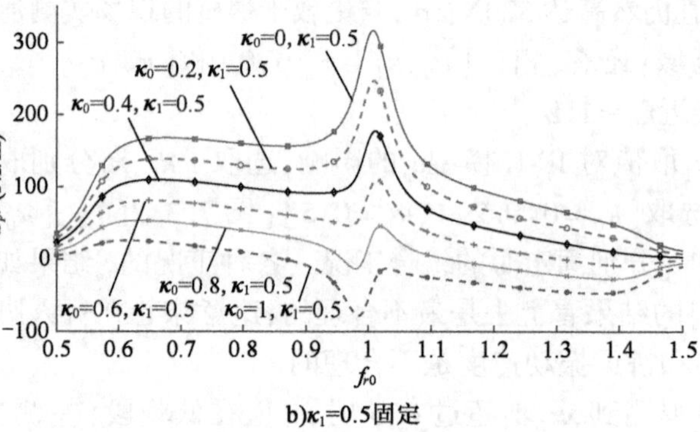

b)$\kappa_1=0.5$固定

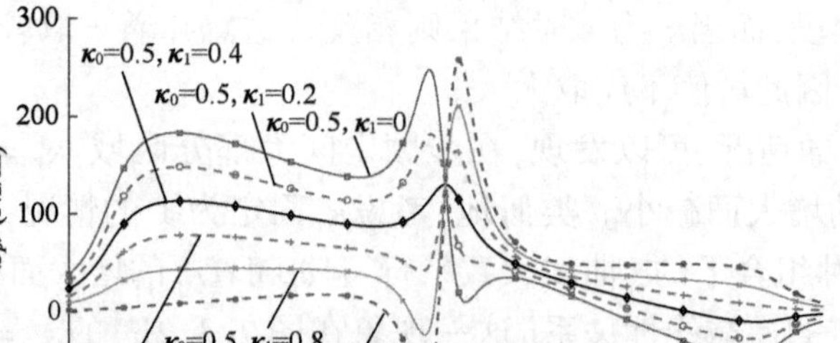

c)$\kappa_0=0.5$固定

图7.3.2　IP-K模型在不同κ_0，κ_1参数组合下的c_p结果

7.3.5.3 行人人数N_p的影响

图 7.3.3 给出了 IP-K 模型在不同人数N_p下的$\langle c_p^s\rangle$-f_{r0}结果。从图 7.3.3a)中可知:IP-K 模型的总值$\langle c_p^s\rangle$在分布中心两侧附近随着人数的增加而增加;但在其他的低频和高频区域,人数对$\langle c_p^s\rangle$影响甚微。图 7.3.3b)给出了非同步行人的$\langle c_p^s\rangle_u$及同步行人的$\langle c_p^s\rangle_l$值。首先,$\langle c_p^s\rangle_u$在主要区域(除左端小步频区域)和f_{r0}呈大致线性递减关系,而相比$\langle c_p^s\rangle_u$,$\langle c_p^s\rangle_l$对f_{r0}更为敏感,其较大值集中在行人正常步频区域;其次,人数增长对非同步行人的$\langle c_p^s\rangle_u$值没有影响,这不难理解,因为人数增加并不会改变单个非同步行人的$\langle c_p^s\rangle_u$值,而只会增加整个非同步行人群体的c_p合计值,即$N_{非同步}\times\langle c_p^s\rangle_u$(这里$c_p$合计值是指考虑人群数量的合计值,和图中所给的均值$\langle c_p^s\rangle$形式不一样)。在另一方面,人数增加对同步行人的$\langle c_p^s\rangle_l$值却具有重要影响[图 7.3.3b)]:人数的增加会扩展同步行人的$\langle c_p^s\rangle_l$值分布区域,同时明显增大分布中心附近的同步行人$\langle c_p^s\rangle_l$值,从而使得该区域的c_p总值明显增加,这意味着增加人数将会起到一个增益的效果。人数的增加将导致整个同步行人群体的c_p合计值$N_{同步}\times\langle c_p^s\rangle_l$增加,继而导致桥梁振动幅度增加,使得更多的行人加入同步锁定中,从而使得c_p合计值进一步增大。

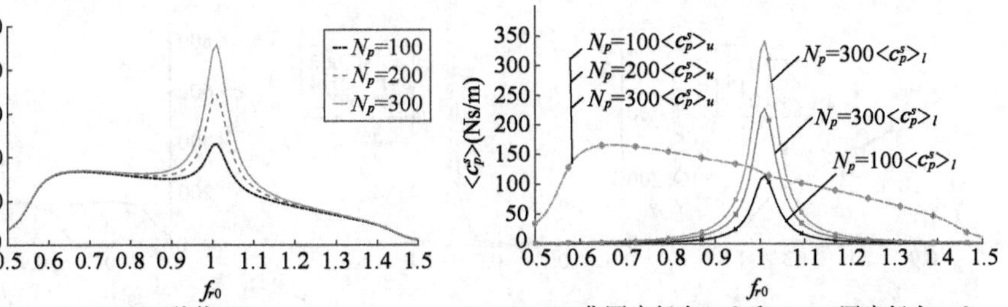

a)$\langle c_p^s\rangle$(总值)-f_{r0}　　b)$\langle c_p^s\rangle_u$(非同步行人)-f_{r0}和$\langle c_p^s\rangle_l$(同步行人)-f_{r0}

图 7.3.3 不同N_p下的$\langle c_p^s\rangle$-f_{r0}

7.3.5.4 柯西-洛伦兹分布中尺度参数r的影响

r控制着行人步频分布的变异性,r越小,则分布区域越窄,行人步频分布变异性越小(越集中在中心点f_{r0}处)。图 7.3.4 给出了 IP-K 模型在不同r值($r=0.008$、0.014、0.02)下的$\langle c_p^s\rangle$-f_{r0}曲线结果,其中图 7.3.4a)为非同步行人的$\langle c_p^s\rangle_u$-f_{r0}结果,图 7.3.4b)为同步行人的$\langle c_p^s\rangle_l$-f_{r0}结果,图 7.3.4c)为总值$\langle c_p^s\rangle$-f_{r0}曲线结果。从图 7.3.4a)中可知:r的增大,将会扩大$\langle c_p^s\rangle_u\gg 0$的步频区域:中间区域向两侧(低频和高频)区域扩展;但r的增大不会提高$\langle c_p^s\rangle_u\gg 0$区域的上限值。在图 7.3.4b)中,可观测到:在分布中心附近区域,当r减少时,$\langle c_p^s\rangle_l$的峰值将急剧增大,因为在此区域内,行人步频分布变异性的减少将使得步频更加集中在均值附近(此时均值处于敏感区域),这意味着与桥梁振动能发生同步效应的行人将更多,从而使得同步行人的$\langle c_p^s\rangle_l$明显提高。r对非同步行人$\langle c_p^s\rangle_u$以及同步行人$\langle c_p^s\rangle_l$的叠加效应可以在图 7.3.4c)得到体现。

7.3.5.5 行人对桥梁振幅的敏感系数E的影响

图 7.3.5 给出了 IP-K 模型在不同f_{r0}值($f_{r0}=0.8$、1.03、1.2)下的$\langle c_p^s\rangle_u$-E、$\langle c_p^s\rangle_l$-E以及$\langle c_p^s\rangle$-E曲线结果。从图 7.3.5a)中可知,对于$f_{r0}=1.03$(分布中心,同步敏感区域),当E为较

小值时，$\langle c_p^s\rangle_u$随着 E 的增大而急剧增大，但当 E 增大到某个拐点时（$E\approx2$），$\langle c_p^s\rangle_u$趋于稳定。而对于$f_{r0}=0.8$、1.2 这些远离敏感区的情况，E 需增大到一个较大的拐点，$\langle c_p^s\rangle_u$才趋于稳定。在拐点之前，$\langle c_p^s\rangle_u$先是随着 E 缓慢增长，接在再随着 E 急剧增长。根据式（7.3.8），不难解释这个现象：当 E 从小值开始增长时，ω 开始较快减少而落入$\langle c_p^s\rangle_u\gg0$ 的有效区域内，导致$\langle c_p^s\rangle_u$较快地增长（f_{r0}越接近分布中心，这个过程转变的就越快）；而当 E 增大到一定程度时，ω 趋于稳定，因而$\langle c_p^s\rangle_u$也将趋于稳定。在图 7.3.5b）中，$\langle c_p^s\rangle_l$同样随着 E 的增大而增大，同时两者之间关系取决于f_{r0}的分布。当f_{r0}远离同步敏感区时（$f_{r0}=0.8$、1.2），E 对$\langle c_p^s\rangle_l$的影响非常有限，而当$f_{r0}=1.03$ 时，E 对$\langle c_p^s\rangle_l$的影响非常明显，$\langle c_p^s\rangle_l$和 E 之间呈现较强的非线性递增关系。这个现象的原因在于：当行人对桥梁振幅的敏感系数 E 变大时，意味着将有更多的行人被吸引到同步锁定区域，从而使得$\langle c_p^s\rangle_l$进一步增大；当f_{r0}越接近分布中心（如$f_r=1.03$），这个叠加效应将越明显。非同步行人$\langle c_p^s\rangle_u$以及同步行人$\langle c_p^s\rangle_l$的叠加效应可以在图 7.3.5c）得到体现，从中可以总结得到：总体上$\langle c_p^s\rangle$随着 E 的增长而增长；$\langle c_p^s\rangle$随 E 变化的曲线总体上可以分为三个阶段，首先是前期的缓慢增长阶段，而后是快速增长阶段，最后是相对平滑增长阶段；当f_{r0}处于同步敏感区时，整体增长速度快，相应的$\langle c_p^s\rangle$也大。

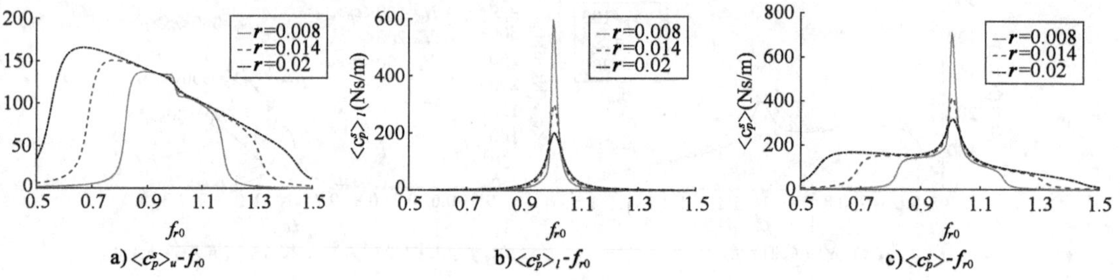

图 7.3.4　不同 r 下的$\langle c_p^s\rangle$-f_{r0}

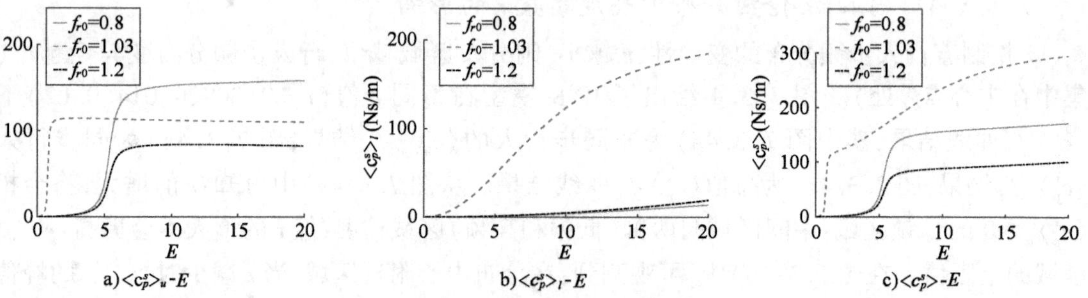

图 7.3.5　不同f_{r0}下的c_p-E 曲线

7.3.5.6　参数耦合分析

为了研究各参数间的耦合效应，图 7.3.6 给出了$f_{r0}=1.03$（同步敏感区）时，不同参数组合下的三维结果。从图 7.3.6a）的$\langle c_p^s\rangle$-r-E 结果中可知 r 和 E 的耦合现象明显：$\langle c_p^s\rangle$-r 间的关系和 E 息息相关，同时观测到突变现象。当 E 较小时，$\langle c_p^s\rangle$随着 r 增大而增大而后趋于平稳（E 较小时，行人不易被吸引到同步区域，此时$\langle c_p^s\rangle$主要由非同步行人的$\langle c_p^s\rangle_u$组成，而此时 r 的增大会增加步频的分散性，进而增大$\langle c_p^s\rangle_u$值）；当E较大时（超过突变拐点值，如在2~8区间），$\langle c_p^s\rangle$-r受E影响较小；当E进一步增大时，$\langle c_p^s\rangle$随着r增大而减小而后趋于平稳（此时行人容易被吸引到同步锁定区域，同步行人的$\langle c_p^s\rangle_l$占据主导地位，步频变异性的减少有利于$\langle c_p^s\rangle_l$的增加）。同样，r也会改变$\langle c_p^s\rangle$-E曲线的趋势。当r为小值时，$\langle c_p^s\rangle$-E是一条明显非线性的单调增长曲线；当r较大时，$\langle c_p^s\rangle$-E曲线则变得较为平滑。总体而言，$\langle c_p^s\rangle$对E变化的敏感度随着r的增大而减小，$\langle c_p^s\rangle$对r变化的敏感度随着E的增大而增大。图7.3.6b）给出了$\langle c_p^s\rangle$-N_p-E结果。类似图7.3.6a），$\langle c_p^s\rangle$存在突变拐点现象。当E取较小值时（小于拐点值），N_p和E的耦合效应很弱，$\langle c_p^s\rangle$对N_p变化的敏感度很小（此时同步效应未显现，$\langle c_p^s\rangle_u$占据主导地位，人数增加对$\langle c_p^s\rangle$基本没有影响）；而当E较大时（超过拐点值），N_p和E的耦合效应开始体现，E的增大会大幅提高$\langle c_p^s\rangle$对N_p变化的敏感度（同步效应开始显现）。同样，N_p的增加也会提高$\langle c_p^s\rangle$对E变化的敏感度[当人数增大时，E值变化引起的同步区域（或非同步区域）的人数将增大，使得$\langle c_p^s\rangle$变化幅度增大]。图7.3.6c）给出了$\langle c_p^s\rangle$-N_p-r结果，从中可知，相比前两种参数组合，N_p和r的耦合效应较弱，耦合效应相对较强的组合集中在N_p较大和r较小的区域。

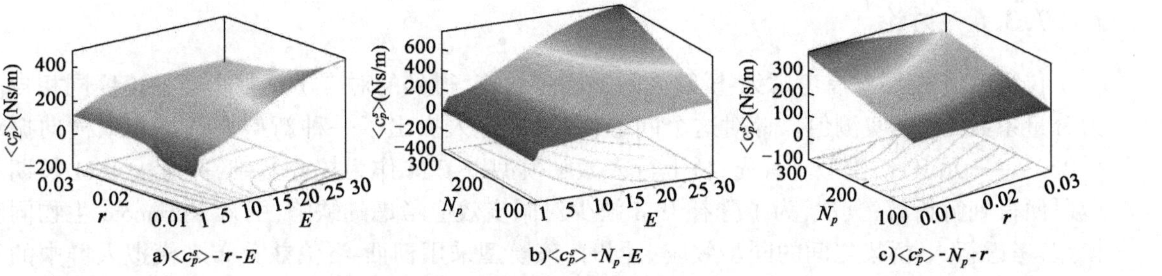

图7.3.6　不同参数组合下的三维结果

7.3.5.7　振动稳定分析

根据式(7.3.36)，桥梁振动模态方程为：

$$\ddot{X}+[2\zeta\,\omega_s-(\beta_0 g_0+\beta_0 g_1 A+\beta_0 g_1 A^2)]\dot{X}+\omega_s^2 X=0 \tag{7.3.37}$$

式中，$g_0=\dfrac{B_\eta}{\pi}$，$g_1=\dfrac{2}{3}[f(0)\mu_0+f'(0)\mu_2]e_0$，$g_2=\dfrac{\omega_0 b_1}{2(r^2+\omega_0^2)}-\dfrac{\pi}{8}e_0 f'(0)\mu_1$。考虑单个周期运动，将振幅$A$视为常数，式(7.3.37)为线性常微分方程。根据李雅普诺夫稳定理论，当式(7.3.37)的本征值为负时：

$$\Lambda_{a1}=2\zeta\,\omega_s-(\beta_0 g_0+\beta_0 g_1 A+\beta_0 g_1 A^2)>0 \tag{7.3.38}$$

式(7.3.37)的平凡解渐进稳定，换言之，当系统阻尼为负时，系统振动发散。根据式(7.3.38)，可以容易得到振动的稳定域($\Lambda_{a1}>0$)和失效域($\Lambda_{a1}<0$)及临界条件($\Lambda_{a1}=0$)。图7.3.7为以Λ_{a1}作为稳定判断依据的结果（参数设定为：$E=12$、$r=0.02$、$A=15\text{mm}$），其能引起振动发散的最小临界值为$N_{p,\lim}\approx150$，$f_{r0}\approx1.01$[图7.3.7a)]，这和千禧桥实际观测的临界人数结果基本吻合[1]。从图中可知，Λ_{a1}随着N_p增加而增加，显然人数的增加会增加振动失稳的机会，同时N_p对Λ_{a1}的影响依赖于步频的分布，当步频处于分布中心的时候，较少的人数也能引起失稳，而当步频远离分布中心的时候，即使人数增大到较大值也无法导致振动失稳[图7.3.7c)]；f_{r0}的

分布位置对Λ_{a1}有着重要影响,f_{r0}分布的最不利位置在$f_{r0}\approx1.01$处(Λ_{a1}峰值处),Λ_{a1}随着f_{r0}至$f_{r0}\approx1.01$的距离的增大而减少(系统稳定性增加),f_{r0}对Λ_{a1}的影响也和人数N_p相关,其敏感度随着N_p的增大而明显增大[图 7.3.7b)]。当$N_p<N_{p,\mathrm{lim}}$时,Λ_{a1}恒小于零,步频的变化不会改变系统的稳定性;而当$N_p>N_{p,\mathrm{lim}}$时,部分步频区域(尤其是分布中心)的Λ_{a1}将大于零,系统的稳定性将会被破坏。

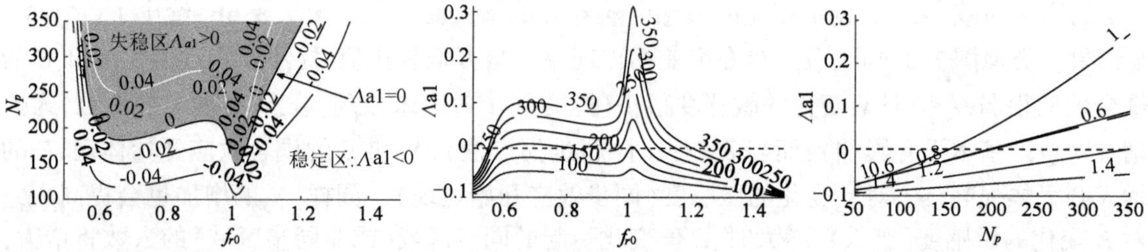

a)Λ_{a1}-(N_p vs f_{r0})　b)N_p-(Λ_{a1} vs f_{r0})　c)f_{r0}-(Λ_{a1} vs N_p)

图 7.3.7　Λ_{a1},N_p,f_{r0}不同组合等势线图

7.3.6　讨论

传统 IPM 模型没有考虑人-桥梁之间的同步效应,得到的对应于正常步频的速度同相自激力分量系数c_p小于实测值。针对这个问题,贾布裕等人提出了一种新型人行桥人致横向振动模型——一元 IP-K 模型。首先,桥上行人激励模型以 IPM 作为核心基础,并考虑 IPM 长期效应以便得到解析解;其次,为了弥补 IPM 缺少对同步效应考虑的缺陷,引入 Kuramoto 生物同步模型,考虑行人-桥梁之间的同步效应。同时,该模型采用柯西-洛伦兹分布来模拟人群中的行人步频分布,将 IPM 适用对象从单个行人扩展至人群,并基于此考虑了人群和桥梁之间同步效应引起的影响。该模型得到c_p结果和现场测试结果吻合,验证了模型的有效性。在研究中得到的主要结论有:

①原始 IPM 模型只有在非行人正常步频区域才能取得较高的c_p值,相比之下,经修正后得到的 IP-K 模型可以在正常步频区域获得和现场实测结果一致的较高c_p值,有力说明了考虑人群和桥梁之间同步效应的必要性。

②行人脚触地位置控制规则的设定对以 IPM 为基础的模型影响很大,在 IP-K 模型的参数分析中可知[κ_0,κ_1]的实际合理值应该在[0,0]和[0,1]之间,同时κ_1值不应取太大;c_p值和κ_0整体上呈递减线性关系(κ_0变化,曲线会整体上升或下降,对c_p曲线整体形状的改变影响很小),而c_p与κ_1之间存在较强的非线性关系(κ_1除了会对c_p值产生影响,对曲线峰值位置的改变也具有重要影响);[κ_0,κ_1]=[0,0.5]是 IP-K 模型较为理想的选择。

③通过对行人人数N_p、柯西-洛伦兹分布中尺度参数 r,以及行人对桥梁振幅的敏感系数 E 的参数分析可知,IP-K 模型的$\langle c_p^s\rangle$值在分布中心两侧附近随着N_p的增加而增加,但在其他的低频和高频区域,N_p对c_p总值影响甚微;r 的改变会影响$\langle c_p^s\rangle$的分布和大小,尤其会影响分布中心区域的$\langle c_p^s\rangle$峰值大小,显示了人群同步效应对桥梁振动不可忽视的重要影响;E 和$\langle c_p^s\rangle$的关系存在突变现象,两者关系总体上可以分为 3 个阶段,首先是前期的缓慢增长阶段,而后是快速增长阶段,最后是相对平滑增长阶段;N_p、r 和 E 存在不同程度的耦合效应,其中 r 和 E 的耦

合效应较为明显。

④f_{r0}的分布位置对稳定判断Λ_{a1}有着重要影响，f_{r0}分布的最不利位置在$f_r \approx 1.01$处，f_{r0}对Λ_{a1}的影响也和人数N_p相关，Λ_{a1}对f_{r0}的敏感度随着N_p的增大而明显增大。

在IP-K模型中，大部分参数具有通用性，如人的桥梁振幅敏感系数E和行人脚触地位置控制规则参数κ_0和κ_1（这些属于人体生物本能特性）以及柯西-洛伦兹分布的尺度参数r（虽然和不同区域种族有关，但从整体层面上看，还是可以假设其变异性不大），而只有个别参数和实际桥梁结构相关，如行人步频和桥梁频率的频率比f_{r0}。然而，由于该研究工作侧重点在于理论模型的提出，尚未开展现场实桥实验，人的桥梁振幅敏感系数、柯西-洛伦兹分布的尺度参数目前是按一般情况设定，其精确值还需将来实验数据的进一步验证。除了这个局限，该模型也未考虑IPM模型中产生的加速度同相分量（即忽略了系数ρ）以及人-人同步锁定效应（这部分将在7.4二元耦合IP-K模型中讨论）。

7.4　二元耦合IP-K模型

7.4.1　基于二元刺激源Kuramoto模型的桥上行人相位演化

在一元IP-K模型的基础上，将桥梁振动（幅值）和周围人群分布作为二元刺激源，建立能考虑人-桥同步和人-人同步的二元耦合IP-K模型。参照式（7.2.2），可以写出同时考虑人-桥同步和人-人同步的二元耦合相位同步耦合模型：

$$\dot{\Theta}_i = \omega_{p0,i} + E_s A\sin(\Psi - \Theta_i) + E_p \sum_{j=1}^{N} \frac{\sin(\Theta_j - \Theta_i)}{N} \tag{7.4.1}$$

式中，$\omega_{p0,i}$为行人初始步频；Θ_i和Θ_j为行人i和行人j的运动相位；E_s为桥梁振幅A对行人影响的强度（又或称之为行人对桥梁振幅A的敏感系数）；$\Psi = \omega_s t + \varphi$为桥梁振动相位；$E_p$表示某个行人对另一个行人影响的强度；$N$为人群人数。

为便于解析推导，引入平均场理论中的复序参量，式（7.4.1）右边第二项（即人-人同步）的平均表达式可改写为：

$$R\mathrm{e}^{\mathrm{i}(\Phi - \Theta_j)} = \frac{1}{N}\sum_{j=1}^{N} \mathrm{e}^{\mathrm{i}(\Theta_j - \Theta_i)} \tag{7.4.2}$$

复序参量是一个宏观量，可以解释为整个人群的集体节奏，相当于相的质心。R表示各个行人振子的相位相干性，而Φ表示相平均。R越大意味着相干性越强，反之，当$R \approx 0$时则意味着人群各个振子无相干性，将均匀地分散在圆环上。进一步，假设复序参量将会围绕桥梁振动的周期频率进行稳定旋转，则式（7.4.2）进一步改写为：

$$R\mathrm{e}^{\mathrm{i}(\omega_s t + \Theta_0 - \Theta_i)} = \frac{1}{N}\sum_{j=1}^{N} e^{i(\Theta_j - \Theta_i)} \tag{7.4.3}$$

由此，可将式（7.4.1）重新整理为：

$$\dot{\Theta}_i = \omega_{p0,i} + E_s A\sin(\Psi - \Theta_i) + \Gamma\sin(\omega_s t + \Theta_0 - \Theta_i) \tag{7.4.4}$$

式中，$\Gamma = E_p R$。通过下式（7.4.5），

$$\begin{cases} \theta_i = \Theta_i - \omega_s t \\ \varphi = \Psi - \omega_s t \end{cases} \tag{7.4.5}$$

可将式(7.4.4)转换到旋转坐标系中：

$$\dot{\theta}_i = \omega_{p0,i} + E_s A\sin(\varphi - \theta_i) + \Gamma\sin(\Theta_0 - \theta_i) \tag{7.4.6}$$

如前文所述，不失一般性，可设定 $\varphi = 0$，式(7.4.6)变为：

$$\dot{\theta}_i = \omega_{p0,i} - E_s A\sin(\theta_i) - \Gamma\sin(\theta_i - \Theta_0) \tag{7.4.7}$$

对式(7.4.7)进行进一步整理，得：

$$\dot{\theta}_i = \omega_{p0,i} - \Lambda\, E_c\sin(\theta_i - \theta_0) \tag{7.4.8}$$

式中，$\Lambda = A\Gamma$，$E_c = \sqrt{(E_s/\Gamma)^2 + (1/A)^2 + 2E_s\cos\Theta_0/(A\Gamma)}$，$\tan\theta_0 = \Gamma\sin\Theta_0/(E_s A + \Gamma\cos\Theta_0)$。设定

$$\omega_{p0,i}/\omega_s = 1 + \epsilon\,\omega_i \tag{7.4.9}$$

式中，$\epsilon = E_c/\omega_s$。同时，引入一个新的时间尺度参量 $\bar{t} = \omega_s t$，式(7.4.8)重新写为：

$$\frac{\mathrm{d}\,\theta_i}{\mathrm{d}\,\bar{t}} = \epsilon\,\omega_i - \epsilon\Lambda\sin(\theta_i - \theta_0) \tag{7.4.10}$$

继续引入另一个慢时间尺度参量 $\bar{\bar{t}} = \epsilon\omega_s t$，式(7.4.10)变为：

$$\dot{\theta}_i = \frac{\mathrm{d}\,\theta_i}{\mathrm{d}\,\bar{\bar{t}}} = \omega_i - \Lambda\sin(\theta_i - \theta_0) \tag{7.4.11}$$

7.4.2 二元耦合 IP-K 模型中的人桥部分同步状态的稳态密度

与一元 IP-K 模型类似，将桥上行人视为由部分未同步锁定人群和另一部分同步锁定人群组成，因此人群可被视为处于部分同步状态。对于未同步锁定人群，由于这部分人群的初始步频分布区域位于 $|\omega_i| > \Lambda$，不能被锁定，无法与桥的振动同步，他们将远离那些锁定区域并在相位空间持续漂移[157]。而对于同步锁定人群，他们的原始步频离桥梁振动频率足够近，满足 $|\omega_i| \leqslant \Lambda$(只有这样才能保证 $\dot{\theta}_i = 0$)，将逐渐被吸引到锁定区域，与桥梁振动同步，最终锁定的同步相位值即为：

$$\theta_i^{\ *} = \arcsin\left(\frac{\omega_i}{\Lambda}\right) \tag{7.4.12}$$

假设 $N \gg 1$，可将离散方程转化为有限连续表达式：

$$\langle c_p \rangle = \int_{-\infty}^{+\infty}\left[\oint c_p(\theta,\omega)\rho(\theta,\omega)\,\mathrm{d}\theta\right]f(\omega)\,\mathrm{d}\omega \tag{7.4.13}$$

$$\langle \rho_p \rangle = \int_{-\infty}^{+\infty}\left[\oint c_p(\theta,\omega)\rho(\theta,\omega)\,\mathrm{d}\theta\right]f(\omega)\,\mathrm{d}\omega \tag{7.4.14}$$

$$\dot{\theta} = \omega - \Lambda\sin(\theta - \theta_0) \tag{7.4.15}$$

式中，$\langle c_p \rangle = \frac{1}{N}\sum_{i=1}^{N} c_{p,i}$，$\langle \rho_p \rangle = \frac{1}{N}\sum_{i=1}^{N}\rho_{p,i}$，其中〈　〉表示取平均，$N$ 为桥上人数；$\rho(\theta,\omega)$ 是这些人群振子在相位空间中的稳态密度；$f(\omega)$ 为控制人群步频分布的概率密度函数，这里假设 ω 服从柯西-洛伦兹分布，其概率密度函数见式(7.3.15)。

基于交通流或流体力学的连续方程中的稳态条件，可得：

$$\rho(\theta,\omega) \approx \frac{1}{\omega - \Lambda\sin(\theta - \theta_0)} \tag{7.4.16}$$

比例常数可由归一化条件确定 $\oint\rho(\theta,\omega)\mathrm{d}\theta = 1$，最后可得出非同步锁定和同步锁定的 $\rho(\theta,\omega)$ 表达式：

$$\rho(\theta,\omega)=\begin{cases}\dfrac{\sqrt{\omega^2-\Lambda^2}}{2\pi|\omega-\Lambda\sin(\theta-\theta_0)|} & |\omega|>\Lambda\\ \delta[\theta-\arcsin(\dfrac{\omega}{\Lambda})-\theta_0] & |\omega|\leqslant\Lambda\end{cases}\tag{7.4.17}$$

7.4.3 二元耦合 IP-K 模型中考虑人群部分同步的 c_p 修正

7.4.3.1 未同步锁定人群的 c_p^s

采用 c_p^s 和 ρ_p^s 符号来分别表示修正后的速度同相分量系数和加速度同相分量系数。将未同步锁定人群对 c_p^s 的贡献简记为 $\langle c_p^s\rangle_u$，类似于式(7.3.8)，$\langle c_p^s\rangle_u$ 可表示为：

$$\langle c_p^s\rangle_u = \int_{|\omega|>\Lambda}\left[\oint\frac{2m_p\omega_l^2\lambda}{\omega_s^2T}(H_1\alpha_1-H_2\alpha_2)\rho(\theta,\omega)\mathrm{d}\theta\right]f(\omega)\mathrm{d}\omega\tag{7.4.18}$$

在正常行人步频范围内($f_p\in[0.8,1.5]$)，可将式(7.1.3)中的 c_p(即未修正前)近似拟合为三次 ω_p 和四次 ω_s 的多项式[和(7.3.19)不同，此处拟合精度将更高]：

$$\frac{2m_p\omega_l^2\lambda}{\omega_s^2T}(H_1\alpha_1-H_2\alpha_2)\approx$$
$$\sum_{i=0}^{4}p_{0i}\omega_s^i+\left(\sum_{i=0}^{3}p_{1i}\omega_s^i\right)\omega_p+\left(\sum_{i=0}^{2}p_{2i}\omega_s^i\right)\omega_p^2+\left(\sum_{i=0}^{1}p_{2i}\omega_s^i\right)\omega_p^3\tag{7.4.19}$$

设定 $s_{p0}=\sum_{i=0}^{4}p_{0i}\omega_s^i$，$s_{p1}=\sum_{i=0}^{3}p_{1i}\omega_s^i$，$s_{p2}=\sum_{i=0}^{2}p_{2i}\omega_s^i$，$s_{p3}=\sum_{i=0}^{1}p_{2i}\omega_s^i$，式(7.4.19)可写为：

$$\langle c_p^s\rangle_u = \int_{|\omega|>\Lambda}\left[\oint(s_{p0}+s_{p1}\omega_p+s_{p2}\omega_p^2+s_{p3}\omega_p^3)\rho(\theta,\omega)\mathrm{d}\theta\right]f(\omega)\mathrm{d}\omega\tag{7.4.20}$$

根据式(7.4.17)，式(7.4.20)可进一步表示为：

$$\langle c_p^s\rangle_u = \int_{|\omega|>\Lambda}\left[\oint(s_{p0}+s_{p1}\omega_p+s_{p2}\omega_p^2+s_{p3}\omega_p^3)\frac{\sqrt{\omega^2-\Lambda^2}}{2\pi|\omega-\Lambda\sin(\theta-\theta_0)|}\mathrm{d}\theta\right]f(\omega)\mathrm{d}\omega\tag{7.4.21}$$

根据式(7.4.8)~式(7.4.11)，可知 $\omega_p=\omega_s+\epsilon\omega_s[\omega-\Lambda\sin(\theta-\theta_0)]$，代入式(7.4.21)，并略去高次项，整理得到：

$$\langle c_p^s\rangle_u = \frac{1}{2\pi}\int_{|\omega|>\Lambda}\left[\oint\{b_{p0}+b_{p1}[\omega-\Lambda\sin(\theta-\theta_0)]\}\frac{\sqrt{\omega^2-\Lambda^2}}{|\omega-\Lambda\sin(\theta-\theta_0)|}\mathrm{d}\theta\right]f(\omega)\mathrm{d}\omega\tag{7.4.22}$$

式中，$b_{p0}=s_{p0}+s_{p1}\omega_s+s_{p2}\omega_s^2+s_{p3}\omega_s^3$，$b_{p1}=\epsilon(s_{p1}\omega_s+2s_{p2}\omega_s^2+3s_{p3}\omega_s^3)$。完成 θ 的积分后得到：

$$\langle c_p^s\rangle_u = \int_{|\omega|>\Lambda}\left[b_{p0}+b_{p1}\sqrt{\omega^2-\Lambda^2}\,\mathrm{sign}(\omega)\right]f(\omega)\mathrm{d}\omega\tag{7.4.23}$$

将式(7.4.23)中的 $\sqrt{\omega^2-\Lambda^2}$ 在 $\Lambda=0$ 处泰勒展开，可得：

$$\langle c_p^s \rangle_u = \int\limits_{|\omega|>\Lambda} \left(-\frac{b_{p1}\Lambda^2}{2\omega} + b_{p0} + b_{p1}\omega\right) f(\omega)\,\mathrm{d}\omega$$
$$= -\frac{b_{p1}\Lambda^2}{2}\mathrm{PV}\int_{-\infty}^{+\infty}\frac{f(\omega)}{\omega}\mathrm{d}\omega + \int\limits_{|\omega|>\Lambda}(b_{p0} + b_{p1}\omega)f(\omega)\,\mathrm{d}\omega \tag{7.4.24}$$

式中第一项中的 PV 表示取柯西主值,可知这个柯西主值积分就是希尔伯特变换的定义(比例系数为 π),因此根据希尔伯特变换,式(7.4.24)第一项可直接写为:$\omega_0 b_{p1}\Lambda^2/2(r^2+\omega_0^2)$。在进行式(7.4.24)第二项积分的时候,可利用柯西-洛伦兹反常积分的特点,积分上限可取一个较大值 η(远大于其一半峰值对应宽度即可,如一半峰值对应宽度的 10 倍)。完成积分后,可得:

$$\langle c_p^s \rangle_u = \frac{B_{p\eta}}{\pi} + \frac{\omega_0 b_{p1}}{2(r^2+\omega_0^2)}\Lambda^2 = \frac{B_{p\eta}}{\pi} + \frac{\omega_0 b_{p1}}{2(r^2+\omega_0^2)}(A\Gamma)^2 \tag{7.4.25}$$

式中,$B_{p\eta} = \left[\mathrm{atan}\left(\frac{\eta-\omega_0}{r}\right) + \mathrm{atan}\left(\frac{\eta+\omega_0}{r}\right)\right](b_{p0} + b_{p1}\omega_0) + \frac{b_{p1} r \ln(\eta^2 - 2\eta\,\omega_0 + r^2 + \omega_0^2)}{2} - \frac{b_{p1} r \ln(\eta^2 + 2\eta\,\omega_0 + r^2 + \omega_0^2)}{2}$。

7.4.3.2 同步锁定人群的 c_p^s

将同步锁定人群对 c_p 的贡献简记为 $\langle c_p^s \rangle_l$。类似于(7.3.31),$\langle c_p^s \rangle_l$ 的连续表达式可写为:

$$\langle c_p^s \rangle_l = \int\limits_{|\omega|\leqslant\Lambda}\left(\mu_{p0}\sin^2\theta^* - \mu_{p1}\sin\theta^*\cos\theta^* + \frac{\mu_{p2}}{A}\sin\theta^*\right)\times \left(1 + \mathrm{e}^{\frac{\omega_l\pi}{\omega_p}}\right)f(\omega)\,\mathrm{d}\omega \tag{7.4.26}$$

式中,$\mu_{p0} = \frac{2m_p\omega_l^{\,2}\lambda^2}{\pi\,\omega_s}\left(1-\frac{\kappa_0}{\lambda}\right)$;$\mu_{p1} = \frac{2m_p\omega_l\lambda^2}{\pi}\left(1-\frac{\kappa_1}{\lambda}\right)$;$\mu_{p2} = \frac{2m_p\omega_l^{\,2}\lambda\, b_m}{\pi\,\omega_s}$;$e_0 = \left(1 + \mathrm{e}^{\frac{\omega_l\pi}{\omega_p}}\right)$。考虑同步锁定状态时,$\omega_s \approx \omega_p$,因此 $e_0 \approx (1 + \mathrm{e}^{\frac{\omega_l\pi}{\omega_s}})$。将 $\sin(\theta^* - \theta_0) = \omega/\Lambda$ 代入式(7.4.26)可得:

$$\langle c_p^s \rangle_l = \int\limits_{|\omega|\leqslant\Lambda}\Bigg[\sin^2\theta_0\,\mu_{p0} - \frac{\sin^2\theta_0\,\mu_{p1}}{2} + \frac{\cos\theta_0\,\mu_{p2}}{A\Lambda}\omega + \frac{\sin\theta_0\,\mu_{p2}}{A\Lambda}\sqrt{\Lambda^2-\omega^2} + (\cos^2\theta_0\,\mu_{p0} + \sin^2\theta_0\,\mu_{p1})\frac{\omega^2}{\Lambda^2} + (\sin^2\theta_0\,\mu_{p0} - \cos^2\theta_0\,\mu_{p1})\frac{\omega\sqrt{\Lambda^2-\omega^2}}{\Lambda^2}\Bigg]e_0 f(\omega)\,\mathrm{d}\omega \tag{7.4.27}$$

将 $f(\omega)$ 在 $\omega=0$ 处一次泰勒展开:$f(\omega) \approx f(0) + f'(0)\omega$,积分后得到:

$$\langle c_p^s \rangle_l = \frac{\pi}{2}\sin\theta_0\,\mu_{p2}f(0)\,e_0\Gamma + \left(2\sin^2\theta_0\,\mu_{p0} - \sin^2\theta_0\,\mu_{p1} + \frac{2}{3}\cos^2\theta_0\,\mu_{p0} + \frac{2}{3}\sin^2\theta_0\,\mu_{p1}\right)f(0)\,e_0\Gamma A + \frac{2}{3}\cos\theta_0\,\mu_{p2}f'(0)\,e_0\Gamma^2 A + \frac{\pi}{8}(\sin^2\theta_0\,\mu_{p0} - \cos^2\theta_0\,\mu_{p1})f'(0)\,e_0\,\Gamma^2 A^2 \tag{7.4.28}$$

7.4.3.3　整个人群的c_p修正结果

结合式(7.4.25)和式(7.4.28),得到整个人群的c_p修正结果:

$$\langle c_p^s \rangle = \langle c_p^s \rangle_u + \langle c_p^s \rangle_l = n_0 + n_1 \Gamma + n_2 \Gamma A + n_3 \Gamma^2 A + n_4 \Gamma^2 A^2 \tag{7.4.29}$$

式中,$n_0 = \frac{B_{p\eta}}{\pi}$;$n_1 = \frac{\pi}{2}\sin\theta_0 \mu_{p2} f(0) e_0$;$n_2 = \left(2\sin^2\theta_0\mu_{p0} - \sin^2\theta_0\mu_{p1} + \frac{2}{3}\cos^2\theta_0\mu_{p0} + \frac{2}{3}\sin^2\theta_0\mu_{p1}\right) f(0) e_0$;$n_3 = \frac{2}{3}\cos\theta_0\mu_{p2} f'(0) e_0$;$n_4 = \frac{\omega_0 b_{p1}}{2(r^2+\omega_0^2)} + \frac{\pi}{8}(\sin^2\theta_0\mu_{p0} - \cos^2\theta_0\mu_{p1}) f'(0) e_0$。

7.4.4　二元耦合 IP-K 模型中考虑人群部分同步的ρ_p修正

7.4.4.1　未同步锁定人群的ρ_p^s

将未同步锁定人群对ρ_p^s的贡献简记为$\langle \rho_p^s \rangle_u$。结合式(7.1.4)、式(7.4.14)以及式(7.4.17),$\langle \rho_p^s \rangle_u$可表示为:

$$\langle c_p^s \rangle_u = \int_{|\omega|>\Lambda} \left\{ \oint \left[-\frac{\omega_l^2 \lambda}{\omega_s^2} + \frac{2\omega_l^2 \lambda^2}{\omega_s^3 T}(H_1\alpha_2 + H_2\alpha_1) \right] \rho(\theta,\omega) \mathrm{d}\theta \right\} f(\omega) \mathrm{d}\omega \tag{7.4.30}$$

类似于对式(7.4.18)积分的处理,将式(7.1.4)中的ρ_p(即未修正前)近似拟合为三次ω_p和四次ω_s的多项式:

$$-\frac{\omega_l^2 \lambda}{\omega_s^2} + \frac{2\omega_l^2 \lambda^2}{\omega_s^3 T}(H_1\alpha_2 + H_2\alpha_1)$$
$$\approx \sum_{i=0}^{4} q_{0i}\omega_s^i + \left(\sum_{i=0}^{3} q_{1i}\omega_s^i\right)\omega_p + \left(\sum_{i=0}^{2} q_{2i}\omega_s^i\right)\omega_p^2 + \left(\sum_{i=0}^{1} q_{2i}\omega_s^i\right)\omega_p^3 \tag{7.4.31}$$

设定$s_{\rho 0} = \sum_{i=0}^{4} q_{0i}\omega_s^i$,$s_{\rho 1} = \sum_{i=0}^{3} q_{1i}\omega_s^i$,$s_{\rho 2} = \sum_{i=0}^{2} q_{2i}\omega_s^i$,$s_{\rho 3} = \sum_{i=0}^{1} q_{2i}\omega_s^i$。接着采取与式(7.4.20)~式(7.4.25)一样的步骤,可得$\langle \rho_p^s \rangle_u$的最终表达式为:

$$\langle \rho_p^s \rangle_u = \frac{B_{\rho\eta}}{\pi} + \frac{\omega_0 b_{\rho 1}}{2(r^2+\omega_0^2)}\Lambda^2 = \frac{B_{\rho\eta}}{\pi} + \frac{\omega_0 b_{\rho 1}}{2(r^2+\omega_0^2)}(A\Gamma)^2 \tag{7.4.32}$$

式中,$b_{\rho 0} = s_{\rho 0} + s_{\rho 1}\omega_s + s_{\rho 2}\omega_s^2 + s_{\rho 3}\omega_s^3$,$b_{\rho 1} = \epsilon(s_{\rho 1}\omega_s + 2s_{\rho 2}\omega_s^2 + 3s_{\rho 3}\omega_s^3)$,$B_{\rho\eta} = \left[\operatorname{atan}\left(\frac{\eta-\omega_0}{r}\right) + \operatorname{atan}\left(\frac{\eta+\omega_0}{r}\right)\right] \times (b_{\rho 0} + b_{\rho 1}\omega_0) + \frac{b_{\rho 1} r \ln(\eta^2 - 2\eta\omega_0 + r^2 + \omega_0^2)}{2} - \frac{b_{\rho 1} r \ln(\eta^2 + 2\eta\omega_0 + r^2 + \omega_0^2)}{2}$。

7.4.4.2　同步锁定人群的ρ_p^s

将同步锁定人群对ρ_p^s的贡献简记为$\langle \rho_p^s \rangle_l$。这类人群的$\rho_p$长期解可采用式(7.1.6)。结合式(7.1.6)、式(7.4.14)以及式(7.4.17),$\langle \rho_p^s \rangle_l$的连续表达式可写为:

$$\langle \rho_p^s \rangle_l = \int_{|\omega|\leqslant A} \left(\mu_{\rho 0} - \mu_{\rho 1}\sin\theta^*\cos\theta^* + \mu_{\rho 2}\cos^2\theta^* - \frac{\mu_{\rho 3}}{A}\cos\theta^*\right) f(\omega)\mathrm{d}\omega \tag{7.4.33}$$

式中,$\mu_{\rho 0} = -\frac{\omega_l^2 \lambda}{\omega_s^2}$,$\mu_{\rho 1} = \frac{2\omega_l^2\lambda^2 e_0}{\pi\omega_s^2}\left(1 - \frac{\kappa_0}{\lambda}\right)$;$\mu_{\rho 2} = \frac{2\omega_l \lambda^2 e_0}{\pi\omega_s}\left(1 - \frac{\kappa_1}{\lambda}\right)$;$\mu_{\rho 3} = \frac{2\omega_l^2 \lambda b_m e_0}{\pi\omega_s^2}$。采

取与式(7.4.27)~式(7.4.28)一样的步骤,得到:

$$\langle \rho_p^s \rangle_l = -\frac{\pi}{2}\cos\theta_0\mu_{\rho3}f(0)\Gamma + \Big(2\mu_{\rho0} - \sin^2\theta_0\mu_{\rho1} + 2\cos^2\theta_0\mu_{\rho2} + \frac{2}{3}\sin^2\theta_0\mu_{\rho1} - \frac{2}{3}\cos^2\theta_0\mu_{\rho2}\Big)f(0)\Gamma A + \frac{2}{3}\sin\theta_0\mu_{\rho3}f'(0)\Gamma^2 A + \frac{\pi}{8}(-\sin^2\theta_0\mu_{\rho2} - \cos^2\theta_0\mu_{\rho1})f'(0)\Gamma^2A^2 \tag{7.4.34}$$

7.4.4.3　整个人群的ρ_p修正结果

结合式(7.4.32)和式(7.4.34),得到整个人群的ρ_p修正结果:

$$\langle \rho_p^s \rangle = \langle \rho_p^s \rangle_u + \langle \rho_p^s \rangle_l = m_0 + m_1\Gamma + m_2\Gamma A + m_3\Gamma^2 A + m_4\Gamma^2A^2 \tag{7.4.35}$$

式中,$m_0 = \frac{B_{\rho\eta}}{\pi}$,$m_1 = -\frac{\pi}{2}\cos\theta_0\mu_{\rho3}f(0)$,$m_2 = \Big(2\mu_{\rho0} - \sin^2\theta_0\mu_{\rho1} + 2\cos^2\theta_0\mu_{\rho2} + \frac{2}{3}\sin^2\theta_0\mu_{\rho1} - \frac{2}{3}\cos^2\theta_0\mu_{\rho2}\Big)f(0)$,$m_3 = \frac{2}{3}\sin\theta_0\mu_{\rho3}f'(0)$,$m_4 = \frac{\omega_0 b_{\rho1}}{2(r^2+\omega_0^2)} - \frac{\pi}{8}(\sin^2\theta_0\mu_{\rho2} + \cos^2\theta_0\mu_{\rho1})f'(0)$。

7.4.5　桥梁振动方程和同步耦合方程的联合

根据式(7.1.2),可知F_s可写为以下表达式:

$$F_s = \left[\frac{N}{L}\int_0^L \varphi^2(x)\mathrm{d}x\right]\langle c_p^s \rangle \dot{X} + \left[\frac{Nm_p}{L}\int_0^L \varphi^2(x)\mathrm{d}x\right]\langle \rho_p^s \rangle \ddot{X} \tag{7.4.36}$$

将式(7.4.36)代入前文所建立的桥梁振动的模态方程[(7.3.3)]中,整理得到:

$$\ddot{X} + 2\zeta\omega_s\dot{X} + \omega_s^2 X = w_0\langle c_p^s \rangle \dot{X} + w_1\langle \rho_p^s \rangle \ddot{X} \tag{7.4.37}$$

式中,$\zeta = \frac{C_s}{2\omega_s M_s}$为阻尼比,$w_0 = \frac{[N\int_0^L\varphi^2(x)\mathrm{d}x]}{M_sL}$,$w_1 = \frac{[Nm_p\int_0^L\varphi^2(x)\mathrm{d}x]}{M_sL}$。将式(7.4.29)和式(7.4.35)代入式(7.4.37),可得:

$$[1 - h_3 - h_4A - h_5A^2]\ddot{X} + [2\zeta\omega_s - h_0 - h_1A - h_2A^2]\dot{X} + \omega_s^2X = 0 \tag{7.4.38}$$

式中,$h_0 = w_0n_0 + w_0n_1\Gamma$;$h_1 = w_0(n_2\Gamma + n_3\Gamma^2)$;$h_2 = w_0n_4\Gamma^2$;$h_3 = w_1m_0 + w_1m_1\Gamma$;$h_4 = w_1(m_2\Gamma + m_3\Gamma^2)$;$h_5 = w_1m_4\Gamma^2$。

7.4.6　算例分析

7.4.6.1　验证和比较

同样将千禧桥北边跨作为分析对象。出于验证和比较的目的,分别采用三种模型,获得千禧桥北边跨的c_p值和ρ_p值:①所提的二元耦合 IP-K 模型(这里标记为 DIP-K 模型);②Macdonald 提出的原始 IPM(和 7.3.5 一样,标记为 IPM-1 模型);③McRobie 提出的倒摆长期解模型(和 7.3.5 一样,标记为 IPM-2 模型)。图 7.4.1 和图 7.4.2 给出了两种控制规则(相对速度控制规则——$[\kappa_0,\kappa_1]=[0,0]$和绝对速度控制规则——$[\kappa_0,\kappa_1]=[0,1]$)的比较结果。其他主要参数设定如下:$N_p=170$;$E_s=12$;$\Gamma=0.6$;$r=0.02$;$A=20\mathrm{mm}$;$\Theta_0=\pi/2$(后文中这些参数将维持不变,除非有特殊说明)。

图 7.4.1a)给出了$[\kappa_0,\kappa_1]=[0,0]$下的 DIP-K 模型、IPM-1 模型以及 IPM-2 模型的c_p-f_{r0}(f_{r0}为行人步频和桥梁横向基频之比的平均值)结果。IPM-1 模型和 IPM-2 模型的表现特点前文已述(图 7.3.1),两者在较低步频的区域具有较高的c_p值,而在行人正常步频区域却偏低,远远小于实桥测试得到的值。而 DIP-K 模型有着和前文 IP-K 模型较为相似的结果:低步频区域的c_p值比高步频区域的结果高,但在分布中心(即$f_{r0}\approx1$位置)两侧附近区域,DIP-K 模型的c_p值却大幅提高(最高值接近 400Ns/m),显然,相比于 IPM-1 模型和 IPM-2 模型的c_p结果,考虑同步效应的c_p结果更为合理(无论是 IP-K 模型还是 DIP-K 模型)。图 7.4.1b)给出了 DIP-K 模型、IPM-1 模型以及 IPM-2 模型的ρ_p-f_{r0}结果。从总体上看,三种模型的ρ_p-f_{r0}曲线趋势较为相同:ρ_p随着f_{r0}的增大而增大,其中 DIP-K 模型和 IPM-1 模型比较接近,且都较为平滑。三者较大差异的地方位于低步频区域:IPM-2 模型在较小f_{r0}处的ρ_p明显低于其他两种模型,部分ρ_p甚至有低于-1的这种不太合理的结果(这意味着将产生超过行人自身质量一倍多的虚拟等效质量,即会产生大于自身惯性力一倍的作用力);三者在较高步频区域的结果则相差较小,尤其在分布中心区域。值得注意的是,当$[\kappa_0,\kappa_1]=[0,0]$时,DIP-K 模型在$f_{r0}\in[0.5,1.5]$区间内的$\rho_p^s$都大于零,即产生的虚拟质量都为负质量。

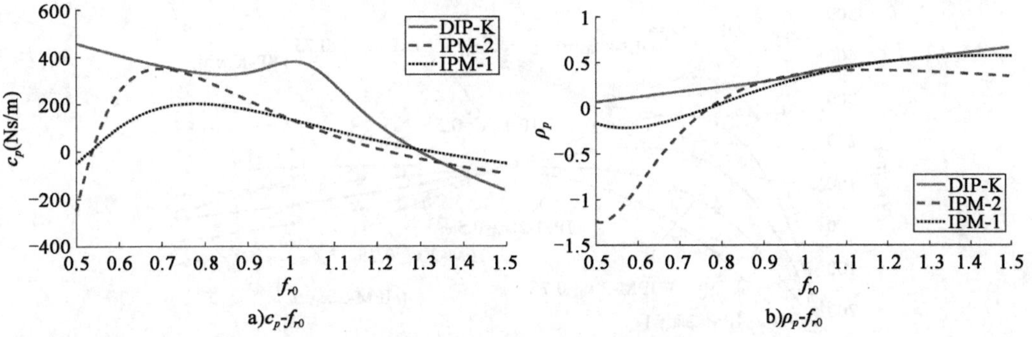

图 7.4.1　$[\kappa_0,\kappa_1]=[0,0]$下的不同模型结果比较

图 7.4.2a)给出了$[\kappa_0,\kappa_1]=[0,1]$下的 DIP-K 模型、IPM-1 模型以及 IPM-2 模型的c_p-f_{r0}结果。如前文所述,IPM-1 模型和 IPM-2 模型的c_p在正常步频区域仍远远低于实测结果。DIP-K 模型的c_p在整个$f_{r0}\in[0.5,1.5]$区间内都大于另外两种模型的结果,峰值(超过了 400Ns/m)出现在分布中心处,整体平均值接近实际观测值。由图 7.4.2b)可知,三种模型的ρ_p-f_{r0}曲线有较大不同,尤其在低步频区域;三种模型的ρ_p基本都小于零(等效虚拟质量增加),但极小值分布区域不同:DIP-K 模型较小的ρ_p位于最小f_{r0}和$f_{r0}\approx0.91$处,IPM-1 的最小ρ_p位于$f_{r0}\approx1.05$处,IPM-2 的最小ρ_p位于$f_{r0}\approx0.7$处。

在脚触地位置控制规则参数κ_0,κ_1的影响方面,图 7.4.3 给出了 DIP-K 模型和 IPM-2 模型在$\kappa_0=0$(固定),$\kappa_1=0.25,0.5,0.75$规则下的c_p和ρ_p结果。首先从图 7.4.3a)中提供的关于 DIP-K 的c_p结果可知,κ_1在$[0,1]$之间的c_p结果介于$\kappa_1=0$和$\kappa_1=1$之间:在低步频区域,c_p随着κ_1增大而减少;在高步频区域,c_p随着κ_1增大而增大。其次,相比$\kappa_1=0$和$\kappa_1=1$这两种情况,κ_1在$[0,1]$之间的c_p结果更接近现场实测结果,这也验证了前文所提的 Macdonald 的预测。IPM-2 方面,可知κ_1对c_p的影响类似于 DIP-K 结果:κ_1在$[0,1]$之间的c_p结果介于$\kappa_1=0$和$\kappa_1=1$之间。但同时注意到,κ_1的变化并没有改变其局限性:无论κ_1在$[0,1]$之间取何值,正常步频区域内的c_p值仍然较小，且和实际观测值存在较大的差值。在图7.4.3b)中，可知κ_1的取值对ρ_p也具有重要的影响：和c_p结果类似，κ_1在[0,1]之间的ρ_p结果介于$\kappa_1=0$和$\kappa_1=1$之间。对于DIP-K模型，κ_1对ρ_p的影响呈线性关系：ρ_p-f_{r0}曲线随着κ_1的增大而整体向下平移。对于IPM-2模型，当$f_{r0}<0.65$时，ρ_p随着κ_1的增大而增大；而当$f_{r0}>0.65$时，ρ_p随着κ_1的增大而减小。

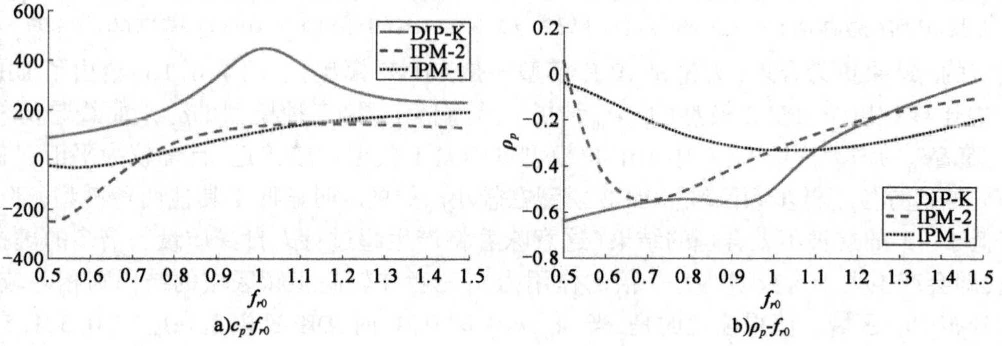

图7.4.2 $[\kappa_0,\kappa_1]=[0,1]$下的不同模型结果比较

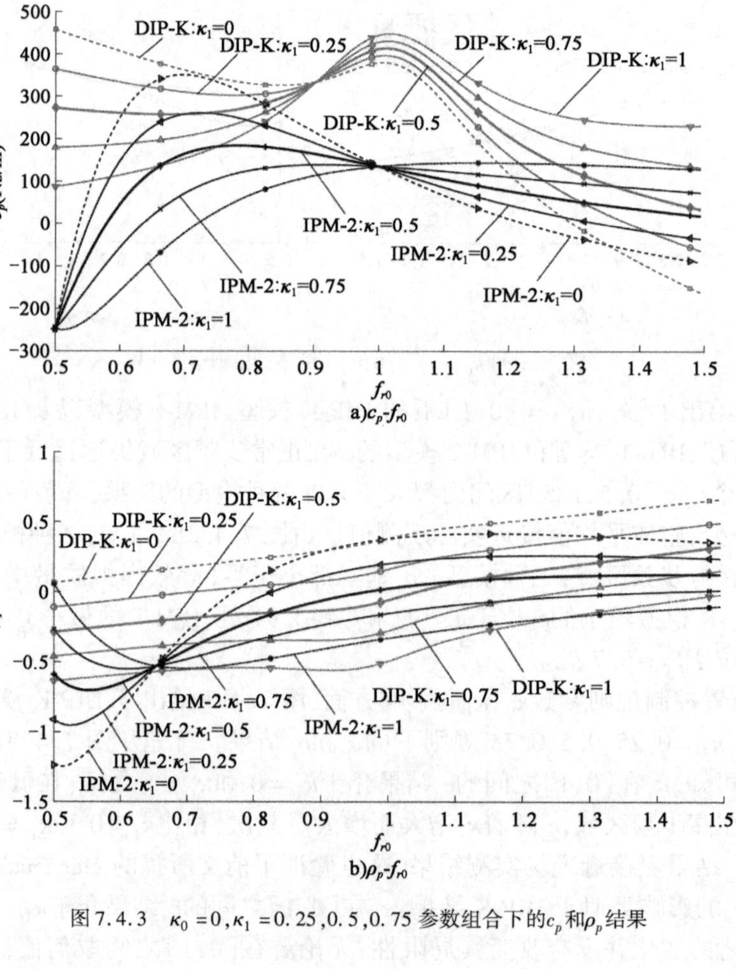

图7.4.3 $\kappa_0=0,\kappa_1=0.25,0.5,0.75$参数组合下的$c_p$和$\rho_p$结果

7.4.6.2　影响参数分析

接下来分析同步效应对c_p和ρ_p的影响。考虑4种工况：

①Case 1——不考虑任何同步效应和人群分布效应(单人复制模式,每个行人都一样)情况,即IPM-2模型。

②Case 2——不考虑任何同步效应但考虑人群分布效应情况,即忽略式(7.4.29)和式(7.4.35)中的一次、二次项,只考虑常数项对c_p的贡献。

③Case 3——考虑人群分布效应和人-桥同步效应,但不考虑人-人同步效应(即前文一元IP-K模型)。

④Case 4——完整模式:考虑人群分布效应、人-桥同步效应以及人-人同步效应(即DIP-K模型)。

图7.4.4a)给出了4种工况下的c_p-f_{r0}结果。从图中可知:①人群分布效应对低步频区域的c_p影响较大,而对其他步频区域的影响较小。从整体看,Case 2的结果小于Case 1,这主要是因为Case 2包含人群分布效应(行人步频通过概率曲线分布,每人步频的分布区间不尽相同),换言之,Case 2模型得到的是一个整体平均的结果,这间接表现了考虑人群效应的必要性。②相比只考虑人群分布效应的情况,人-桥同步效应会大幅提高分布中心附近区域的c_p,但对其他步频区域的c_p的影响很小,换言之,人-桥同步效应的影响是局部性的。③显然,人-人同步效应带来的影响远比人-桥同步效应大;同时相比人-桥同步效应的局部影响(集中在分布中心附近区域),人-人同步效应的影响是全局性的,其使得整个步频分布区间内的c_p都得到了大幅提高。

从图7.4.4b)中的ρ_p-f_{r0}结果中,同样可观测到人群分布效应和同步效应带来的影响:

①和图7.4.4a)类似,人群分布效应同样会对低步频区域造成明显的影响,其大幅提高了低步频区域的ρ_p;同时,值得注意的是,和图7.4.4a)有所不同,人群分布效应还对分布中心附近区域ρ_p产生了重要影响(该区域的ρ_p明显下降)。

②人-桥同步效应的影响集中在分布中心左侧附近区域,但影响较弱。

③人-人同步效应对ρ_p-f_{r0}曲线的影响在一定程度上抵消了人-桥同步效应对ρ_p-f_{r0}曲线的影响,使得ρ_p-f_{r0}曲线显得更为平滑。

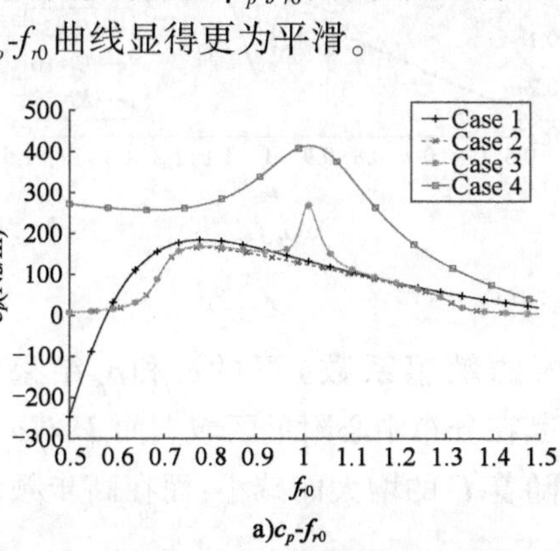

a)c_p-f_{r0}

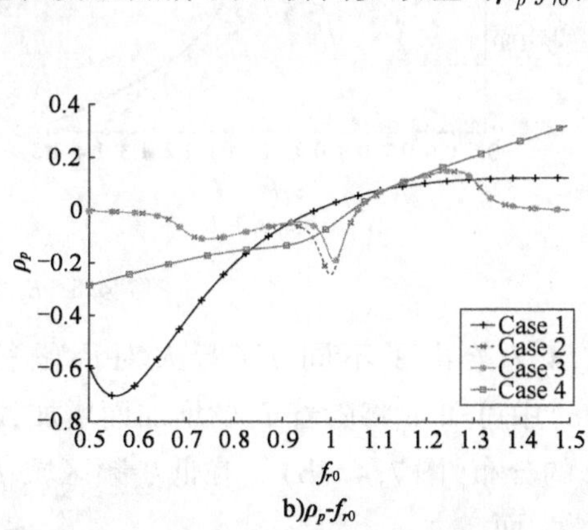

b)ρ_p-f_{r0}

图7.4.4　人群分布效应和同步效应的影响

图7.4.5给出了人-桥同步中参数E_s(行人对桥梁振幅的敏感系数)变化对c_p和ρ_p的影响。从

图中可知，E_s对c_p和ρ_p的影响较小，主要集中在分布中心附近区域。在图7.4.5a）中注意到有一个貌似不太合理的现象：在分布中心附近区域，c_p随着E_s增大而减小。作为比较，在图7.4.6a）中给出了不考虑人-人同步效应（即前文中的Case 3）的结果，从中可知，当不考虑人-人同步效应时，整体上c_p随着E_s增大而增大（这是一个可以预测到的结果）。因此结合图7.4.5a）和图7.4.6a）的结果，我们可知人-人同步效应会改变c_p和E_s之间的关系，人-人同步和人-桥同步两者之间是一个耦合的关系：尽管E_s的增大能增强人-桥同步，但也有可能会削弱人-人的同步，从而导致整体c_p的减小。在图7.4.5b）和图7.4.6b）的ρ_p-f_{r0}结果中，同样可观测到人-人同步效应会对ρ_p和E_s之间的关系造成影响。但和c_p结果有所不同：在低步频区域，不管有没有人-人同步效应，E_s的增大都会减小ρ_p；但在高步频区域，人-人同步效应将会改变ρ_p和E_s之间的变化趋势。另外值得注意的一点是，在图7.4.6中可观察到，当不考虑人-人同步效应时，在分布中心两侧区域，E_s对c_p和ρ_p的影响很大；而在分布中心附近区域，E_s对c_p和ρ_p基本没有影响（对比图7.4.5）。

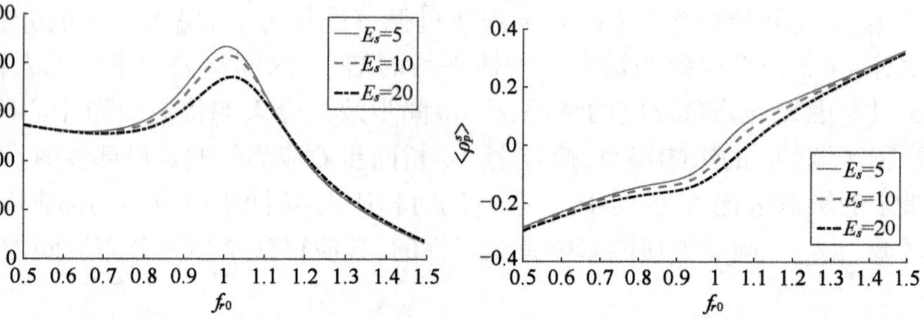

a）c_p-f_{r0}　　b）ρ_p-f_{r0}

图7.4.5　E_s的影响（Case 4）

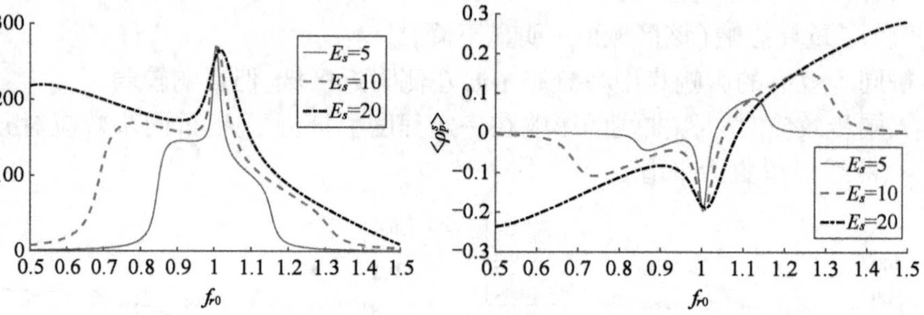

a）c_p-f_{r0}　　b）ρ_p-f_{r0}

图7.4.6　E_s的影响（Case 3）

图7.4.7给出了不同Γ（行人对周围行人的敏感系数）下的c_p和ρ_p结果。首先从图7.4.7a）中可知，c_p将随着Γ的增加而增加，尤其在分布中心附近区域。而Γ对ρ_p的影响则取决于f_{r0}的分布［图7.4.7b）］：在低步频区域，ρ_p随着Γ的增大而减小；而在高步频区域，ρ_p随着Γ的增大而增大。

7.4.6.3　稳定分析

将式（7.4.38）简单变换：

$$\ddot{X}+\alpha(\zeta,\omega_s,A,h_i)\dot{X}+\beta(\omega_s,A,h_i)X=0 \tag{7.4.39}$$

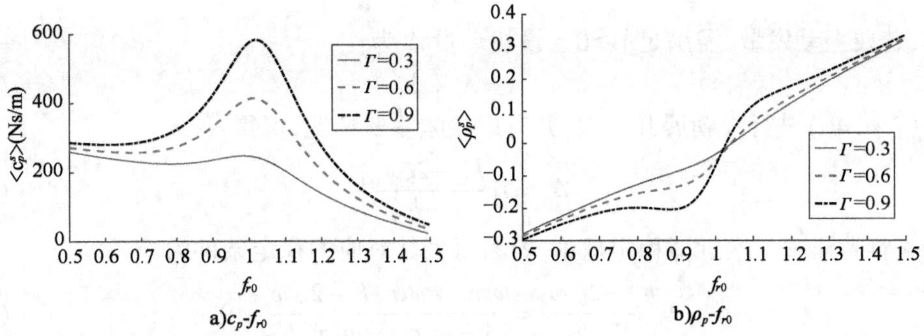

图7.4.7 Γ的影响

式中，$\alpha(\zeta,\omega_s,A,h_i)=\left(\dfrac{2\zeta\omega_s-h_0-h_1A-h_2A^2}{1-h_3-h_4A-h_5A^2}\right)$，$\beta(\omega_s,A,h_i)=\left(\dfrac{\omega_s^2}{1-h_3-h_4A-h_5A^2}\right)$。首先只考虑系统的单个周期运动，将振幅$A$视为常数［即将式(7.4.39)视为线性振动系统］，可容易得到式(7.4.39)的线性稳定临界条件：

$$Y_1=\frac{h_0+h_1A+h_2A^2-2\zeta\omega_s}{1-h_3-h_4A-h_5A^2}<0 \tag{7.4.40}$$

接下来考虑非线性振动稳定条件(即振幅A不再被视为常数)。将$\beta(\omega_s,A,h_i)$进行关于A的二次泰勒展开：

$$\beta(\omega_s,A,h_i)\approx\frac{\omega_s^2}{(1-h_3)}+\frac{h_4\omega_s^2}{(1-h_3)^2}A+\frac{(h_4^2-h_3h_5+h_5)\omega_s^2}{(1-h_3)^3}A^2 \tag{7.4.41}$$

式(7.4.39)进一步改写为：

$$\ddot{X}+\tilde{\omega}_s^2X=f(X,\dot{X}) \tag{7.4.42}$$

式中，$\tilde{\omega}_s^2=\omega_s^2/(1-h_3)$；$f(X,\dot{X})=-\alpha(\zeta,\omega_s,A,h_i)\dot{X}-(\beta_1A+\beta_2A^2)X$。对式(7.4.42)采用平均法，引入变换：

$$\begin{cases}X=A(t)\cos\Phi\\ \dot{X}=-\tilde{\omega}_sA(t)\sin\Phi\\ \Phi=\tilde{\omega}_st+\phi\end{cases} \tag{7.4.43}$$

联合式(7.4.43)和式(7.4.42)可得：

$$\dot{A}=-\frac{1}{\tilde{\omega}_s}f(X,\dot{X})\sin\Phi \tag{7.4.44}$$

$$\dot{\phi}=-\frac{1}{\tilde{\omega}_sA}f(X,\dot{X})\cos\Phi \tag{7.4.45}$$

相对于A和ϕ，Φ为快变量，将式(7.4.44)和式(7.4.45)按Φ从0到2π进行确定性平均，得到：

$$\dot{A}=-\frac{1}{2}\left(\frac{2\zeta\omega_s-h_0-h_1A-h_2A^2}{1-h_3-h_4A-h_5A^2}\right)A \tag{7.4.46}$$

$$\phi = \frac{[h_4\omega_s^2/(1-h_3)^2 + (h_4^2 - h_3h_5 + h_5)\omega_s^2/(1-h_3)^3 A]A}{2\tilde{\omega}_s} \tag{7.4.47}$$

显然,若要振动发散,需满足$\dot{A} \geqslant 0$。设扰动量 Δ 为:

$$A = A_s + \Delta \tag{7.4.48}$$

将式(7.4.46)进行泰勒展开一次,并考虑振幅零解情况,可得:

$$\dot{\Delta} = \Delta\left(\frac{h_0 - 2\zeta\omega_s}{1-h_3}\right) \tag{7.4.49}$$

根据李雅普诺夫一次近似稳定理论,容易得到其对应的稳定条件为:

$$Y_2 = \frac{h_0 - 2\zeta\omega_s}{1-h_3} = \frac{w_0 n_0 + w_0 n_1 \Gamma - 2\zeta\omega_s}{1 - \omega_1 m_0 - \omega_1 m_1 \Gamma} < 0 \tag{7.4.50}$$

图7.4.8a)和图7.4.8b)分别给出了以Y_1和Y_2为稳定判断依据的结果,和实际观测结果基本吻合[1]。从图中可知,人数的增加会增加振动失稳的机会,同时人数对稳定的影响依赖于步频的分布,当步频处于分布中心的时候,较少的人数也能引起失稳;而当步频远离分布中心的时候(尤其在高步频区域),即使人数增大到较大值也无法导致振动失稳。从图7.4.8a)和图7.4.8b)的比较中可知,采用稳定判断依据Y_1得到的极限人数(约为115)小于采用稳定判断依据Y_2得到的结果(约为135),主要是因为后者的条件比前者更为严格。

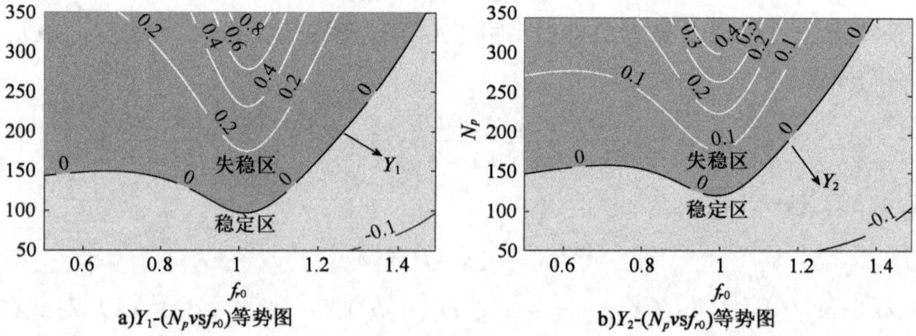

图7.4.8 稳定结果

7.5 讨 论

基于一元IP-K模型,二元耦合IP-K模型增加了周围人群对行人步伐影响的刺激源,即同时以桥梁振动(幅值)和周围人群分布为二元刺激源,建立二元耦合人群同步演化方程,使其能同时考虑人-桥同步效应和人-人同步效应。经分析,可知二元耦合IP-K模型结果和现场测试结果吻合,验证了二元耦合IP-K模型的有效性。通过一系列参数分析和讨论,得到的主要结论有:

①人群分布效应对c_p的影响集中在低步频区域;人群分布效应对ρ_p的影响则集中在低步频区域和分布中心附近区域。人-桥同步效应对c_p的影响集中在分布中心附近区域(会大幅提高分布中心附近区域的c_p),但对其他步频区域的c_p影响很小;人-桥同步效应对ρ_p的影响并不明显。相比人-桥同步效应,人-人同步效应对c_p的影响更大,更具整体性;人-人同步效应对ρ_p

的影响和人-桥同步效应对ρ_p的影响存在相互抵消的关系。

②人-人同步和人-桥同步两者之间是一个耦合的关系，人-人同步效应会使得原先只考虑人-桥同步效应的c_p-E_s之间关系以及ρ_p-E_s之间关系发生明显改变。

③Γ的增加将会大幅提高c_p（尤其在分布中心附近区域）；ρ_p却不一定会随着Γ的增大而增大，两者关系取决于f_{r0}的分布。

④Y_1和Y_2稳定判断依据给出的结果，和实际观测结果基本吻合；人数的增加会降低振动稳定性，同时步频的分布也会对稳定性产生影响：低步频区域比高步频区域更不利于振动稳定。

参考文献

[1] DALLARD P, FITZPATRICK T, FLINT A, et al. The London Millennium Footbridge [J]. The structural engineer, 2001, 79(171): 17-33.

[2] INGÓLFSSON E T, GEORGAKIS C T, JÖNSSON J. Pedestrian-induced lateral vibrations of footbridges: A literature review [J]. Engineering structures, 2012, 45(15): 21-52.

[3] FUJINO Y, PACHECO B M, NAKAMURA S-I, et al. Synchronization of human walking observed during lateral vibration of a congested pedestrian bridge [J]. Earthquake engineering & structural dynamics, 1993, 22(9): 741-758.

[4] MCROBIE A, MORGENTHAL G, LASENBY J, et al. Section model tests on human-structure lock-in [J]. Bridge engineering, 2003, 156(2): 71-79.

[5] NA to BS EN 1991-2:2003 UK. National Annex to Eurocode 1: Actions on structure-Part 2: traffic loads on bridges[S]. London: british standards institution, 2008.

[6] BUTZ C, HEINEMEYER C, KEIL M S, et al. Design of Footbridges-Guidelines and background document[S]. Aachen: HIVOSS, 2007.

[7] FIB. Guidelines for the design of footbridges, bulletin 32[S]. Paris: FIB, 2005.

[8] ZIVANOVIC S, PAVIC A, REYNOLDS P. Vibration serviceability of footbridges under human-induced excitation: a literature review [J]. Journal of sound and vibration, 2005, 279 (1-2): 1-74.

[9] BLEKHERMAN A N. Swaying of Pedestrian Bridges [J]. Journal of bridge engineering, 2005, 10(2): 142-150.

[10] WOLMUTH B, SURTEES J. Crowd-related failure of bridges [J]. Proceedings of the institution of civil engineers-civil engineering, 2003, 156(3): 116-123.

[11] DALLARD P, FITZPATRICK T, FLINT A, et al. London Millennium Bridge: Pedestrian-induced lateral vibration [J]. Journal of bridge engineering, 2001, 6(6): 412-417.

[12] YE Q, FANJIANG G N, YANEV B. Investigation of the dynamic properties of the Brooklyn Bridge [J]. Springer Netherlands, 2005, 65-72.

[13] BACHMANN H, AMMANN W. Vibrations in structures: Induced by Man and Machines [M]. Switzerland: Structural Engineering Documents, International Association for Bridge and Structural Engineering (IABSE), 1987.

[14] FUJINO Y, WARNITCHAI P, PACHECO B M. An experimental and analytical study of autoparametric resonance in a 3DOF model of cable-stayed-beam [J]. Nonlinear dynamics, 1993, 4(2): 111-138.

[15] NAKAMURA S, FUJINO Y. Lateral Vibration on a Pedestrian Cable-Stayed Bridge [J]. Structural engineering international, 2002, 12(4): 295-300.

[16] FUJINO Y, SIRINGORINGO D M. A conceptual review of pedestrian-induced lateral vibration and crowd synchronization problem on footbridges [J]. Journal of bridge engineering, 2016, 21(8): C4015001.

[17] 陈政清，刘光栋. 人行桥的人致振动理论与动力设计[J]. 工程力学，2009，26(S2)：148-159.

[18] BROWNJOHN J M W, FOK P, ROCHE M, et al. Long span steel pedestrian bridge at Singapore Changi Airport-Part 1: Prediction of vibration serviceability problems [J]. The structural engineer, 2004, 82(16): 21-27.

[19] BROWNJOHN J M W, FOK P, ROCHE M, et al. Long span steel pedestrian bridge at Singapore Changi Airport-Part 2: Crowd loading tests and vibration mitigation measures [J]. The structural engineer, 2004, 82(16): 28-34.

[20] NAKAMURA S. Field measurements of lateral vibration on a pedestrian suspension bridge [J]. The structural engineer, 2003, 81(22): 22-26.

[21] HOORPAH W, FLAMAND O, CESPEDES X. The Simon de Beauvoir footbridge in Paris. Experimental verification of the dynamic behaviour under pedestrian loads and discussion of corrective modifications [C]. Proceedings of Footbridge 2008, third international conference. Porto, 2008.

[22] CAETANO E, CUNHA A, MOUTINHO C, et al. Lessons from the practical implementation of a passive control system at the new Coimbra footbridge [C]. Proceedings of Footbridge 2008, third international conference. Porto, 2008.

[23] OKAMOTO S, ABE M, FUJINO Y, et al. Characteristics of human walking on a laterally shaking floor [J]. Doboku Cakhai Ronbunshu 1992, 441(441): 177-184.

[24] BUTZ C, MAGALHãES F, CUNHA A, et al. Experimental characterization of the dynamic behaviour of lively footbridges [C]. Proceedings of Footbridge 2005, second international conference. Venice, 2005.

[25] NAKAMURA S, KAWASAKI T, KATSUURA H, et al. Experimental studies on lateral forces induced by pedestrians [J]. Steel construction, 2008, 64(2): 247-252.

[26] 袁旭斌. 人行桥人致振动特性研究 [D]. 上海：同济大学，2006.

[27] INGÓLFSSON E T, GEORGAKIS C T, RICCIARDELLI F, et al. Experimental identification of pedestrian-induced lateral forces on footbridges [J]. Journal of sound & vibration, 2011, 330(6): 1265-1284.

[28] INGÓLFSSON E T, GEORGAKIS C T. A stochastic load model for pedestrian-induced lateral forces on footbridges [J]. Engineering structures, 2011, 33(12): 3454-3470.

[29] RICCIARDELLI F, MAFRICI M, INGÓLFSSON E T. Lateral Pedestrian-Induced Vibrations of Footbridges: Characteristics of Walking Forces [J]. Journal of bridge engineering, 2014, 19(9): 1265-1266.

[30] RICCIARDELLI F, PIZZIMENTI A D. Lateral walking-induced forces on footbridges [J]. Journal of bridge engineering, 2007, 12(6): 677-688.

[31] BOCIAN M, MACDONALD J H G, BURN J F, et al. Experimental identification of the behaviour of and lateral forces from freely-walking pedestrians on laterally oscillating structures in a virtual reality environment [J]. Engineering structures, 2015, 105(2015): 62-76.

[32] NAKAMURA S. Model for lateral excitation of footbridges by synchronous walking [J]. Journal of structural engineering, 2004, 130(1): 32-37.

[33] NEWLAND D E. Pedestrian excitation of bridges [J]. Proceedings of the institution of mechanical engineers, Part c: journal of mechanical engineering science, 2004, 218 (5): 477-492.

[34] STROGATZ S H, ABRAMS D M, MCROBIE A, et al. Crowd synchrony on the Millennium Bridge [J]. Nature, 2005, 438(7064): 43-44.

[35] ECKHARDT B, OTT E, STROGATZ S H, et al. Modeling walker synchronization on the Millennium Bridge [J]. Phys. rev. e, 2007, 75(2 Pt 1): 021110.

[36] ABDULREHEM M M, OTT E. Low dimensional description of pedestrian-induced oscillation of the Millennium Bridge [J]. Chaos, 2009, 19(1): 013129.1-8.

[37] MACDONALD J H G. Lateral excitation of bridges by balancing pedestrians [J]. Proceedings of the royal society A: mathematical, physical and engineering sciences, 2009, 465 (2104): 1055-1073.

[38] PICCARDO G, TUBINO F. Parametric resonance of flexible footbridges under crowd-induced lateral excitation [J]. Journal of sound & vibration, 2008, 311(1-2): 353-371.

[39] BLEKHERMAN A N. Autoparametric resonance in a pedestrian steel arch bridge: Solferino Bridge, Paris [J]. Journal of bridge engineering, 2007, 12(6): 669-676.

[40] BOCIAN M, MACDONALD J H G, BURN J F. Probabilistic criteria for lateral dynamic stability of bridges under crowd loading [J]. Computers & structures, 2014, 136(2014): 108-119.

[41] BOCIAN M, MACDONALD J H G, BURN J F. Biomechanically inspired modelling of pedestrian-induced forces on laterally oscillating structures [J]. Journal of sound & vibration, 2012, 331(16): 3914-3929.

[42] BOCIAN M, BURN J F, MACDONALD J H G, et al. From phase drift to synchronisation-pedestrian stepping behaviour on laterally oscillating structures and consequences for dynamic stability [J]. Journal of sound and vibration, 2017, 392(2017): 382-399.

[43] BOCIAN M, MACDONALD J H G, BURN J F. Influence of visual information on pedestrian actions on laterally oscillating structures-experimental study using virtual reality environments [J]. Procedia engineering, 2017, 199(2017): 2778-2783.

[44] CARROLL S P, OWEN J S, HUSSEIN M F M. Reproduction of lateral ground reaction forces from visual marker data and analysis of balance response while walking on a laterally oscillating deck [J]. Engineering structures, 2013, 49(2): 1034-1047.

[45] CARROLL S P, OWEN J S, HUSSEIN M F M. Experimental identification of the lateral human-structure interaction mechanism and assessment of the inverted-pendulum biomechanical model [J]. Journal of sound & vibration, 2014, 333(22): 5865-5884.

[46] HOF A L, VAN BOCKEL R M, SCHOPPEN T, et al. Control of lateral balance in walking. Experimental findings in normal subjects and above-knee amputees [J]. Gait & posture,

2007, 25(2): 250-258.

[47] MCROBIE F A. Long-term solutions of Macdonald's model for pedestrian-induced lateral forces [J]. Journal of sound & vibration, 2013, 332(11): 2846-2855.

[48] MCROBIE A, MORGENTHAL G, ABRAMS D, et al. Parallels between wind and crowd loading of bridges [J]. Philosophical transactions of the royal society a: mathematical, physical and engineering sciences, 2013, 371(1993): 20120430.

[49] 贾布裕, 茅思奕, 陈扬文, 等. 人行桥人致横向振动的新型模型——IP-K 模型 [J]. 工程力学, 2022, 39(5): 188-203.

[50] JIA B Y, MAO S Y, CHEN Y X, et al. Pedestrian-induced lateral vibration of footbridge based on binary coupled Kuramoto model [J]. Structure and infrastructure engineering, 2021, 2021: 1-16.

[51] BROWNJOHN J M W, PAVIC A, OMENZETTER P. A spectral density approach for modelling continuous vertical forces on pedestrian structures due to walking [J]. Canadian journal of civil engineering, 2004, 31(1): 65-77.

[52] ŽIVANOVIĆ S, PAVIĆ A, REYNOLDS P. Probability-based prediction of multi-mode vibration response to walking excitation [J]. Engineering structures, 2007, 29(6): 942-954.

[53] PICCARDO G, TUBINO F. Simplified procedures for vibration serviceability analysis of footbridges subjected to realistic walking loads [J]. Computers & structures, 2009, 87(13-14): 890-903.

[54] PICCARDO G, TUBINO F. Equivalent spectral model and maximum dynamic response for the serviceability analysis of footbridges [J]. Engineering structures, 2012, 40(10): 445-456.

[55] TUBINO F, PICCARDO G. A spectral model for pedestrian loading of footbridges [C]. Proceedings of the 8th International Conference on Structural Dynamics. Leuven, Belgium, 2011.

[56] PIZZIMENTI A D, RICCIARDELLI F. Experimental evaluation of the dynamic lateral loading of footbridges by walking pedestrians [C]. Proceedings of the 6th international conference on structural dynamics. Paris, 2005.

[57] RACIC V, BROWNJOHN J M W. Mathematical modelling of random narrow band lateral excitation of footbridges due to pedestrians walking [J]. Computers & structures, 2011, 90-91(1): 116-130.

[58] RACIC V, BROWNJOHN J M W. Stochastic model of near-periodic vertical loads due to humans walking [J]. Advanced engineering informatics, 2011, 25(2): 259-275.

[59] 何勇, 金伟良, 宋志刚. 多跨人行桥振动均方根加速度响应谱法[J]. 浙江大学学报:工学版,2008,42(1):48-53.

[60] 李泉,樊健生,聂建国. 多人随机行走激励下人行桥振动分析[J]. 计算力学学报,2010,27(5):815-821.

[61] 李红利. 基于响应谱方法的人行桥人致振动响应研究[D]. 长沙:湖南大学,2013.

[62] CAPRANI C C. A modal precise integration method for the calculation of footbridge vibration

response [J]. Computers & structures, 2013, 128(9): 116-127.

[63] JIA B Y, YU X L, YAN Q S. Model for the lateral vibration of footbridge under the parametric resonance stochastic framework [J]. Journal of vibration engineering & technologies, 2017, 5(5): 477-485.

[64] JIA B Y, YU X L, YAN Q S, et al. Nonlinear stochastic analysis for lateral vibration of footbridge under pedestrian narrowband excitation [J]. Mathematical problems in engineering, 2017, 2017(22): 1-12.

[65] JIA B Y, YU X L, YAN Q S. Effects of Stochastic Excitation and Phase Lag of Pedestrians on Lateral Vibration of Footbridges [J]. International journal of structural stability and dynamics, 2018, 18(7): 1850095.

[66] JIA B Y, YU X L, YAN Q S, et al. Stability analysis of pedestrian-induced large lateral vibration on a footbridge [J]. Structure and infrastructure engineering, 2021, 17(3): 291-301.

[67] HUGHES R L. A continuum theory for the flow of pedestrians [J]. Transportation research part B: methodological, 2002, 36(6): 507-535.

[68] VENUTI F, BRUNO L, NAPOLI P. Pedestrian lateral action on lively footbridges: a new load model [J]. Structural engineering international, 2007, 17(3): 236-241.

[69] TEKNOMO K. Application of microscopic pedestrian simulation model [J]. Transportation research part F: traffic psychology and behaviour, 2006, 9(1): 15-27.

[70] HELBING D, MOLNáR P. Social force model for pedestrian dynamics [J]. Phys. rev. e, 1995, 51(5): 4282.

[71] DELITALA M. Nonlinear models of vehicular traffic flow-new frameworks of the mathematical kinetic theory [J]. Comptes rendus mécanique, 2003, 331(12): 817-822.

[72] MACDONALD J H G. Pedestrian-induced vibrations of the Clifton Suspension Bridge, UK [J]. Bridge engineering, 2008, 161(2): 69-77.

[73] Hughes R L. A continuum theory for the flow of pedestrians [J]. Transportation Research Part B, 2002, 36(6): 507-535.

[74] ROD CROSS. Standing, walking, running, and jumping on a force plate [J]. American journal of physics, 1999, 67(4): 304-309.

[75] GALBRAITH F W, BARTON M V. Ground Loading from Footsteps [J]. The journal of the acoustical society of america, 1970, 48(5B): 1288.

[76] KERR S C, BISHOP N W M. Human induced loading on flexible staircases [J]. Engineering structures, 2001, 23(1): 37-45.

[77] ANDRIACCHI T P, OGLE J A, GALANTE J O. Walking speed as a basis for normal and abnormal gait measurements [J]. Journal of biomechanics, 1977, 10(4): 261-268.

[78] BACHMANN H, DEISCHL F, EISENMANN J, et al. Vibration problems in structures: practical guidelines [J]. Geophysical journal international, 1995, 72(1): 237-254.

[79] 孙利民，闫兴非. 人行桥人行激励振动及设计方法[J]. 同济大学学报：自然科学版，

2004,32(8):996-999,1060.

[80] OHLSSON S V. Floor vibration and human discomfort [D]. Goteborg, Sweden: Chalmers University of Technology, 1982.

[81] WRIGHT D T, GREEN R. Human sensitivity to vibration [R]. Ontario, Canada: Queen's University, 1959.

[82] SMITH J W. Vibrations in structures [M]. London: Chapman & Hall, 1988.

[83] DIECKMANN D. A study of the influence of vibration on man [J]. Ergonomics, 1958, 1 (4): 347-355.

[84] WRIGHT D T, GREEN R. Highway bridge vibrations-part II: Ontario test programme [R]. Ontario, Canada: Queen's University, 1963.

[85] SMITH J W. The vibration of highway bridges and the effects on human comfort [D]. Bristol, UK: University of Bristol, 1969.

[86] LENZEN K H. Vibration of steel joist-concrete slab floors [J]. Engineering journal, 1966, 3 (3): 133-136.

[87] LEONARD D R. Human tolerance levels for bridge vibrations [R]. Road Research Laboratory, 1966.

[88] KOBORI T, KAJIKAWA Y. Ergonomic evaluation methods for bridge vibrations [J]. Transactions of JSCE, 1974, 6(1974): 40-41.

[89] BLANCHARD J, DAVIES B L, SMITH J W. Design criteria and analysis for dynamic loading of footbridges [C]. Proceedings of the DOE and DOT TRRL Symposium on Dynamic Behaviour of Bridges. Crowthorne, UK, 1977.

[90] IRWIN A W, MISTRUCTE C. Human response to dynamic motion of structures [J]. Structural engineer, 1978, 56(9): 94-96.

[91] GRIFFIN M J. Handbook of human vibration [M]. London: Academic Press, 1996.

[92] CHEN P W, ROBERTSON L E. Human perception thresholds of horizontal motion [J]. Journal of the structural division, 1972, 98(8): 1681-1695.

[93] NAKATA S, TAMURA Y, OTSUKI T. Habitability under horizontal vibration of low rise buildings [C]. International Colloquium on Structural Serviceability of Buildings. Goteborg, Sweden, 1993.

[94] WHEELER J E. Prediction and control of pedestrian-induced vibration in Footbridges [J]. Journal of the structural division, 1982, 108(9): 2045-2065.

[95] VENUTI F, BRUNO L. Crowd-structure interaction in lively footbridges under synchronous lateral excitation: A literature review [J]. Physics of life reviews, 2009, 6(3): 176-206.

[96] OKAMOTO S, ABE M, FUJINO Y, et al. Characteristics of human walking on a laterally shaking floor [J]. Proc JSCE, 1992, 441(441): 177-184.

[97] CHARLES P, BUI V. Transversal dynamic actions of pedestrians, synchronization[C]. Proceedings of Footbridge 2005, Second International Conference. Venice, 2005.

[98] DANBON F, GRILLAUD G. Dynamic behaviour of a steel footbridge. Characterisation and

modelling of the dynamic loading induced by a moving crowd on the Solferino footbridge in Paris [C]. Proceedings of Footbridge 2005, second international conference. Venice, 2005.

[99] YUAN X B. Research on pedestrian-induced vibration of footbridge [D]. Shanghai: Tongji University, 2006.

[100] STROGATZ S H. From Kuramoto to Crawford: Exploring the onset of synchronization in populations of coupled oscillators [J]. Physica D: nonlinear phenomena, 2000, 143(1-4): 1-20.

[101] BARKER C. Some observations on the nature of the mechanism that drives the self-excited lateral response of footbridges [C]. Proceedings of Footbridge 2002, first international conference. Paris, 2002.

[102] HOF A L, GAZENDAM M, SINKE W E. The condition for dynamic stability [J]. Journal of biomechanics, 2005, 38(1): 1-8.

[103] KAY. B. A, WARREN. W. H. Coupling of posture and gait: mode locking and parametric excitation [J]. Biological cybernetics, 2001, 85(2): 89-106.

[104] MCANDREW P M, DINGWELL J B, WILKEN J M. Walking variability during continuous pseudo-random oscillations of the support surface and visual field [J]. Journal of biomechanics, 2010, 43(8): 1470-1475.

[105] BRADY R A, PETERS B T, BLOOMBERG J J. Strategies of healthy adults walking on a laterally oscillating treadmill [J]. Gait & posture, 2009, 29(4): 645-649.

[106] YOSHIDA J, ABE M, FUJINO Y, et al. Image analysis of human induced lateral vibration of a pedestrian bridge [C]. Proceedings of Footbridge 2002, first international conference. Paris, 2002.

[107] YOSHIDA J, FUJINO Y, SUGIYAMA T. Image processing for capturing motions of crowd and its application to pedestrian-induced lateral vibration of a footbridge [J]. Shock and vibration, 2007, 14(4): 251-260.

[108] WILLFORD M. Dynamic actions and reactions of pedestrians [C]. Proceedings of Footbridge 2002, first international conference. Paris, 2002.

[109] RÖNNQUIST A. Pedestrian induced vibrations of slender footbridges [D]. Norway: Norwegian University of Science and Technology, 2005.

[110] RÖNNQUIST A, STRØMMEN E. Pedestrian induced lateral vibrations of slender footbridges [C]. Proceedings of the 25th IMAC Conference. Orlando, USA, 2007.

[111] PAVIC A, ARMITAGE T, REYNOLDS P, et al. Methodology for modal testing of the Millennium Bridge, London [J]. Proceedings of the institution of civil engineers-structures and buildings, 2002, 152(2): 111-121.

[112] NAKAMURA S, KAWASAKI T. Lateral vibration of footbridges by synchronous walking [J]. Journal of constructional steel research, 2006, 62(11): 1148-1160.

[113] RÖNNQUIST A, STRØMMEN E, WOLLEBæK L. Dynamic properties from full scale recordings and FE-Modelling of a sender footbridge with flexible connections [J]. Structural

engineering international, 2008, 18(4): 421-426.

[114] RÖNNQUIST A, WOLLEBæK L, BELL K. Dynamic behaviour and analysis of a slender timber footbridge [C]. 9th World Conference on Timber Engineering. Portland, 2006.

[115] DA FONSECA A, BALMONDT C. Conceptual design of the new Coimbra fotbridge [C]. Proceedings of Footbridge 2005, second international conference. Venice, 2005.

[116] CAETANO E, CUNHA Á, DA FONSECA A, et al. Assessment and control of human induced vibrations in the new Coimbra footbridge [C]. Proceedings of Footbridge 2005, second international conference. Venice, 2005.

[117] CAETANO E, CUNHA A, MOUTINHO C. Implementation of passive devices for vibration control at Coimbra footbridge [C]. Experimental vibration analysis for civil engineering structures. 2007.

[118] ALVES R, FIGUEIRAS J, PIMENTEL M, et al. Instrumentation, monitoring and execution control of the footbridge over modego river in Coimbre [C]. Proceedings of Footbridge 2005, second international conference. Venice, 2005.

[119] CUNHA A, CAETANO E, MOUTINHO C, et al. The role of dynamic testing in design, construction and long-term monitoring of lively footbridges [C]. Proceedings of Footbridge 2008, third international conference. Porto, 2008.

[120] CESPEDES X, MANON S. Dynamic analysis of the Bercy-Tolbiac footbride [C]. Proceedings of Footbridge 2005, second international conference. Venice, 2005.

[121] FRANCK L. Synchronous lateral excitation of footbridges [R]. Swiss: Applied Computing and Mechanics Laboratory, Swiss Federal Insitute of Technology, 2009.

[122] MATSUMOTO Y, NISHIOKA T, SHIOJIRI H, et al. Dynamic design of footbridges [J]. Iabse proc, 1978, 2: 1-15.

[123] ROBERTS T M. Lateral Pedestrian Excitation of Footbridges [J]. Journal of bridge engineering, 2005, 10(1): 107-112.

[124] SÉTRA. Footbridges: Assessment of vibrational behaviour of footbridges under pedestrian loading – Technical guide [S]. Paris: The Technical Department for Transport, Roads and Bridges Engineering and Road Safety, 2006.

[125] SEYRANIAN A P, MAILYBAEV A A. Multiparameter stability theory with mechanical applications [M]. Singapore: World Scientific, 2003.

[126] 李泉,樊健生,聂建国.双向行走激励条件下人行桥的随机振动问题研究[J].工程力学,2010,27(7):74-81.

[127] 贾布裕,颜全胜,余晓琳,等.考虑行人随机性的人行桥人致横向振动稳定性分析[J].工程力学,2019,36(1):158-164.

[128] 袁旭斌.人行桥人致振动特性研究[D].上海:同济大学,2006.

[129] BRUNO L, VENUTI F. Crowd-structure interaction in footbridges: Modelling, application to a real case-study and sensitivity analyses [J]. Journal of sound & vibration, 2009, 323(1-2): 475-493.

[130] SHINOZUKA M, DEODATIS G. Simulation of stochastic processes by spectral representation [J]. Applied mechanics reviews, 1991, 44(4): 191-204.

[131] 朱位秋. 随机振动[M]. 北京:科学出版社,1992.

[132] RONG H W, WANG X D, XU W, et al. Subharmonic response of a single-degree-of-freedom nonlinear vibro-impact system to a narrow-band random excitation [J]. Physical review e, 2009, 80(2): 026604.

[133] 冯长水. 窄带随机激励下时滞反馈控制的强非线性系统随机动力学研究[D]. 杭州:浙江大学,2008.

[134] RONG H W, XU W, WANG X D, et al. Principal response of van der pol-duffing oscillator under combined deterministic and random parametric excitation [J]. Applied mathematics and mechanics, 2002, 23(3): 299-310.

[135] VICKERY B J, CLARK A W. Lift or across-wind response of tapered stacks [J]. Journal of the structural division, 1972, 98(1): 1-20.

[136] BAUBY C E, KUO A D. Active control of lateral balance in human walking [J]. Journal of biomechanics, 2000, 33(11): 1433-1440.

[137] AIKATERINI P, TIANJIAN J. Frequency and velocity of people walking [J]. Structural engineer, 2005, 83(3): 36-40.

[138] TOWNSEND M A. Biped gait stabilization via foot placement [J]. Journal of biomechanics, 1985, 18(1): 21-38.

[139] WINTER D A. Biomechanics and motor control of human movement [M]. 4th ed New Jersey: John Wiley & Sons, 2009.

[140] O'CONNOR C M, THORPE S K, O'MALLEY M J, et al. Automatic detection of gait events using kinematic data [J]. Gait & posture, 2007, 25(3): 469-474.

[141] SCARGLE J D. Studies in astronomical time series analysis. III-Fourier transforms, autocorrelation functions, and cross-correlation functions of unevenly spaced data [J]. The astrophysical journal, 1989, 343: 874-887.

[142] BOCIAN M, MACDONALD J H G, BURN J F. Biomechanically inspired modeling of pedestrian-induced vertical self-excited forces [J]. Journal of bridge engineering, 2013, 18 (12): 1336-1346.

[143] BOCIAN M, MACDONALD J H G, BURN J F. Determination of pedestrian load sin the presence of multi-modal lateral bridge vibrations [C]. Proceedings of Eurodyn 2014-the Ninth International Conference on Structural Dynamics. Porto, Portugal, 2014.

[144] DYRBYE C, HANSEN S O. Wind loads on structures [M]. London: Wiley, 1997.

[145] LARSEN A, ESDAHL S, ANDERSEN J E, et al. Storeblt suspension bridge-vortex shedding excitation and mitigation by guide vanes [J]. Journal of wind engineering and industrial aerodynamics, 2000, 88(2-3): 283-296.

[146] MCROBIE F, MORGENTHAL G. Full scale section model tests on human-structure lock-in [C]. 1st Int. Conf. on the Design and Dynamic Behaviour of Footbridges. Paris, France, 2002.

[147] SCANLAN R H, TOMKO J J. Airfoil and bridge deck flutter derivatives [J]. Journal of the engineering mechanics division, 1971, 97(6): 1717-1737.

[148] DENIZ S, STAUBLI T. Oscillating rectangular and octagonal profiles: modelling of fluid forces [J]. Journal of fluids and structures, 1998, 12(7): 859-882.

[149] SIMIU E, SCANLAN R H. Wind effects on structures [M]. London: Wiley, 1996.

[150] EHSAN F, SCANLAN R H. Vortex-induced vibrations of flexible bridges [J]. Journal of engineering mechanics, 1990, 116(6): 1392-1411.

[151] SCANLAN R H. Bridge flutter derivatives at vortex lock-in [J]. Journal of structural engineering, 1998, 124: 450-458.

[152] BILLAH K, SCANLAN R. Resonance, Tacoma Narrows bridge failure, and undergraduate physics textbooks [J]. American journal of physics, 1991, 59(2): 118-124.

[153] LARSEN A. Aerodynamics of the Tacoma Narrows Bridge-60 Years Later [J]. Structural engineering international, 2000, 10(4): 243-248.

[154] MORGENTHAL G. Aerodynamic analysis of structures using high-resolution vortex particle methods [D]. Uk: University of Cambridge, 2002.

[155] WINFREE A T. The geometry of biological time [M]. New York: Springer, 1980.

[156] KURAMOTO Y. Chemical oscillations, waves, and turbulence [M]. Berlin: Springer, 1984.

[157] ABRAMS D M. Two coupled oscillator models: the millennium bridge and the chimera state [D]. NewYork: Cornell University, 2006.

